La Route du tigre

Mélusine Mallender

En collaboration avec Marion Cocquet

La Route du tigre

ARTHAUD

82, rue Saint-Lazare
CS10124
75009 Paris
ISBN : 978-2-0804-4015-0

À celles et ceux qui m'ont ouvert leurs portes,
offert un sourire et un peu de leur temps.

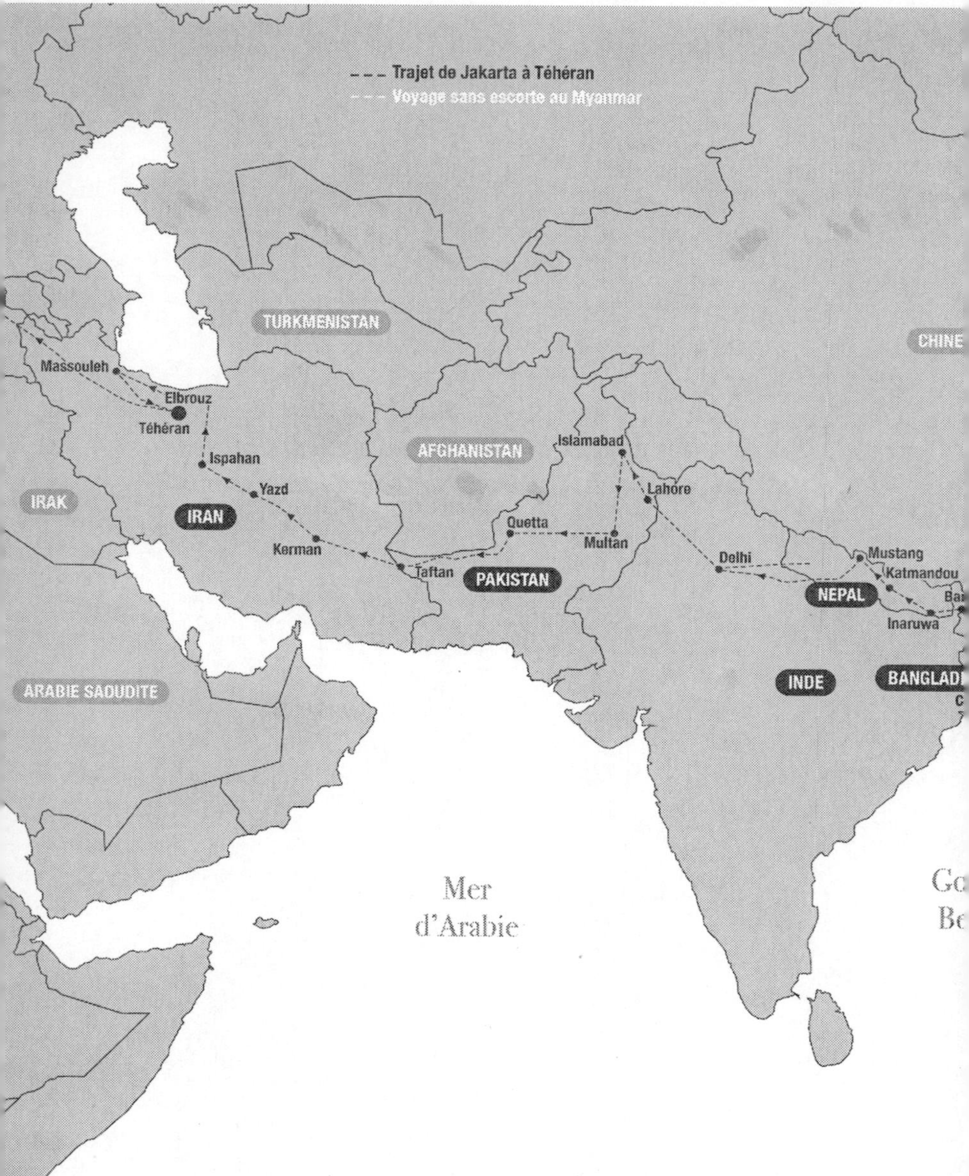

Trajet de Jakarta à Téhéran
Voyage sans escorte au Myanmar
TURKMENISTAN
CHINE
Massouleh
Elbrouz
Téhéran
Ispahan
Yazd
Kerman
Taftan
IRAK
IRAN
AFGHANISTAN
Islamabad
Lahore
Quetta
Multan
PAKISTAN
Delhi
Mustang
Katmandou
NEPAL
Inaruwa
INDE
ARABIE SAOUDITE
Mer
d'Arabie

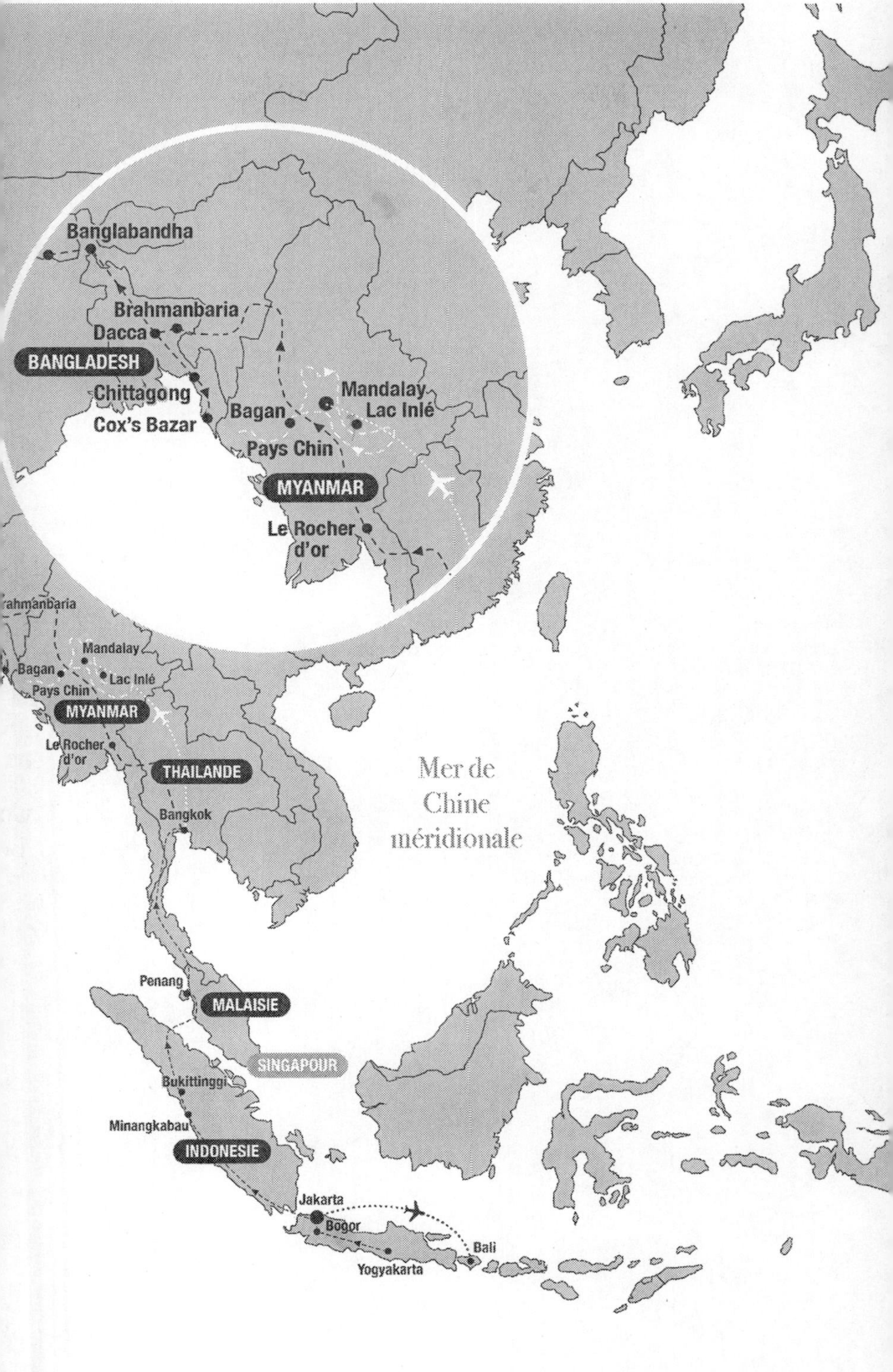

Banglabandha
Brahmanbaria
Dacca
BANGLADESH
Chittagong
Cox's Bazar
Bagan
Mandalay
Lac Inlé
Pays Chin
MYANMAR
Le Rocher d'or
Brahmanbaria
Mandalay
Bagan
Lac Inlé
Pays Chin
MYANMAR
Le Rocher d'or
THAILANDE
Bangkok
Mer de Chine méridionale
Penang
MALAISIE
SINGAPOUR
Bukittinggi
Minangkabau
INDONESIE
Jakarta
Bogor
Bali
Yogyakarta

PREMIÈRE PARTIE

INDONÉSIE

1
Nabilla

Je suis comme un lion en cage, je tourne en rond dans les rues de Jakarta. Pas les rues, en réalité ; certaines rues. Celles qui mènent de ma *guesthouse* un peu minable jusqu'au port, dans les bureaux d'une agence de fret dont je connais les moindres détails : les craquelures aux murs, les sièges en skaï, le carrelage immaculé au sol, la plante en plastique… Et le sourire de façade du responsable derrière son guichet qui, chaque jour, me délivre sa phrase fétiche :

— Tout va bien. Ce sera pour demain.

Je crois que c'est la première fois que je déteste une ville.

Jakarta. Dix millions d'habitants, presque autant de scooters et de voitures qui s'agglutinent aux carrefours, une moiteur de pollution et d'humidité qui colle les vêtements à la peau, des immeubles sans âme à perte de vue ; et cette litanie : « Tout va bien. Ce sera pour demain », que j'entends chaque jour depuis mon arrivée fin septembre 2015, il y a trois semaines.

J'attends. J'attends une caisse dont plus personne ne semble connaître la position sur les océans du monde et qui abrite ma moto, la Triumph Tiger avec laquelle j'ai prévu mon quatrième périple. Ce sera cette fois 25 000 kilomètres, depuis l'Indonésie jusqu'à la France, en traversant toute l'Asie de l'Est. J'en ai rêvé depuis si longtemps.

Après mon premier voyage initiatique de Paris à Vladivostok en 2009, et un deuxième périple au cœur de l'Iran, en 2011, qui m'avait ouvert les yeux sur la complexité de la notion de liberté, j'étais partie en Afrique de l'Est avec un nouvel objectif : ne plus voyager seulement pour moi mais pour comprendre les autres, leur vie et leur vision de la liberté. J'avais commencé à raconter tout cela au travers de récits [1] et dans une série de films, *Ne te dégonfle pas*.

Dans ces pays africains méconnus dont le nom résonne parfois douloureusement à nos oreilles, comme le Rwanda, j'ai appris à poser les bonnes questions ; à ne pas en poser, parfois, pour laisser venir la parole ; à aborder la vie et les habitudes de chacun sans porter de jugement. Mon aventure est devenue un témoignage, tissant une toile humaine et donnant à entendre une parole tantôt joyeuse, tantôt douloureuse et trop souvent ignorée. Une quête qui s'intéresse à cet autre dont les rêves de bonheur ou l'aspiration à vivre en paix sont si semblables aux miens. Un autre qu'il faut apprendre à connaître au lieu d'en avoir peur.

Dès mon retour d'Afrique, je savais que je repartirais, pour continuer cette aventure passionnante dont les contours se dessinaient de plus en plus nettement. Cette nouvelle expédition se ferait à moto, encore. Il me suffit de mettre la clef dans le contacteur pour me sentir puissante, permise d'aller où bon me semble,

1. Mélusine Mallender, *Les Voies de la liberté,* Paris, Robert Laffont, 2021.

le visage au vent. C'est un merveilleux symbole de liberté et il permet un accès plus facile à certaines contrées. Elle suscite tant de curiosité qu'elle en devient un véritable passeport de rencontre.

« La route du Tigre » compterait sept mois d'expédition et je me concentrerais principalement sur six pays : l'Indonésie, le Myanmar, le Bangladesh, le Népal, le Pakistan et l'Iran – ce pays qui m'avait tant bouleversée lorsque je l'avais découvert –, puis je reviendrais en France par la route. Six pays qui, chacun à leur façon, privent leurs habitants – et leurs habitantes, en particulier – d'une partie de leur liberté. Cette fois, la mission que je me suis moi-même assignée est de comprendre ce que signifie le mot « liberté » pour celles et ceux que je rencontrerai.

Mais j'ai l'impression que mon périple ne va jamais démarrer. J'enrage tellement ! J'ai déjà vécu ça à Addis-Abeba : plus de trois semaines de retard à attendre que ma moto soit libérée de la douane. On m'avait pourtant promis qu'à Jakarta, tout irait bien : « Nous sommes une agence sérieuse et nous maîtrisons nos envois de frets », m'avait-on dit à Paris lorsque j'avais parlé de mes déboires africains. « Faites-nous confiance. » Ben tiens ! Ce n'est même pas un problème de douane ou de papier administratif, comme cela arrive souvent. Non, c'est juste que *personne* ne sait à l'arrivée où se trouve le fichu bateau qui transporte ma moto. Ils ont perdu un supertanker !

Certes, partir en expédition s'apparente rarement à un long fleuve tranquille, mais ce début est particulièrement compliqué : j'ai l'impression qu'on me coupe les ailes. Je suis, anxieuse, le trajet de ma moto – que je peux personnellement quand même suivre sur une carte en ligne – me donne des informations contradictoires : elle est tantôt au milieu de l'océan – j'imagine alors un paquebot immense affrontant des vagues de 20 mètres de haut –, tantôt en train d'aborder les côtes… pour y rester. À Singapour, elle semble immobilisée, jusqu'à ce qu'un jour, en un clic, elle est tout à coup localisée à Taïwan. Je craque et appelle la compagnie, hors de moi : « Pas de souci, madame, me répond-on. Votre moto n'est pas du tout à Taïwan : elle est toujours à Singapour… mais on ne sait pas où. Rassurez-vous, on va la retrouver ! Elle partira vendredi prochain, c'est sûr ! » L'expression « Inchallah » n'a jamais aussi pleinement pris son sens qu'ici.

Cette longue attente coûte cher, elle est frustrante et inconfortable, mais elle met surtout en péril l'ensemble de l'expédition, puisque tous les visas ont été prévus en fonction d'un départ de Jakarta début octobre. Pas évident de rester patiente.

Heureusement, il y a aussi de belles surprises. Alors que je sors d'une énième visite à l'agence et que je me prépare à appeler un mototaxi avec l'appli locale Gojek, j'en aperçois un – son gilet vert l'identifie clairement – déposer un client. Quelle n'est pas ma surprise de voir qu'il s'agit d'une femme ! Des femmes à scooter, j'en ai déjà vu beaucoup ici, mais c'est la première fois que je rencontre une taxite. Je lui saute presque dessus et, sans passer par l'application, lui demande de m'emmener. Ravie de conduire une étrangère, Nabilla me propose une virée dans la ville.

Décidément, malgré l'enthousiame de ma guide, rien ne me séduit vraiment à Jakarta entre les buildings construits trop vite et ceux déjà attaqués par la pollution et les moisissures dues au climat tropical. Les climatisations qui soufflent partout leur air moite accentuent encore la sensation de chaleur.

J'ai l'impression que les gens se sont tous réfugiés dans les intérieurs frais et ne se déplacent qu'en scooter ou en voiture climatisée. Rien n'est vraiment fait pour marcher, et à peine quelques arbres occupent les rares trottoirs. J'ai du mal à voir où les habitants se retrouvent pour discuter, excepté à l'abri des *malls* ou à la grande mosquée Istiqlal (« indépendance », en arabe), la première vraie étape de notre visite. Sans être particulièrement jolie, elle est impressionnante et semble née de la même folie des grandeurs que les autres monuments de la ville : 110 000 personnes peuvent s'y rassembler, ce qui fait d'elle la plus vaste mosquée de l'Asie du Sud-Est. Elle est constituée de hauts bâtiments rectangulaires dont l'un est surmonté d'une coupole blanche. La file d'attente me décourage d'y entrer. Un flot discontinu d'étudiants et d'étudiantes en uniforme, venus de toute l'île, entre et sort du bâtiment principal – les garçons sont en veste, les filles portent un hijab et une large jupe qui leur descend jusqu'aux chevilles. Je suis vite repérée et un petit tourbillon se déplace dans ma direction pour réclamer son lot de selfies – très populaires ici. Après un bain de foule et de photos – toutes avec un V de la victoire et d'immenses sourires –, Nabilla décide de nous exfiltrer.

Malgré l'ampleur de la ville, la suite de la visite est assez rapide. Près de la mosquée se trouve l'incontournable tour Monas, un monument qui, du haut de ses 137 mètres, symbolise l'indépendance indonésienne de 1949 après trois cents ans d'occupation des Pays-Bas. Coiffée d'une flamme, elle trône au centre d'une place gigantesque, appelée « place de la Liberté » qui paraît d'autant plus démesurée qu'elle est totalement déserte. Transpirant sous un soleil de plomb, je monte pour profiter d'une vue impressionnante sur Jakarta qui s'étend à l'infini de façon monotone. Elle me donne le tournis.

Nous terminons cette balade dans un restaurant abrité du soleil pour nous désaltérer : je peux enfin parler tranquillement avec Nabilla. Je découvre une jeune femme très différente de la taxi-girl qu'elle était l'instant d'avant. Sous son casque et son gilet de motarde, Nabilla est très coquette. Pas un cheveu ne dépasse de son splendide voile qu'elle porte avec style – il est, ce jour-là, assorti à son sac à main vert d'eau –, et son large sourire est rehaussé d'un rouge à lèvres brillant. Elle a très envie de me raconter sa vie et ses envies :

— Tu sais, mototaxi c'est juste un gagne-pain provisoire : je suis étudiante en commerce international. Mais cela me permet de voir du monde, aussi ; pour mes études, je veux rencontrer des gens qui me parlent de leur expérience.

Un petit boulot franchement culotté. Que des femmes conduisent des motos ne pose strictement aucun problème mais un taxi, en revanche…

— C'est vrai qu'on est très peu. D'ailleurs, certains hommes n'apprécient pas du tout d'être conduits par une jeune femme. Il y en a pas mal qui exigent carrément de prendre eux-mêmes le guidon.

— Et tu acceptes ça ?

— Du moment qu'on me règle la course, me répond-elle en riant.

Elle élude avec pudeur les détails les plus désagréables, les mauvaises rencontres et les commentaires pénibles ; je n'insiste pas. Elle me dit simplement, avec un large sourire et un battement de cils, qu'elle n'hésite pas à remettre les hommes à leur place. Son petit ami, étudiant comme elle, ne voit aucune difficulté à ce qu'elle exerce le métier de taxi ; c'est le plus important. Puis elle poursuit :

— Si je compare ma situation à ce qui se passe à Aceh, c'est plutôt cool finalement. Là-bas, les femmes n'ont même pas le droit de monter sur une moto et les couples non mariés ne peuvent être vus sur un même deux-roues.

Aceh est la province la plus au nord de l'Indonésie, réputée pour ses principes très rigoristes. J'en profite pour essayer de mieux comprendre l'organisation religieuse de ce gigantesque pays.

Gentiment, Nabilla me précise que l'État reconnaît six religions officielles : l'islam (qui fait de l'Indonésie le premier pays musulman au monde, avec 212 millions de fidèles), le catholicisme, le protestantisme, l'hindouisme, le bouddhisme et le confucianisme. Sous l'ère Suharto (qui fut président de 1967 à 1998), il a été décidé que tout citoyen devait obligatoirement choisir une confession, pour prouver qu'il n'était pas communiste.

— On est tous officiellement affiliés à une religion, elle est inscrite sur nos papiers d'identité. Depuis quelques années, on a le droit de mettre « autre religion » mais en réalité, comme certains postes de la fonction publique sont plus ou moins réservés aux musulmans, pas mal de monde se déclare musulman pour pouvoir y accéder.

Cet état de choses ne semble pas la choquer. Elle ajoute :

— Moi, c'est ma religion, alors je n'ai pas eu de problème pour choisir.

La conversation prend un ton plus détaché lorsqu'elle me parle de ses envies de voyages, de se rendre en Malaisie et dans d'autres pays alentour ; de visiter même l'Europe, pourquoi pas ? Je lui parle de mes propres voyages et ses yeux s'écarquillent. J'ai l'impression qu'ils vont sortir de leur orbite lorsque je lui décris la Tiger 800 que j'attends ici et que je la lui montre en photo.

Elle me lance alors du haut de son mètre cinquante-cinq :

— Quand elle arrivera de France, tu me la feras conduire, ta moto ? J'aimerais vraiment essayer ! Peut-être que j'en aurai une plus tard, moi aussi.

Au moment de nous quitter, alors qu'elle doit reprendre son travail, elle me fait promettre une nouvelle fois que je ne quitterai pas Jakarta sans lui avoir fait essayer ma moto.

2

Firli

Quelques jours plus tard, je prends un verre avec Firliana Purwanti, dite « Firli ». Ma rencontre avec Nabilla a agi comme un déclic. J'ai compris que, depuis mon arrivée, je n'ai fait qu'attendre une moto qui n'arriverait peut-être jamais : incapable de penser à autre chose, de plus en plus renfermée à mesure que les jours passaient. Ce véhicule-là m'a toujours aidée à faire des rencontres sur la route : il surprend, attire, questionne, *a fortiori* conduit par une femme, et j'attendais d'avoir retrouvé ma Tiger pour aller au contact des gens. Tant pis ! Je ne suis pas venue de si loin pour me morfondre dans un hôtel. Ma moto est un outil génial et une compagne de voyage que j'adore, mais même sans elle, je dois entreprendre la quête qui m'a menée ici : sortir de ma déprime et aller au contact des habitants et de ces lieux.

J'ai un peu mieux préparé ce périple. J'ai fait des recherches sur chacun des pays que je compte traverser et, sans bien entendu m'interdire les rencontres spontanées et leur lot de surprises, je veux questionner des personnes travaillant plus spécifiquement sur des sujets touchant à la notion de liberté, si difficile à appréhender.

Pour l'Indonésie, le nom de Firli avait rapidement attiré mon attention car elle y milite pour le droit des femmes. Dès mon premier appel, elle a accepté de me rencontrer dans un café proche de son travail, au cœur de Jakarta.

En arrivant, je la reconnais immédiatement : la trentaine, un visage un peu rond avec de grandes lunettes, une coupe au carré et une tête non voilée qui détonne. Elle m'accueille avec un entrain communicatif et nous bavardons comme de vieilles amies en sirotant des *bubble teas* vert fluo.

Firli est universitaire, militante féministe et pour les droits humains – ce qui, selon elle, revient au même. Son engagement est né des viols massifs commis en Indonésie contre des femmes d'origine chinoise, au cours des grandes émeutes qui, à la fin des années 1990, ont accompagné la chute de la dictature militaire – des crimes restés à ce jour non élucidés et impunis. Firli, à cette époque, était étudiante en droit. L'événement l'a secouée. Il a surtout été l'occasion d'une prise de conscience brutale :

— J'ai réalisé que les violences commises contre les femmes étaient des atteintes aux droits de l'homme eux-mêmes, quelle que soit leur forme. J'ai voulu travailler sur ce sujet… et je me suis rendu compte qu'il n'intéresse personne ici ! Je suis tombée, plus tard, sur un article qui expliquait que 75 % des hommes dans le monde atteignaient l'orgasme contre 29 % seulement des femmes.

— En Indonésie aussi ?

— Aucun chiffre n'existe pour notre pays ! Les hommes et les femmes n'apprennent jamais à se parler ni à évoquer des sujets intimes. Les violences sexistes et sexuelles sont largement banalisées : on peut supposer que le pourcentage de femmes ayant du plaisir est plus faible encore. Bref, ce jour-là, j'ai trouvé mon sujet : le plaisir féminin !

— Un sujet plutôt inédit, ici !

— Et surtout beaucoup plus rigolo que les violences faites aux femmes, conclut Firli. Bon, ce n'est pas que ça me gêne d'en parler ici, mais je n'ai qu'une heure et le sujet est vaste. Viens passer le week-end à la maison, ce sera plus sympa.

Deux jours plus tard, je me rends dans sa maison de Bogor, à deux heures de bouchons de Jakarta. Surprise : c'est un pavillon de banlieue qui aurait pu se trouver n'importe où dans le monde, moderne et sobre, un peu chic, blanc à l'extérieur comme à l'intérieur. Rien ne rappelle la culture indonésienne, si ce n'est un petit jardin aux plantes tropicales typiques de la région. La joie communicative de Firli et de son mari donne cependant du charme à ces lieux. Sur une étagère du salon trône un livre, le sien : *Le O project*, et nous reprenons notre conversation comme si nous ne l'avions pas interrompue.

— Ici, personne ne parle de sexualité, et encore moins de celle des femmes, qui en semblent dénuées.

Firli me raconte combien il est difficile, pour les Indonésiennes, de revendiquer une vie sexuelle épanouie. On attend d'abord d'elles, dès leur plus jeune âge, qu'elles servent l'homme de la famille – qu'il soit leur père, leur mari ou leur frère. Elles font la cuisine, le ménage, prennent soin des enfants et, lorsqu'elles sont mariées, veillent à répondre aux exigences de leur époux jusque dans le lit conjugal. Leurs envies ou leur consentement comptent pour peu – pour rien : elles n'ont pas à chercher du plaisir mais à faire leur devoir, à obéir.

— Tout le monde devrait être capable d'exprimer son désir – c'est de l'énergie positive, de la joie – mais beaucoup de femmes répriment cela en elles, poursuit Firli. Elles cherchent à avoir un bon époux et leur réputation est importante.

Cela suppose d'arriver vierge au mariage, parce que la virginité reste un gage de moralité, évidemment. Mais aussi parce que l'abstinence est la seule option proposée aux jeunes pour éviter les maladies sexuellement transmissibles et les grossesses non désirées.

— Le mariage est donc considéré comme le cadre unique de la vie sexuelle ?

— Oui, et la sexualité n'est pas dissociée de la reproduction.

Les époux, en plus d'être hétérosexuels (cela va de soi), doivent être de la même religion : les unions mixtes ne sont pas admises. Firli en a elle-même fait l'expérience :

— Je suis musulmane et mon époux, chrétien, a été obligé de se convertir à l'islam pour m'épouser.

C'est son mari qui poursuit.

— Cette bascule, ma famille l'a excessivement mal vécue mais je ne regrette pas un instant cette décision, dit-il en regardant Firli avec tendresse. Nous sommes heureux et amoureux. Ce n'était qu'une formalité, pour moi, de me convertir. Et puis on ne m'a pas obligé à…

Il ne finit pas sa phrase mais imite avec deux doigts un mouvement de ciseaux. Son rire est communicatif.

— C'est pour tout cela que j'ai voulu travailler sur ce sujet, continue Firli. J'ai décidé de faire parler les femmes de leur sexualité, comme tu le fais pour la liberté, et plus particulièrement de leurs orgasmes, car c'en est un point clef.

— Comment as-tu été accueillie, avec ce genre de questions ? Déjà que j'ose à peine poser les miennes sur la liberté…

— C'était super difficile, au début. Ce sont des sujets qu'on n'aborde pas ! J'ai commencé par mes amies puis je me suis armée de courage et je suis allée voir d'autres femmes que je ne connaissais pas. Et, petit à petit, j'ai interrogé des personnes de tous âges et de toutes conditions : célibataires, mariées, remariées, excisées, travailleuses du sexe… J'ai réalisé que c'était un vrai sujet, dont on avait réellement besoin de parler. Alors j'ai commencé à écrire mon livre.

— Comment a-t-il été accueilli ? Tu as eu des problèmes ?

— Je pensais que ce serait difficile, je m'inquiétais tellement de la façon dont il serait perçu que j'ai décidé de réduire le titre de l'ouvrage à la seule lettre O, histoire de brouiller les pistes. Mais c'est tout le contraire qui s'est passé ! Le projet a été reçu avec beaucoup d'enthousiasme. Un public nombreux s'est mis à débarquer aux dizaines de rencontres organisées dans le pays : des femmes, bien sûr, mais aussi beaucoup d'hommes ; des hommes soucieux de devenir de bons amants, et presque aussi malheureux que leurs compagnes. Même les personnes conservatrices trouvent un intérêt à ce que les femmes éprouvent du plaisir : pour certains cela veut dire plus d'enfants.

Elle sourit avec malice.

— La sexualité est un sujet tabou… mais dont les gens aiment parler. C'est un peu le Voldemort du mariage : personne n'ose vraiment nommer le sujet et les problèmes qui y sont liés, mais cela passionne, et tout le monde se rend compte, au fond, de l'importance de la question. Cela m'a permis de mieux définir les liens entre droits des femmes et orgasme.

— Comment ça ?

— Pour qu'il y ait plaisir sexuel chez la femme, il faut que la volonté d'égalité et la communication soient réelles au sein du couple. Si une femme prend du plaisir en pleine conscience, cela signifie qu'il y existe un rapport d'écoute et de partage. Il faut qu'elle se sente légitime et qu'elle n'ait pas peur de tomber enceinte ou de perdre son honneur. En outre, pour un homme, accepter et désirer que son épouse apprécie l'acte sexuel est un pas vers plus d'égalité entre femme et homme. En retour, l'expérience de l'orgasme et la connaissance de leur propre corps rendent les femmes plus fortes et mieux à même de conquérir de nouveaux statuts.

Je l'écoute, admirative. Le combat de Firli pourrait se résumer à : « Mesdames, faites-vous plaisir, c'est votre droit ! » Drôle de devise, dans un pays conservateur. Elle poursuit :

— Une de mes amies est l'une des premières importatrices de vibromasseurs et accessoires pour adultes, et elle remporte un succès fou. Ça a d'ailleurs été une première pour la douane indonésienne : il a fallu statuer sur la nature de ces produits, qui ont finalement été rangés dans la catégorie des objets destinés aux soins corporels !

Nous éclatons de rire en imaginant la tête des douaniers devant cette cargaison insolite. Mais Firli redevient soudain sérieuse pour donner une réponse aussi simple que belle à la question que je lui ai posée quelques minutes plus tôt :

— La liberté, c'est avoir des espoirs, des rêves, et savoir qu'on peut les réaliser, me dit-elle. Mais c'est surtout faire ses choix en conscience en tant que sujet. Quand on choisit quelque chose pour soi, on devient véritablement un humain à part entière, on devient son propre « je », capable de prendre des décisions sans dépendre de qui que ce soit. On n'est plus l'objet de quiconque.

Des paroles auxquelles je penserai souvent, au cours des semaines suivantes.

3

Putu

De retour de Bogor, je trépigne encore un moment dans la touffeur de la mégalopole, désespérant de chevaucher un jour mon destrier mécanique. D'autant plus que l'ensemble de mon programme commence à être bouleversé par ce retard au démarrage. Plusieurs événements et rencontres sont remis en cause, à commencer par le concours de cerfs-volants géants de Bali, auquel j'avais prévu de me rendre à moto puis en bateau, et qui me tient à cœur.

Les cerfs-volants symbolisent partout dans le monde la liberté, l'espoir et le rêve. À Bali, pour la première fois cette année, une équipe entièrement féminine de plus de dix personnes – les Lubang Kori, les « jolies dames » – fait voler un cerf-volant géant : il ne reste plus qu'une manche à la compétition où elle concourt… et je suis immobilisée à près de 1 000 kilomètres !

Je décide alors de faire une incartade, et de prendre l'avion, un moyen de transport par ailleurs plus simple dans cet immense archipel composé de plus de dix-sept mille îles différentes. Plus jeune, j'ai déjà passé quelques mois à Bali pour devenir instructrice de plongée et j'en garde un souvenir émerveillé. En comparaison, la grande île de Java, où se trouve Jakarta et d'autres grosses villes, semble être en ébullition permanente.

À part un peu plus de monde, et de touristes, j'ai l'impression de retrouver Bali comme je l'ai quittée : son calme relatif m'apaise immédiatement après ce mois passé dans les rues agitées de la capitale.

Dès la sortie de l'aéroport, je me mets en quête d'un scooter pour circuler librement ; on ne se refait pas. Putu, la responsable de l'équipe féminine de cerf-volant, m'a donné rendez-vous à un croisement au bord de la route. Malgré les indications assez vagues – Putu ne maîtrise pas l'anglais –, je parviens à la retrouver. Nous sommes incapables de nous comprendre, mais tout paraît tout de suite très simple. Elle me fait signe de la suivre et je me retrouve dans sa petite maison au milieu d'une cour arborée, partagée avec d'autres membres de sa famille. Au centre, un petit autel est orné d'un panier en feuilles rempli de fleurs fraîches et de riz en guise d'offrande, comme dans presque tous les foyers hindouistes dans lesquels je suis entrée. Les lignes des maisons tranchent avec les courbes des plantes, le vert des feuilles se détache sur le gris de la pierre ; tout semble cohabiter harmonieusement et le respect pour la nature transparaît partout. Je me sens bien dans cet environnement. Putu me fait visiter son intérieur. Nous communiquons avec des gestes joyeux, de larges sourires, et quelques bribes de phrases que traduisent des voisins.

Le cerf-volant est, pour Putu, une histoire familiale. Ses parents, oncles et frères ont tous fabriqué ou fait voler des cerfs-volants : elle les voit évoluer dans le ciel depuis toute petite. Fascinée et de plus en plus passionnée, elle est devenue animatrice pour commenter les concours avant de prendre son courage à deux mains et de créer sa propre équipe. Une petite révolution dans le milieu.

Putu sait que je suis venue pour les cerfs-volants et leur dernier rassemblement de l'année, mais elle veut aussi me faire comprendre qu'ils représentent le cœur et l'âme de son peuple en m'emmenant à une cérémonie.

— Tu vas devoir t'habiller comme moi, selon les traditions, me dit-elle en me montrant une tenue qu'elle a préparée pour l'occasion, en anticipant que je serais un peu plus grande qu'elle.

Elle prend alors le temps de me vêtir, m'enveloppant successivement d'un *kamen*, sorte de jupe en batik, assorti d'un bustier blanc, d'une tunique moulante en dentelle blanche transparente, le *kebaya*, qu'elle ajuste par-dessus et elle termine par une large ceinture couleur jaune d'or, le *selendang*. Je me trouve splendide.

Il est 18 h 30 et la nuit est déjà tombée quand nous arrivons à pied dans la cour d'un vieux temple situé à quelques minutes de là. Les troncs des arbres sont entourés de tissus bariolés et dorés qui reflètent des lumières tamisées, conférant à ce lieu une ambiance particulière.

Beaucoup de monde est déjà installé dans cet espace à la fois ouvert et fermé. Une certaine fébrilité se fait sentir ; quelque chose se prépare. Je suis la seule étrangère, mais cela ne semble déranger personne. Lorsque je m'assois, les pieds naturellement placés devant moi, Putu me recommande de changer de position : ils ne doivent pas pointer en avant, car le Balian – un guérisseur – va arriver.

— Ce n'est pas poli, me précise-t-elle.

Le Balian fait son apparition à ce moment-là et immédiatement tout le monde se tait, déférent. Le guérisseur ne prononce pas un mot. Il s'assoit au centre, se concentre un moment dans un silence de plomb, puis, tout d'un coup, se met à gesticuler. Il se révulse, crie, se tord. La personne qui semblait être là quelques minutes avant a disparu. Un frisson parcourt l'assistance. Toujours très agité, il se lève et la foule, désormais debout elle aussi, pousse plusieurs personnes vers lui. Un cercle se forme autour du Balian que l'on arme maintenant d'une lance.

Les yeux écarquillés, je regarde Putu, qui sourit, m'indiquant que tout va bien.

La transe gagne petit à petit toute l'assemblée. Le guérisseur poursuit ses gestes de plus en plus larges, de plus en plus puissants. Il se tourne vers un participant et avance vers lui, lance en avant. Des tambours, que je n'avais pas vus ni entendus jusque-là, battent un rythme, suivis par le Balian et toutes les personnes en face de lui. Soudain, il se jette sur l'homme et fait mine de lui enfoncer la lame dans le corps. L'homme s'effondre dans les bras de ceux qui sont derrière lui. Je ne peux m'empêcher de vérifier, mais non, bien sûr, il n'y a pas de sang. Le geste est rituel ; j'apprendrai ensuite que le guérisseur « tue » les mauvaises âmes qui habitent les gens. Il recommence ainsi plusieurs fois avant de se calmer et, avec lui, toute l'assemblée s'apaise. Une sorte d'extraordinaire sérénité s'empare du groupe. Tout redevient silencieux. Après quelques minutes, les personnes touchées par la lance semblent enfin revenir à elles. Je pousse un soupir de soulagement.

Avec Putu, nous n'étions pas les plus proches du Balian mais, malgré cette distance, je suis sonnée. L'expérience est puissante, elle a envahi chaque personne présente. Nous quittons l'enceinte sans un mot et retrouvons, comme si nous revenions au monde réel, le trafic des scooters, la rue, les restaurants, les touristes. Putu s'exclame :

— C'était vraiment fort, cette fois. Ce n'est pas tout le temps comme ça ! Ces cérémonies sont tellement importantes pour nous !

Effectivement, la célébration est au cœur du quotidien balinais. Le monde spirituel et le monde vivant se côtoient ici. Chaque esprit est célébré et toute chose – maison, roche, mer, vent… – est habitée d'esprits – y compris les véhicules, dont la fête a d'ailleurs bientôt lieu. Je regrette que ma Tiger ne soit pas là pour être honorée dignement.

Putu, en m'emmenant à cette cérémonie, voulait me montrer et me faire ressentir cette indissociabilité, pour que je n'appréhende pas les cerfs-volants simplement comme un joli jeu ou un sport, mais avant tout comme un rite où l'humain et le sacré sont harmonieusement unis par ces énormes et splendides créations aériennes.

Il faut humilité et audace pour oser faire voler ces engins, deux qualités dont Putu et son équipe sont largement dotées et que je mesure dès le lendemain.

Putu n'a pas su me donner d'adresse exacte de l'événement, m'expliquant comme elle l'a pu qu'il se déroulait sur un grand terrain en bord de mer, à la sortie de la ville de Denpasar. Mais je n'ai pas besoin de davantage de précisions : roulant sur mon petit scooter, j'aperçois bientôt dans le ciel cinq grands rectangles de toile qui me paraissent immenses, même de loin.

Lorsque j'arrive sur les lieux, l'activité est intense, fébrile. Un animateur égrène des informations et des noms au micro, mettant en mouvement les uns ou arrêtant les autres. Précédés d'un porte-drapeau aux couleurs de l'équipe, ils sont entre dix et quinze à porter leur *bebean* – leur énorme cerf-volant – qui, au sol, paraît plutôt pataud. On peine à imaginer qu'il va bientôt voler gracieusement dans les airs. Plus loin, sur la piste d'envol, des équipes tentent de faire décoller un engin, alors que d'autres se battent déjà pour effectuer des figures. C'est physique, et les hommes ont du mal à imposer leur volonté à leur machine de toile qui, dans le ciel, semble prendre le contrôle.

Ma contemplation est interrompue par Putu : elle se précipite sur moi, terriblement excitée d'être là avec son équipe et de me montrer leur bebean. Comme les autres, il est en forme de poisson, symbole de l'abondance, et compte trois couleurs, blanc, noir et rouge, celles des trois divinités indoues Brahma, Shiva et Vishnou. Je suis arrivée à temps pour leur prestation, qui a lieu dans quelques minutes. Les filles de l'équipe respirent le bonheur d'être là. D'un seul mouvement, précis et respectueux, elles soulèvent leur bebean et je les suis jusqu'à la piste, au bord de l'eau. Le présentateur crie quelque chose et Putu donne ses instructions. Alignée avec ses coéquipières, elle tire, lâche, tire de nouveau la corde avec des mouvements énergiques. La masse de toile semble petit à petit prendre vie, et soudain, d'un seul mouvement, décolle et se met à flotter dans les airs. Les filles hurlent : commence alors sur le sol et dans le ciel un ballet d'avant en arrière, ample, vigoureux. Putu rit en donnant ses ordres. Son sourire est plus grand que jamais. Je la sens tellement heureuse. Elle qui a commenté durant des années ces compétitions, elle en est maintenant une des participantes ; elle a créé cette équipe féminine malgré les idées reçues et les obstacles et elle fait voler son propre cerf-volant. Elle se tourne soudain vers moi et m'interpelle :

— Allez, à toi !

En riant, elle me pousse à prendre sa place. Intimidée, je touche la corde et, en un instant, je sens dans mes mains, dans mes bras, dans ma poitrine, la puissance du monstre de tissu qui vole au-dessus de nos têtes. Pas une puissance violente mais sourde, une sensation forte qui me traverse tout le corps. Si le faire décoller demande une énergie intense, le maintenir en l'air exige avant tout de la dextérité et une coordination parfaite de l'équipe : la communion de tous ses membres est indispensable à la cohésion. Les Lubang Kori m'accueillent parmi elles, guident mes gestes et, entre deux rafales, Putu me crie : « Le cerf-volant n'est rien sans le vent, et nous ne verrions pas le vent sans lui ! » Je lève alors la tête, et lâche presque la corde devant le spectacle qui s'offre à moi. Dans le ciel azur flottent des dizaines de cerfs-volants colorés, majestueux, tranquilles. Les filles crient : « Tu sens comme tu es forte ? Nous avons le pouvoir ! » et, les yeux vers le ciel, je comprends mieux la signification de leurs paroles. Je ne me lasse pas de regarder ce ballet des dieux lorsque Putu, soudain à côté de moi, me glisse à l'oreille :

— Voilà… Tu comprends maintenant ce qu'est la liberté ?

4

Yogyakarta

Il fallait que je parte pour que les choses se dénouent : un classique. Alors que je suis à Denpasar, j'apprends par un mail laconique de Triumph Indonésie que la caisse de ma Tiger est enfin arrivée à Jakarta : « Ta moto est là. » L'équipe l'a réceptionnée et préparée, elle n'attend plus que moi. J'adore Bali et son calme, j'aurais aimé passer plus de temps avec Putu, mais l'appel retentit, impérieux. Je rentre sans attendre pour retrouver mon bolide, en effet prêt au départ. Je n'ai plus qu'à charger mes affaires dans les caisses, ce que je fais sans perdre une seconde. Avant de partir, pourtant, je prends le temps de retourner voir Firli, à qui je suis heureuse de montrer ma moto, et surtout Nabilla – pour honorer ma promesse.

L'ayant retrouvée dans une petite ruelle, je la vois avec une certaine appréhension se hisser sur l'engin. Nabilla m'arrive tout juste à l'épaule, et je touche moi-même à peine terre lorsque je chevauche ma Tiger. Elle fronce les sourcils, concentrée et déterminée, passe la première, et s'élance comme si c'était un scooter. Habituellement, je ne prête jamais ma moto, mais là c'était une promesse, et je suis étonnée et ravie de l'audace de Nabilla. Elle fait à peine 100 mètres, s'arrête, vacille un peu puis parvient à mettre la béquille alors que je cours vers elle. Je l'imagine déçue d'avoir parcouru une si courte distance jusqu'à ce qu'elle se tourne vers moi, le visage illuminé d'un sourire débordant de joie.

Dès le lendemain, avec sans doute sur le visage un sourire similaire, je m'échappe enfin de Jakarta... entourée de centaines de scooters à la « vitesse » imposée par les bouchons qui encombrent les routes autour de la capitale. Je roule et rien ne peut ternir mon plaisir de commencer pour de bon cette nouvelle aventure. Dès que les feux tricolores se font plus rares et que la route se dégage un peu, je mets les gaz avec bonheur... jusqu'à atteindre au moins 40 kilomètres à l'heure, la vitesse maximale que me permettent les routes toujours bondées de la banlieue où se pressent des centaines d'affreux camions. Mon gabarit et mes grosses caisses de matériel m'empêchent le plus souvent de doubler.

Je suffoque sous mon blouson peu adapté aux moiteurs des climats tropicaux mais je suis surexcitée à l'idée de l'expédition à venir. Rassurée par la masse solide de la Tiger, je m'autorise à retirer un pan de ma lourde veste et je prends de l'assurance dans cette circulation toujours dense dont je commence à comprendre les codes. Je me mets à chanter à tue-tête « On the road again » en saisissant une occasion de remonter la file discontinue des camions. Soudain, un scooter avec deux passagères déboule en face entre deux poids lourds et vient me percuter de plein fouet. Nous ne roulons pas très vite mais le choc est tout de même violent et nous tombons lourdement. Un flash me traverse l'esprit au moment de la chute, qui fait valdinguer tout ce qui est arrimé à ma moto – ne jamais enlever sa veste de protection, bon sang ! Mais la chance me sourit. Je n'avais enlevé qu'une manche, rapidement à un feu rouge, gardant la veste sur l'autre bras, celui sur lequel je suis tombée, fort heureusement.

Je suis tout de même bien sonnée et je ne comprends pas vraiment ce qui m'arrive. Beaucoup de monde se presse autour moi, on me relève, on me déplace. J'aimerais voir comment va l'autre conductrice mais j'en suis empêchée. On me prend en charge, on gare ma moto dans un hangar et je suis conduite à l'hôpital voisin. Comme je vais bien, on me met dans une pièce seule sans me dire ce qui se passe ni me donner d'informations sur l'état de la conductrice du scooter et de sa passagère. On vient me demander ma version de l'affaire, et on repart. Je commence à m'inquiéter. Je patiente un long moment avant d'apprendre enfin que les deux femmes du scooter s'en sortent, elles aussi, sans une égratignure. Ouf. Le soulagement, ceci dit, est de courte durée : nos médiateurs improvisés m'expliquent que je devrai payer les réparations du scooter. Cela alors que son carénage a une simple éraflure, que les torts sont partagés et qu'il va falloir, de mon côté, que je fasse redresser les arceaux de protection de ma moto !

Un Indonésien m'avait prévenue, au début de mon périple : « Si tu écrases une poule, ne t'arrête surtout pas : file au centre de police le plus proche pour signaler le dommage et rembourser la bête. Si tu restes sur place, tu risques de voir débarquer le village entier qui cherchera à te rançonner. On t'expliquera que tu n'as pas seulement écrasé une poule, mais les dix œufs qu'elle aurait pondus : dix nouvelles poules pondeuses qui elles-mêmes auraient donné naissance à cent autres. Et attends ! Parmi ces cent poules-là, l'une d'entre elles aurait forcément été une poule de concours ! Et pas n'importe quel concours, hein ! le championnat d'Indonésie. Bref… Au bout du compte, tu risques de devoir rembourser tous les paris gagnés du prochain concours de poules. En résumé… ne t'arrête pas ! À moins que tu ne veuilles devenir éleveuse de poules. »

Forte de cet avertissement, je décide de négocier. Dans mon malheur, j'ai la chance que l'accident ait eu lieu en face d'un hôpital, avec de nombreux témoins dont des gardiens, qui vont pondérer les échanges. Après moult palabres et excuses mutuelles, nous nous serrons la main et nous en tenons là.

L'épisode se conclut sans encombre, mais il me sert de leçon : chaleur ou non, embouteillages ou pas, je garde désormais ma veste. Nous pouvons repartir à l'aventure, ma moto et moi.

Batik

Initialement, j'avais prévu de faire le tour de l'île de Java avant de me rendre à Sumatra, mais la longue attente de mon véhicule m'oblige à réduire un peu mon séjour en Indonésie. Je décide donc de passer rapidement à Sumatra, tout en m'offrant quand même une boucle javanaise pour visiter Yogyakarta et le célèbre temple de Borobudur. Sur des routes toujours bondées et d'un intérêt relatif, je roule sans m'arrêter, autant pour ne pas perdre de temps que pour découvrir le plaisir de conduire ma nouvelle Tiger, qui semble aussi avide que moi d'avaler des kilomètres. En moins de deux jours, j'arrive dans la province de

Yogyakarta, l'une des plus petites d'Indonésie. Centre universitaire, artistique et multiculturel important pour le pays, cette province possède un statut un peu spécial : sorte de monarchie – dépendante quand même de la république d'Indonésie – elle est dirigée par un souverain éclairé qui a voulu en faire une sorte d'enclave de culture et de liberté. Dans sa capitale régionale éponyme, j'ai l'impression de respirer : je vois le ciel, je marche dans des rues aménagées pour les piétons. La ville possède d'authentiques vieux quartiers et semble restée dans son jus. Pas de gratte-ciel sans âme, d'immeubles immenses. Yogyakarta est à échelle humaine et je me sens moins perdue. Je joue à la touriste : je rends visite aux artistes qui fabriquent les marionnettes pour le théâtre d'ombres traditionnel et je m'essaie surtout au batik, que j'adore, cette technique ancestrale qui permet de colorer un tissu de manière sélective avec de la cire chaude – l'Afrique s'est emparée de ce procédé sous le nom de *wax*. Si je n'étais pas limitée par la taille de mon *top-case*, je craquerais volontiers. J'ai une faiblesse pour les tissus, et pour ceux-là tout particulièrement : les motifs de palmiers, d'étoiles, de fleurs courbées de ces batiks ont tous des histoires à raconter qui ont traversé les générations.

Dans l'atelier qui offre ce genre d'initiation pour touristes, je m'applique à côté des ouvrières pour dessiner moi aussi à l'aide du *caning*, sorte de plume qui contient de la cire chaude, un drôle de tigre sur une serviette – en hommage au modèle de ma moto, Tiger, et à mon expédition dans ces contrées qui, toutes, ont connu la présence de ce félin. Ici, l'humeur est studieuse. Chacune se concentre pour exécuter à la perfection des motifs incroyables de fleurs ou d'animaux.

Une des ouvrières sollicite mon attention et me montre en souriant son œuvre. Elle a répété la phrase : « May the force be with you[1] », à l'infini sur son tissu. Je crois rêver ! Le batik est vraiment intemporel.

Ma serviette passe ensuite dans un bain de couleur puis dans de gros bouillons d'eau chaude pour dissoudre la cire. Et je repars avec mon tigre sous le bras, heureuse de ma création.

Ylang-Ylang

À la guesthouse où j'ai posé mes bagages, un motard indonésien s'arrête, intrigué par ma grosse cylindrée et sa plaque étrangère. Ylang-Ylang me demande sans attendre comment j'ai fait pour me payer un tel engin alors que je loge dans un dortoir pour jeunes fauchés. Ici, la passion pour les grosses motos n'est permise qu'à une poignée de privilégiés. Elles sont considérées comme un produit de luxe et les taxes sont de plus de 300 % à l'achat. Ma Tiger, certes de belle facture, vaudrait en Indonésie près de 40 000 euros, un prix déjà exorbitant en France mais qui la rend quasiment inaccessible pour un habitant d'ici. Aussi, les motards qui commencent à créer une petite communauté à Java appartiennent à une élite et le prix d'achat de leur véhicule les incite plutôt à rouler tranquillement sur des routes bien asphaltées qu'à partir à l'aventure sur des pistes salissantes.

J'aurai tout de même l'occasion de rencontrer ici et là des Indonésiens aventuriers à deux-roues, qui

1. « Que la force soit avec toi » : célèbre phrase du film *Star Wars*.

prennent du plaisir à découvrir leur pays en dévorant du bitume. Je retrouverai chez eux l'esprit motard que j'ai pu apprécier partout dans le monde. C'est le cas avec Ylang-Ylang. Il n'a qu'une vieille 125 cm^3 chinoise rafistolée mais cela ne l'empêche pas de s'engager dans de longs périples – comme je l'ai fait quelques années plus tôt avec ma super Varadero. Nous nous comprenons tout de suite.

Il remarque assez vite les vestiges de mon accident : des éraflures, un clignotant cassé et la barre de protection droite tordue – qui m'empêche d'ailleurs de braquer correctement. Il m'emmène chez un ami avec qui nous démontons tout le carénage ; nous parvenons, à trois, à redresser la barre. Nous bricolons un nouveau cache de clignotant avec le plastique d'une vieille bouteille et ma Tiger est de nouveau prête à reprendre la route.

Ylang-Ylang me propose de faire une virée à moto avec lui – ici, il roule presque toujours seul – et nous partons pour une splendide balade qui me réconcilie avec Java. Nous traversons des forêts de bambous, des champs où l'on croise quelques buffles et nous passons sur les pentes du volcan Merapi, encore actif. Même sur les pistes, la circulation reste dense, mais sans aucun camion – ouf. Nous terminons notre journée par le site de Borobudur, lieu de pèlerinage et sanctuaire bouddhiste important. L'espèce de pyramide est en pierre couleur cendre avec plusieurs niveaux sur lesquels reposent des *bodhisattvas*, bouddhas prêts à s'éveiller sous d'énormes cloches.

Ces étages, au nombre de dix, représentent la vision bouddhique du cosmos, soit les dix étapes de la vie sur terre à franchir pour aller vers l'illumination et devenir « l'éveillé ». Bien sûr, il ne suffit pas de gravir les marches du temple pour y arriver, mais l'ascension permet de profiter d'une vue splendide sur la forêt luxuriante des alentours, à l'ombre de ces bouddhas qui méditent pour l'éternité.

L'endroit est sacré mais accueille un flot continu de touristes. Alors que nous nous asseyons pour boire un café sur une charmante terrasse proche du site, Ylang-Ylang me parle de son métier avec beaucoup d'humour : il vend des statues de Bouddha sculptées dans la pierre du Merapi, la même que celle de Borobudur, à des Japonais qui les affectionnent particulièrement. Il est interrompu par un serveur qui nous demande ce que nous voulons boire.

— Un café.

— Bien sûr, madame, un café standard ou un *kopi luwak* ?

— Quelle est la différence ?

— Le *kopi luwak* est LA spécialité locale. Il est plus cher mais c'est une rareté et LE meilleur café du monde, répond le serveur avec fierté.

J'opte pour ce dernier – il faut toujours goûter aux spécialités – alors qu'Ylang-Ylang opte pour un café normal.

On m'apporte une minuscule tasse de café et mon guide du jour me regarde attentivement alors que j'en bois la première gorgée.

— Alors ? me demande-t-il.

— C'est bon. C'est doux. Mais enfin, je ne sais pas si cela vaut le triple du prix d'un café normal.

— Tu sais ce que tu es en train de boire ?

— Ben, un café… cher !

— Oui. Du café qui sort du trou du cul d'une civette[1].

Je manque de m'étrangler. Ylang-Ylang m'explique alors le mode de fabrication de mon breuvage : on fait manger des grains de café à une civette puis on en récupère les déjections qui sont vendues à prix d'or…

Quel esprit tordu a bien pu avoir cette idée saugrenue ?

— C'était, au départ, le café des pauvres, poursuit Ylang-Ylang. Les personnes qui bossaient sur les plantations de café n'avaient pas de quoi se payer les grains. Mais ils ont remarqué que ces animaux adoraient venir la nuit dans les plantations pour manger les baies de café, et ils se sont mis à récupérer des grains dans leurs déjections. Un jour, les propriétaires s'en sont aperçus, se sont dit que ce serait une bonne affaire et un truc original à proposer : ils se sont mis à élever des civettes et ont produit du café de civettes, le *kopi luwak*, considéré comme le meilleur café du monde.

Il sourit avant d'ajouter en finissant son propre café :

— Du moins, c'est comme ça qu'il est vendu aux touristes.

Quelques heures plus tard, nous revenons à Yogyakarta. Je suis un peu fatiguée, mais heureuse d'avoir enfin pu retrouver l'esprit d'aventure qui me guide.

Mama Phil

La province de Yogyakarta ne m'intéressait pas seulement pour le magnifique monument de

1. Petit mammifère, plus gros qu'un chat, du style blaireau.

Borobudur. Les mœurs y sont réputées plus libres qu'ailleurs en Indonésie, et sa capitale est connue – ce que Firli m'a confirmé – pour sa relative ouverture aux droits de la communauté LGBT. Dans un pays à la morale particulièrement rigoureuse, à la religion obligatoire et où la sexualité est souvent taboue, il me paraissait important de rencontrer des gens qui témoignent de cette émancipation.

Maintenant que je connais un peu mieux Ylang-Ylang qui semble assez ouvert, je m'autorise à aborder avec lui cette question. Il comprend facilement ma thématique et me propose immédiatement d'aller à la rencontre de Mama Phil, une femme transgenre, figure de la communauté LGBT de la ville, qui a beaucoup œuvré pour ces droits dans la région. Elle a créé une petite association, soudée et chaleureuse, qui essaie de venir en aide aux personnes gays et trans qui, dans le reste du pays, sont mis au ban de la société.

Nous nous retrouvons le soir même dans une salle de spectacle où se produit sa communauté, dans une pièce qui cherche à faire connaître et comprendre la notion de diversité, au sens large du terme. À l'issue de la représentation, mon nouvel ami me présente Mama Phil. Il m'en avait parlé comme d'une icône et je m'attendais, un peu absurdement sans doute, à rencontrer une personne flamboyante, munie de tout l'attirail d'une féminité tapageuse – dans le pur style drag-queen. En réalité, Mama Phil est une vieille dame à grosses lunettes, un foulard soigneusement noué autour de la tête, qui me sourit avec une candeur tranquille. Sous ses airs débonnaires, je sens l'âme d'une battante parfaitement à l'aise avec son identité ou son rôle et qui, pour se faire une place, a dû ouvrir les portes sans frapper.

Qu'elle soit une femme, et non un homme, a toujours relevé pour Mama Phil de l'évidence la plus absolue. C'était un fait, voilà tout.

— Je viens d'une famille virile, dure, un peu mafieuse. Mes parents et mes frères faisaient régner leur loi ici : la violence faisait partie de leur vie. En tant que garçon, on attendait de moi que je fasse perdurer cela. Or tout ce que je voulais, c'était jouer à la poupée et me coudre des vêtements. Autant dire que les miens ont eu du mal à encaisser le jour où j'ai eu le courage de leur dire que j'étais une femme.

— Ils ne l'ont pas accepté ?

— Au début, oui. Ils ont tout fait pour que je « redevienne un homme ». Mais j'ai la tête plus dure qu'eux. J'ai été patiente. J'ai continué à leur parler. À leur expliquer. Ils me repoussaient. Je revenais. Et petit à petit, ils ont accepté. Peut-être pas compris, mais accepté. Ils m'ont acceptée, moi. Puis ils ont accepté mon rôle. Que j'aide les autres.

Mama Phil a voulu ouvrir, à Yogyakarta, un établissement refuge pour les jeunes trans du pays, malmenés par leur entourage.

— Et si j'ai pu le faire, c'est aussi grâce à ma famille et leur côté mafieux. Je suis sous leur protection. On ne touche pas à leur frangine, comme ils disent. Et donc pas non plus à celles et ceux que je protège. En réalité, il ne faut pas se faire d'illusions : être trans, gay, bi ou autre en Indonésie revient le plus souvent à une alternative simple, se cacher ou quitter le pays. Mais moi, ici, j'offre aux gens un havre où ils sont libres d'être eux-mêmes. Cette liberté-là, pour quelques jours ou quelques semaines, est vraiment importante sur leur chemin pour retrouver confiance en eux, après avoir été trop souvent rejetés.

Le lendemain, je quitte la ville et la région de Yogyakarta en repensant aux paroles de Mama Phil. Ce rejet des différences, je l'ai trop souvent rencontré et le verrai encore beaucoup. Mais apprendre que, même dans un pays rigide comme l'Indonésie, des personnes parviennent à trouver la force de lutter me fait chaud au cœur. Je prends la direction de l'est, vers l'île de Sumatra. Voilà déjà près de six semaines que je suis partie, mais j'ai l'impression que ce n'est que maintenant que mon voyage débute vraiment.

5

Sumatra

Après quelques heures de route supplémentaires entre scooters et camions, j'arrive à l'extrémité nord-est de Java où un ferry régulier me permet de passer sur la plus grande île, Sumatra. Avec une superficie trois fois et demie plus vaste que Java[1], Sumatra compte près de trois fois moins d'habitants : 59 millions. Pour la première fois depuis que j'ai posé le pied dans ce pays, j'ai une impression d'espace ; cela fait un bien fou. Les paysages sont un peu moins urbanisés et je trouve du plaisir à rouler le long des plages à perte de vue. Je suis encore loin d'un décor sauvage puisque les plantations de palmiers sont la principale végétation au sud de l'île et que les petites villes et villages sont nombreux, mais la vie semble plus détendue.

Je peine cependant à trouver où dormir : pas de camping et aucun endroit où planter une tente, les espaces étant trop habités ou trop marécageux. Je reprends l'habitude de demander l'autorisation de

1. 473 481 kilomètres carrés pour Sumatra contre 128 297 pour Java.

camper à côté d'une maison, ce qui permet souvent de belles rencontres. C'est d'abord une famille de cultivateurs qui, au départ, m'avait prise pour un homme, comme cela arrive de temps à autre : ils me parlent de leurs cultures – ils ont une plantation de palmiers – auxquelles ils croient beaucoup. Puis une jeune épouse m'héberge dans le grenier de l'auberge familiale où logent, alors, vingt-cinq ouvriers venus travailler sur le chantier d'une route voisine.

Je fais plus tard la connaissance d'une bande de jeunes pleins de vie avec qui je passe un excellent moment à la plage, entre baignade et jeux d'eau. Certaines filles sont en T-shirt, d'autres en burkinis : à mon arrivée, elles me disent que je peux sans problème porter un maillot de bain mais je préfère, moi aussi, garder un T-shirt. Nous parlons à bâtons rompus, de choses légères et de choses plus graves : de religion, notamment, et de ce qui se passe dans le monde.

Nous sommes en novembre 2015, quelques jours à peine après les attentats qui viennent d'ensanglanter une nouvelle fois la France, en plein cœur de Paris[1]. L'annonce m'a secouée, évidemment. Il y a eu d'abord un SMS incompréhensible de mon père, à 4 heures du matin : « Tout va bien ici, nous sommes tous à la maison, ne t'inquiète pas. » Puis, comme tout le monde, j'ai eu la respiration coupée en découvrant les attaques. Elles n'ont fait aucune victime dans mon entourage, mais il est difficile pour moi d'être loin de mes proches et de ma ville, de ces quartiers endeuillés dans lesquels j'ai vécu. En janvier 2015, j'avais pu

1. Attentat du 13 novembre 2015 dans la salle de spectacle du Bataclan notamment, après l'attaque de *Charlie Hebdo* du 7 janvier 2015.

aller à la grande marche organisée suite à l'attaque de *Charlie Hebdo* et de l'Hyper Cacher de la porte de Vincennes ; je me sens très démunie. Le carnage revendiqué par l'État islamique a choqué le monde entier, l'Indonésie aussi. Et chacun et chacune de mes camarades de baignade tient, ce jour-là, à me dire combien ils sont tristes et choqués de ces attaques menées au nom de l'islam.

— Cette boucherie n'a rien à voir avec ma religion, tu sais, me glisse doucement une des jeunes femmes. Ce n'est pas ça, l'islam.

Une autre me dit :

— C'est vrai que dans notre religion, il existe des restrictions, mais cela n'a rien à voir avec ce que revendiquent les islamistes extrémistes et leurs attentats.

Un discours que j'entends souvent durant les jours suivants, alors que je poursuis ma découverte de l'île.

Minangkabau

J'arrive peu à peu au pied des collines du Sumatra occidental, une région que je désirais particulièrement découvrir. Elle abrite le peuple des Minangkabau, *kabau* signifiant « buffle » – l'animal roi de cette partie du pays. Avec plus de 6 millions d'habitants, les Minangkabau sont la plus grande communauté matrilinéaire du monde. Un concept surprenant dans un pays musulman. Le premier couple minangkabau que je rencontre, Sofia et Raoul, est propriétaire d'une auberge où je m'arrête pour passer la nuit.

Sofia et Raoul ont une trentaine d'années l'un et l'autre et se ressemblent un peu. Même petite taille, même visage rond, même rire toujours au bord des lèvres et quasiment même look : jean et T-shirt large – Sofia ne porte pas le voile. Elle m'invite à confectionner le repas avec elle pour que nous ayons le temps de nous parler. Il faut dire que la gastronomie locale, l'une des plus réputées du pays, nécessite un temps de préparation assez conséquent. Le *boeug rendang*, par exemple, un ragoût de buffle, doit mijoter pendant plus de cinq heures dans de multiples épices et de la noix de coco. C'est très tendre et savoureux accompagné de riz. Ce plat se rappelle encore aujourd'hui à mes papilles, comme nombre de spécialités que j'ai pu goûter en Indonésie : je me souviens d'un poulet confit à Yogyakarta, d'une soupe de coco parfumée à Jakarta ou de riz sauté aux épices et à la citronnelle au bord de la route – sans oublier le *nasi goreng* (du riz frit avec un œuf dessus) ou le *mie goreng* (des nouilles sautées) plus classiques mais dont je ne me lasse jamais.

En manipulant ses casseroles, Sofia me parle de la culture minangkabau.

— C'est simple : ici ce sont les femmes qui ont la main sur les biens de la famille. Ce sont elles qui transmettent leur nom, qui héritent de la maison et des champs et c'est le frère qui s'occupe des aspects financiers. Même la dot d'un mariage doit être ici payée par l'époux, contrairement à ce qui a cours dans le reste de l'Indonésie.

Son mari Raoul entre à ce moment, cigarette au bec, et renchérit aussitôt.

— C'est au garçon de rejoindre le domicile de la fille lorsqu'il l'épouse, pas l'inverse : la mariée ne subit pas de pression de sa belle-famille. Moi ça m'allait très bien. Regarde…

D'un ample geste du bras, il désigne la plage qui fait face à la cuisine.

— On n'a pas grand-chose, mais franchement, est-ce qu'on ne vit pas au paradis ? On a un toit – enfin, celui de ma femme –, on a du travail, les enfants vont bien… Que demander de plus ?

Sofia le regarde avec tendresse. Plus tôt, avant qu'il n'arrive, elle m'avait dit presque timidement :

— Raoul est le meilleur mari du monde : un garçon gentil, droit, avec qui je m'entends à merveille et qui soutient mes projets. C'est ça pour moi, la liberté : avoir des connaissances, cultiver son intelligence, mener sa barque comme on l'entend. Si tu as cela, tu as tout !

Le lendemain, je quitte la côte pour m'enfoncer dans les collines. La route se met à zigzaguer, à monter et à descendre entre des montagnes aux flancs rocheux. Les rizières reflètent les nuages. La nature est verdoyante. Les buffles sont évidemment au rendez-vous, nombreux, mais c'est surtout l'architecture des maisons qui me fait m'extasier. Les *rumah gadang*, « grandes maisons » sur pilotis, sont toutes en bois et leur particularité, ce sont leurs toits à plusieurs étages avec des flèches de chaque côté qui remontent vers le haut. Lorsqu'on les regarde de face, ils rappellent les cornes de buffle. Même les grandes bâtisses administratives reprennent ces silhouettes qui donnent un cachet si original à cet endroit.

Lydia et Vanessa

Après quelques jours sur ces routes apaisantes, j'arrive à Bukittinggi, une grande ville de l'est de

Sumatra, située dans les hautes terres du pays minangkabau. Alors que je m'accorde une courte pause dans un boui-boui, sous le ciel plombé de la saison des pluies, je suis alpaguée par Lydia, une toute jeune fille soigneusement voilée de beige, un grand sourire sur le visage. Elle est étudiante et aime par-dessus tout rencontrer des étrangers afin de pratiquer son anglais. Ma moto surtout l'impressionne :

— Je pensais qu'un engin comme celui-là était fait pour les hommes. C'est vraiment toi qui le conduis ?

Devant ma réponse affirmative, elle ouvre grand les yeux :

— J'aimerais parcourir le monde comme toi, un jour. Mais peut-être pas avec une aussi grosse moto.

Elle m'explique qu'elle doit retrouver un groupe d'amies le soir même pour un karaoké, et me propose de l'accompagner : nous voilà parties, bras dessus, bras dessous. Partager ces moments-là semble être la chose la plus naturelle du monde. Avant moi, Lydia et sa bande ont même croisé deux touristes russes qu'elles ont également invités. Deux types qui ont surtout envie de faire la fête et avec qui Lydia et ses copines sont absolument ravies de parler.

Leur petit groupe me plaît immédiatement : elles sont vives, rient beaucoup, reprennent les tubes à pleins poumons. Bref, elles s'amusent comme des folles… tout en restant très sages : pas d'alcool, et une distance de bon aloi avec les deux garçons qu'elles ont invités. Il est assez curieux de les voir se démener en voile strict et vêtements longs sur des musiques dont les clips, diffusés sur les écrans de la salle, mettent en scène des filles à moitié nues.

Il est 20 heures et la fête bat son plein lorsque Vanessa, l'une des amies de Lydia, demande à me parler en tête-à-tête. Nous nous éloignons du groupe et nous asseyons dans un coin plus calme.

— Tu as ta caméra ? J'aimerais que tu me filmes, s'il te plaît.

Je sors mon appareil ; je la sens profondément en colère, vibrante d'indignation même. Je n'ai à lui poser aucune question ; une fois installée, elle se met à parler, d'une traite, comme si elle devait exorciser quelque chose :

— Je peux te dire ce que j'ai au fond de mon cœur ? Je n'aime pas la culture indonésienne. Les femmes n'ont droit à rien. Elles se donnent à leur famille, puis à leur époux. On leur laisse faire des études, ça oui, mais sans pour autant leur permettre quoi que ce soit de plus concret ensuite.

Elle parle vite, comme si elle avait peur d'être interrompue. Tout sort d'un coup, à grands flots.

— Je pense que j'ai une âme européenne. J'aime voyager, j'aime me sentir libre, je ne supporte pas les règles et je me moque de ce qu'on peut penser de moi. Tout le monde surveille tout le monde, ici. On ne peut pas tenir la main de son petit ami dans la rue. Si un jeune garçon et une jeune fille s'isolent dans une pièce, n'importe qui, voisins compris, est autorisé à entrer pour vérifier que l'honneur est sauf. C'est dingue ! Et puis, si une fille perd sa virginité, elle ne peut plus faire d'études. Même si elle a subi un viol ! Il faut un test pour aller à l'université. Du coup, celle qui n'est pas vierge n'a droit à rien. Pas d'études, pas de travail, pas d'argent, pas de mari… plus de vie. Ce n'est pas juste, pas juste.

Vanessa tremble de tout son corps en parlant : c'est sans doute la première fois qu'elle s'exprime aussi franchement. Je ne dis rien, je ne bouge pas, j'écoute seulement, en réprimant mon envie de la prendre dans mes bras : tout geste de ma part serait déplacé, je le sens. Elle a simplement besoin de parler, de dire ce qu'elle ressent, ce qu'elle vit… Ce que doivent vivre la plupart des femmes du pays. Vanessa s'apprête à poursuivre lorsque Lydia déboule sur nous, comme un petit tourbillon de joie.

— Hé les filles, on vous cherchait ! Il ne reste que cinq minutes, on a le droit à une dernière chanson, vous venez ?

En un instant, le visage de Vanessa change. Son volontarisme épris de liberté laisse place à l'entrain de la bonne copine qui court pour rejoindre son amie en souriant. Je prends quelques secondes pour digérer ses paroles et la retrouve avec ses amies sur scène en train de hurler « What makes you beautiful » des One Direction, sous le regard ébahi de nos deux compères mâles. Ils sont plus étonnés encore lorsque la musique s'arrête et que Lydia décrète qu'il est temps de lever le camp : 21 heures, déjà ! Une heure trop tardive pour un groupe de filles non accompagnées quand, pour les deux Russes, la soirée ne fait que commencer.

Lydia jette autour d'elle des regards affolés et nous fait presser le pas. Il faut rentrer. Maintenant. Elle m'invite à les suivre jusqu'à la cité universitaire où elle partage une chambre avec trois filles, et nous plantons là les garçons. Alors que nous courons jusqu'à la cité, je croise le regard triste de Vanessa qui semble me dire « Tu vois, c'est ça la liberté des filles indonésiennes… »

La chambre est toute petite mais bien agencée et soigneusement rangée, avec deux ensembles de lits superposés. À peine arrivées, les trois colocataires de Lydia se préparent pour aller se coucher. La jeune femme, elle, doit appeler son petit ami sans attendre. Une discussion qui semble houleuse débute entre elle et lui. Lydia n'a pas l'impression d'avoir fait quoi que ce soit de répréhensible, d'autant qu'elle l'a prévenu et lui a parlé de moi, mais il est furieux de la savoir sortie si tard. Que vont penser les gens ?

La disproportion entre sa violente réaction et cette si raisonnable soirée me sidère un peu. J'ai tant de chagrin à la voir, elle si rayonnante quelques heures plus tôt, rassurer son amoureux à propos de quelque chose qui n'existe pas. Mais Lydia, elle, ne s'offusque pas. Elle est d'un naturel positif et s'accommode de ces remarques. Elle ne trouve manifestement pas tout à fait normal d'avoir à subir tant d'entraves et juge très exagérée, par exemple, la réaction de son amoureux, mais je ne sens pas chez elle de pulsion de révolte. Elle s'excuse mille fois, insiste sur ma présence et promet que cela n'arrivera plus. Elle raccroche enfin sans faire de commentaire. Au lit.

Au petit matin, je la regarde se préparer avec ses camarades pour la journée de cours à la fac : quatre amies qui papotent en buvant une tisane. Elles me proposent d'essayer leurs voiles à la mode, et je me prête volontiers à l'expérience. Elles en ont de toutes sortes, aux mille nuances pastel, avec une prédominance de beige et de blanc, et m'expliquent comment elles les assortissent à leurs tenues. Celui-là va bien avec ça, pas celui-ci ; cette couleur est très belle avec tes yeux, cette autre te vieillit. « Oh, tu es si jolie avec ce voile rose ! »

J'écoute leurs échanges et leurs conseils féminins : garder la nuit un soutien-gorge, par exemple, pour éviter que les seins ne tombent ! Je repense cependant à Vanessa et à son discours revendicatif quand nous n'étions que toutes les deux. Aussi, lorsque nous sortons et que Lydia se trouve seule avec moi quelques instants, je me décide à lui poser la question.

— C'est quoi, pour toi, la liberté ?

Elle se tait. Son regard s'assombrit.

— La liberté ? Je n'en ai pas. Je peux sortir un peu. Étudier. Voir mon amoureux. C'est tout. Il faudra toujours que je fasse des choses pour ma famille, puis pour mon mari. Voilà. C'est la vie.

En un clin d'œil, son visage s'éclaircit de nouveau, comme Vanessa, la veille, quand elle avait rejoint la fête. Avec un grand sourire, elle me prend par le bras : « On y va ? Mes cours vont commencer. » Quelques instants plus tard, elle s'éloigne sur son scooter en me faisant de grands signes de la main.

Une longue corde

Le cœur un peu serré, je la regarde s'en aller. Avant de reprendre moi aussi la route, je roule vers les hauteurs pour faire des images de la ville. Alors que je filme, un jeune policier en uniforme kaki s'approche de ma moto et s'extasie, charmé par mon bolide. Il engage la conversation avec un grand sourire, curieux de la présence à cet endroit d'une étrangère qui semble voyager seule. Il accepte d'être filmé pour une petite interview et je l'interroge sur son métier.

— Ce que je fais est important : je fais régner l'ordre, me répond-il, impeccablement sanglé dans son uniforme. Le soir, je traque les couples illégitimes qui chercheraient refuge dans les hôtels. J'ai le droit d'entrer sans prévenir dans leur chambre. Puis je fais la tournée des bars, des discothèques et des karaokés pour y repérer les femmes qui y viendraient seules après 21 h 30 : c'est l'heure limite. Celles et ceux qui ne respectent pas ces règles, je les emmène au poste pour leur faire passer l'envie de recommencer.

Je suis abasourdie. Je ne m'attendais tellement pas à cet « ordre »-là ! Mais je n'ai pas le temps de réagir qu'il continue. Son métier n'est pas toujours facile, selon lui, mais il est important. Qu'adviendrait-il si les femmes de Bukittinggi étaient déconsidérées ? « Heureusement, dans la ville, chacun y met du sien. Il arrive parfois que des gens m'envoient des SMS pour me prévenir. Il y a de bons citoyens, tout de même. »

Je comprends mieux, à présent, l'affolement de Lydia devant l'heure déjà « tardive » dans le lieu « subversif » où nous étions. J'imagine la tête qu'aurait faite son fiancé si elle l'avait appelé depuis le commissariat… Je ne peux m'empêcher de demander à ce jeune policier rigoureux comment il conçoit la liberté :

— La liberté, c'est une longue corde. Parfois, quelqu'un doit tirer dessus pour te ramener dans le droit chemin. Et ça, c'est mon travail, me répond-il, rayonnant de fierté.

Ah, l'amour de son métier…

J'avais prévu d'aller jusqu'à Aceh, cette province au nord de Sumatra qui a reçu le droit, unique en Indonésie, de pratiquer la charia en 2005. Mais nous sommes déjà fin novembre, mon trajet est encore long et j'ai organisé des rencontres au Bangladesh qui ne peuvent être décalées : il est déjà temps pour moi de quitter ce pays dont l'immensité et la richesse justifieraient un voyage entier. Je sens que je n'ai fait qu'effleurer les réalités d'un monde complexe. Je ne peux m'empêcher, en roulant vers le port de Medan, de repenser à Nabilla, Lydia ou Vanessa, dont les rêves de liberté sont immenses mais leur réalité tellement étriquée. Que seraient devenus les miens si je n'avais pas eu la possibilité de prendre la route ? À quoi ressembleront ceux des femmes et des hommes du Myanmar, ma prochaine étape ? Je me laisse bercer, dans ces derniers kilomètres, par le rythme des guitares batak qui accompagnent chacun de mes arrêts, je me perds dans la contemplation du lac Toba : je m'en vais apaisée.

6

Transit

Il n'existe pas de vraie liaison maritime entre l'Indonésie et la Malaisie – pays que je dois traverser pour rejoindre le Myanmar –, simplement de petites navettes destinées à des passagers, pas à des véhicules. Un capitaine accepte cependant de transporter des motos, à l'occasion, donc je m'adresse à lui en arrivant au port. Deux personnes se présentent pour porter ma Tiger, à qui j'essaie d'expliquer que je dois d'abord la décharger. Ils me repoussent, grognant qu'ils sont assez forts pour s'en débrouiller : ils ont l'habitude. Ils tentent donc de la soulever… sans réussir à la bouger d'un millimètre. Je propose de nouveau de la décharger mais un troisième bonhomme vient en renfort, sans m'écouter. Nouvel échec. Il faut dire que ma moto est un peu plus lourde que les 125 cm^3 qu'ils sont parfois amenés à manipuler. À vide, elle pèse déjà 230 kilos, à quoi il faut ajouter tous mes bagages, soit une sacrée quantité d'équipement plutôt lourd : matériel de camping et de tournage, un peu de nourriture, de quoi bricoler et faire des réparations d'urgence, des pneus de rechange avec un compresseur, quelques vêtements tout de même… Un bonus de près de 70 kilos.

Il faudra qu'en effet je décharge tout et qu'ils s'y mettent à six pour qu'elle soit enfin transportée dans le bateau et calée tant bien que mal dans un coin.

À l'arrivée en Malaisie, la sortie de mon véhicule est tout aussi rocambolesque, mais je dois en outre peser mes bagages – tous les objets, un par un – pour payer une taxe au poids. Je râle un peu parce que personne ne m'avait prévenue et que je dois défaire tout mon attirail soigneusement rangé dans des caisses. Mais je fais contre mauvaise fortune bon cœur.

Depuis la Malaisie, je dois rejoindre Bangkok, à plus de 1 000 kilomètres de là, où je dois demander mon visa pour le Myanmar. Mon voyage me fera en tout traverser treize pays. Les pays où j'ai choisi de passer du temps sont souvent méconnus et attisent ma curiosité, dans cet univers asiatique qui m'a toujours fascinée.

Enfant, je n'avais pas les moyens de voyager mais nous allions avec ma mère chez Tang Frères, une grande épicerie chinoise au cœur du XIIIe arrondissement de Paris. Elle achetait de multiples fruits inconnus aux formes et textures étranges, des nougats, de quoi faire des nems par centaines. Je garde en mémoire l'odeur du saté, comme une madeleine de Proust. On riait en regardant les paquets de langues de canard congelées et chaque rayon nous transportait vers un ailleurs lointain et enchanté. Ce voyage gustatif de l'enfance, je tente sans doute de le retrouver au cours de mes expéditions. Manger, goûter, sentir, croquer, visiter les marchés fait partie intégrante de mes voyages.

Mon attirance trouve peut-être aussi son origine dans le fait que ma mère est née d'un père asiatique inconnu : le besoin d'aller au contact de mes racines et de nourrir mon imaginaire généalogique me pousse vers ces pays. Je sais, en l'occurrence, que ce n'est pas l'Asie mais bien des Asies que je vais rencontrer.

Pour le moment, cap sur Mandalay, ancienne capitale royale du Myanmar. Il me faut une journée pour passer de Penang, en Malaisie, où je suis arrivée en bateau, à la frontière de la Thaïlande, puis deux jours pour remonter jusqu'à Bangkok.

Parenthèse thaïlandaise

La chaussée est en excellent état et il est facile de voyager : des panneaux de signalisation clairs, des pompes à essence fréquentes, des cafés climatisés… et puis ces supérettes Seven Eleven qui se succèdent en bord de route. Au début de mon périple, je me réjouis de me ravitailler dans cette chaîne où tout existe en mini-format – Coca, gâteaux, chocolats, antimoustique. Il y a quelque chose d'extrêmement rassurant à retrouver toujours les mêmes choses conditionnées de la même manière : plus besoin de se creuser la tête. Toutefois, au bout de 800 kilomètres à en croiser absolument partout, cette omniprésence m'oppresse un peu. Heureusement, au bord de la route des marchands de *street food* sont installés aussi et proposent ces plats qui font la réputation gastronomique du pays : curry, soupes ; presque tout est délicieux. J'admets ne pas arriver à manger la méduse, la gelée de sang de porc ou les insectes croustillants ! Mais le choix est vaste et je me délecte aussi des fruits coupés en brochette et des jus de noix de coco.

Les gens sont charmants et souriants, les plages idylliques, le patrimoine historique merveilleux, les paysages encore sauvages dans le Nord. Il est normal que la Thaïlande fasse partie des destinations de rêve pour beaucoup de touristes. J'y suis déjà venue moi aussi en vacances, quelques années plus tôt : j'ai adoré plonger, prendre des cours de cuisine et visiter les pagodes. Bien sûr, je sais que derrière cette carte postale, de nombreuses injustices existent, dont certaines sont accentuées par les dérives du tourisme de masse, à commencer par l'exploitation sexuelle des jeunes mineurs, garçons comme filles, qui a cours ici avec une facilité terrifiante. Le pays, en 2015, subit en outre toujours la dictature du roi « fou », Rama IX, un souverain assez susceptible pour avoir fait emprisonner un malheureux qui, sur Facebook, avait tourné sa chienne en dérision.

Dès mon arrivée à Bangkok, je cherche un endroit où laisser ma Tiger : il est interdit de traverser ou de rouler avec sa propre moto au Myanmar, sauf si l'on est officiellement accompagné. L'escorte, très onéreuse, du gouvernement birman est accordée pour une durée maximum de trois, cinq ou dix jours, pendant lesquels on est très surveillé. Autant de restrictions peu encourageantes mais je ne renonce pas pour autant à voyager à moto dans ce pays fascinant. Je vais d'abord me rendre en avion au Myanmar, comme une touriste, trouver une moto sur place – ce qui ne sera pas aisé, je le sais – pour faire le tour du pays puis je reviendrai chercher ma Tiger à Bangkok pour traverser officiellement avec l'escorte, en cinq jours.

Finalement, c'est dans la concession Triumph de la ville que ma compagne de voyage trouve refuge pour ces quelques semaines. Le chef d'atelier est ravi de voir arriver une Tiger voyageuse. Je suis rassurée : ici elle sera en sécurité.

Il me faut à peine deux jours pour obtenir ensuite mon visa de « simple touriste » pour le Myanmar et, dès le lendemain, je m'envole pour la mythique Mandalay.

DEUXIÈME PARTIE

MYANMAR

7

M. Sweet

Dès mon premier jour à Mandalay, je suis réveillée à 5 heures du matin par des bruits de clochettes et d'appels à mi-voix qui proviennent de l'extérieur. Sous le soleil qui commence à caresser les rues de la ville, des files de moines font la quête devant les maisons ou auprès des passants. Dans des bols, ils reçoivent du riz, cuit ou non, et divers aliments qu'ils rapportent ensuite au monastère pour en nourrir les occupants. Alors que toute la ville se réveille, ces processions de robes colorées, rouges ou orange, parfois roses pour les femmes, égaient le début de la journée : je suis peu habituée à me lever aux aurores, mais ravie d'assister à ce « spectacle » qui accompagnera chacune de mes journées dans ce nouveau pays. Les moines se lèvent à 3 heures du matin, prient, puis commencent leur quête pour s'assurer d'avoir mangé avant midi, heure à partir de laquelle ils se consacrent à la méditation et ne se nourrissent plus.

J'adopte le rythme du pays et, mon petit-déjeuner avalé, je sors explorer les lieux, et trouver une location de motos.

Je me sens immédiatement détendue dans cette ville, ses petits cafés, ses charmants bâtiments bordés par le grand fleuve Irrawaddy et dont le million d'habitants est à peine perceptible. Au grand nombre de temples, on comprend rapidement que tout ici tourne autour de la spiritualité. Malgré des années d'une dictature militaire dont les effets se font sentir partout, en dépit de la volonté de la junte de prendre un pouvoir absolu sur le pays, aucun chef de guerre, aucun général ou ministre n'a réussi à faire plier les moines ni à entamer le respect absolu que la population leur porte. En les voyant défiler et recevoir les dons spontanés de dizaines d'habitants, en remarquant comme les passants prennent soin de ne pas marcher dans leur ombre, elle-même sacrée, je comprends que la ferveur qui les entoure est inébranlable.

Alors que je me promène, toute à ma contemplation, je suis interpellée dans un très bon anglais par un homme depuis son balcon.

— Hello, hello ! Comment allez-vous ? Montez, venez me voir, venez prendre un thé avec moi !

Je me retrouve chez M. Sweet, un homme entre deux âges, une épaisse tignasse noire, un peu maigrelet, qui paraît très gentil. Il voit très peu de touristes solitaires et s'intéresse à mon projet : il semble plein de bonnes intentions et me propose ses services comme guide et traducteur. Une aubaine.

M. Sweet m'invite à découvrir une spécificité du pays, la fabrication des feuilles d'or que les fidèles déposent ensuite dans les temples et sur les statues du Bouddha en signe de dévotion. Une pratique à laquelle tout croyant doit régulièrement se plier.

En arrivant dans la cour de l'atelier, je suis impressionnée par l'activité de deux hommes, torse nu, qui frappent en alternance sur une pierre, avec d'énormes marteaux. Essayant de surmonter le bruit assourdissant des coups, M. Sweet m'explique qu'ils sont chargés, à partir d'une boule d'or, de créer les feuilles le plus fines possible, plus fines encore que du papier à cigarettes. Une fois la feuille obtenue, une ouvrière l'emporte dans une petite pièce où l'ambiance est très différente. Le bruit des marteaux y résonne aussi, mais ici travaillent une dizaine de femmes et d'enfants qui découpent les feuilles en petits segments de la largeur d'un doigt. Ces pétales d'or sont ensuite glissés un à un dans des pochettes transparentes, prêts à être vendus. M. Sweet continue ses explications tandis que je m'approche d'une très vieille dame, aux cheveux gris noués en chignon et aux larges lunettes, qui se tient assise en tailleur devant une table basse où elle œuvre avec minutie. J'aimerais lui poser quelques questions, et sollicite mon guide pour qu'il joue les traducteurs : « Pas de souci. »

Je lui demande d'expliquer à l'ouvrière ce que je fais, le but de mon voyage et d'obtenir sa permission pour la filmer. Il lui dit deux phrases, elle acquiesce. Je commence par m'intéresser à son travail : par lui demander depuis combien de temps elle fait ce métier, et combien de sachets elle fabrique par jour. M. Sweet traduit mais, lorsque la femme commence à répondre, il lui coupe la parole.

— Elle a toujours fait ce travail, depuis toute petite, et n'a jamais rien connu d'autre que cet atelier. Mais elle est très fière de faire ce métier, de préparer les offrandes pour Bouddha : c'est le but de sa vie et elle en est satisfaite.

Je ne vois pas bien comment les deux mots que la vieille femme a eu le temps de prononcer pourraient signifier tout cela, mais je poursuis :

— Quels sont ses espoirs, alors ?

Cette fois, mon traducteur ne prend même pas la peine de poser la question et répond :

— Oh, vraiment, elle ne saurait rêver mieux que travailler ainsi, avec assiduité, pour avoir la chance, après sa mort, de renaître en homme.

Pas certaine d'avoir bien compris, je lui demande de répéter :

— Oui, c'est cela, renaître en homme. Naître femme, chez nous, est signe de mauvais sort. Les femmes peuvent fabriquer les feuilles d'or, mais elles n'ont pas le droit de les déposer elles-mêmes dans les temples : elles souilleraient par leur contact les objets de culte. Le but de cette ouvrière doit être d'accumuler dans cette vie les bonnes actions, les prières, les offrandes aux moines et les méditations pour espérer revenir sur terre dans le corps d'un homme. Si elle mène alors une vie bonne, le nirvana lui sera possible.

Ça a le mérite d'être clair… Je cesse de poser des questions. Je comprends que M. Sweet, qui regarde l'ouvrière avec un sourire paternel, ne traduira jamais mes paroles, et encore moins les réponses. Pas par méchanceté, juste parce qu'il n'est pas nécessaire de le faire, selon lui. Il sait. Tout ce que peut espérer une femme, c'est devenir un homme, voilà tout.

Je préfère observer les gestes précis et délicats des femmes qui nous entourent. L'ouvrière qui s'est tue prend une paillette d'or et me la pose avec tendresse sur le dos de la main. Elle me sourit. Je me sens bénie.

Do Tan

Je comprends que je ne pourrai rien tirer de plus de M. Sweet. Nous reprenons notre visite et je me contente de découvrir avec lui les beaux sites de Mandalay : dans le rôle de cicérone, il est parfait. Nous allons ensemble au fameux pont d'U-bein, un pont en bois de teck qui traverse le lac Taungthaman, au sud de la ville, et dont la beauté ravit autant les Birmans que les touristes. Alors que nous reprenons le chemin de ma guesthouse, je suis attirée par d'énormes pots sur le bord de la route. Nous nous arrêtons pour les admirer et je suis hélée par une femme, en train de polir l'un de ces récipients dans une cour. Elle me fait de grands signes pour que je vienne la voir. Je n'ai pas franchement envie de faire d'autres rencontres en étant flanquée de M. Sweet, mais l'occasion est trop belle. Sans solliciter mon guide, je m'avance donc dans la cour, où quelques personnes travaillent.

La potière m'accueille d'un rire chaleureux, me fait signe de m'asseoir et me montre l'article qu'elle est en train de terminer en le polissant à l'intérieur. Je lui montre ma caméra et elle acquiesce d'un grand geste : je suis heureuse qu'elle m'ait donné elle-même l'autorisation de la filmer. Mon traducteur éphémère s'assoit avec nous, tout en discutant, toujours aussi affable, avec les différentes personnes de la maisonnée.

L'ouvrière montre son torse en me disant qu'elle s'appelle Do Tan et je fais de même : « Mélu ». Nous avons noué un lien et je sens que la conversation sera très différente, cette fois, car c'est elle qui a l'initiative et qui sollicite M. Sweet pour qu'il traduise – ce que, cette fois, il fait sans imposer ses commentaires.

Do Tan est une petite dame d'une cinquantaine d'années peut-être. Ses dents sont abîmées, certaines manquent. Elle a le visage d'une femme trop tôt vieillie par le quotidien et la fatigue d'un travail pénible, mais elle est très vivante. Tout parle chez elle : ses mains, son visage mobile, son corps. Je me retrouve rapidement avec ses outils à essayer de polir un pot à mon tour, ce qui est tout sauf évident. Do Tan est très douce et nous rions beaucoup de ma maladresse. Petit à petit, toute la famille nous rejoint, et elle me présente joyeusement les uns et les autres : sa sœur, sa cousine, son mari.

Do Tan fabrique avec sa sœur jusqu'à cinq cents pots d'argile par mois. Son mari les vend dans des villages aux alentours de Mandalay. Elle travaille à la main, sous un auvent de tôle, martelant les poteries pour leur donner la forme adéquate, parfaitement ronde.

Nous buvons le thé et je m'autorise à lui poser ma question leitmotiv :

— C'est quoi, la liberté, pour vous ?

Il y a un bref silence, puis Do Tan éclate de rire. Elle répond en birman et M. Sweet traduit aussitôt, alors que tout le monde rit avec elle :

— La liberté ? Mais ça n'existe pas ! On n'en a pas. Tu dors, tu travailles. Si tu ne travailles pas, t'as pas d'argent et tu ne manges pas. On n'a pas le droit de tomber malade ou de prendre du bon temps. Dans la famille, tout le monde travaille. Tous les jours. Du matin au soir. Mais on peut dormir. C'est ça, ma liberté.

Elle continue de rire pendant que j'accuse le coup. Un court instant, avant qu'on ne me traduise son propos, j'ai eu l'illusion qu'elle me donnait une réponse joyeuse et pleine d'allant. Mais non, c'est simplement qu'il lui paraît franchement cocasse qu'on lui suppose un quelconque espace de liberté. J'apprends brutalement qu'au Myanmar, sourire ne veut rien dire. Je suis terriblement déstabilisée et je ne sais que dire, alors j'embraye sur mes questions en lui demandant si elle a un espoir pour le futur, pour ses enfants au moins. Elle rit de nouveau de bon cœur, mais c'est son mari, lui aussi souriant, qui me répond.

— On ne pense pas à ça. On s'occupe de ce qu'on va manger. On voit difficilement comment on va vivre aujourd'hui ou demain. Alors, l'avenir…

Il cesse soudain de rire et reprend :

— Tu sais, voilà plusieurs décennies que nous vivons sous la dictature des militaires. Tant qu'on ne fait pas de vagues, qu'on travaille, tout va bien. Mais il ne faut pas lever le petit doigt, sous peine de disparaître. La seule chose qui nous appartient vraiment, c'est le rire. Et ça, personne ne peut nous l'enlever.

Le Myanmar sort en effet de cinquante ans d'isolement strict et d'une dictature dirigée par une junte sans pitié. Mais, au moment de mon voyage, un espoir renaît. Au mois de novembre, quelques semaines avant mon arrivée, les premières élections libres depuis vingt-cinq ans ont porté à l'Assemblée le parti de l'opposante historique et prix Nobel de la paix, Aung San Suu Kyi. Son père, Aung San, avait négocié l'indépendance du pays face aux Britanniques en

1946. Devenu Premier ministre du Myanmar, il avait été assassiné l'année suivante, en 1947, avec six de ses ministres : le début d'une succession de dictatures terribles. Aung San Suu Kyi, assignée à résidence presque toute sa vie par les juntes successives, est un symbole de l'espoir et de l'indépendance. Si elle devient aujourd'hui leader de la majorité parlementaire, ce n'est pas sans conditions : elle a dû laisser la présidence à un autre membre de son parti, Thein Sein, et abandonner des portefeuilles très importants aux anciens militaires de la junte, dont l'Armée et l'Intérieur. Les opposants politiques restent très surveillés et les militaires sont omniprésents. Surtout, la dictature a pour longtemps formaté les esprits en y instillant une sourde frayeur. L'espoir renaît, c'est vrai, mais il n'est pas encore une denrée dont les Birmans peuvent se nourrir.

8

Échappée

Le lendemain, Christian Clot me rejoint. Il est explorateur, lui aussi. J'ai vécu auprès de lui mes toutes premières expériences d'expédition en Patagonie et, à cette époque, il partage ma vie. Depuis mon voyage initiatique vers le Japon, il me soutient sans faille dans mes aventures et mes projets. Lorsque je prépare une expédition, il s'enthousiasme pour deux. Lorsque je doute, il est convaincu à ma place et me pousse à continuer, à aller plus loin, toujours, au sens propre comme au sens figuré. Il me rejoint de temps en temps au cours de mes périples, à la fois pour m'aider à filmer l'aventure et pour que nous passions un peu de temps ensemble après des mois de séparation.

Nous nous rendons chez le loueur chez qui, la veille, j'ai pu négocier deux petites 125 cm^3. La location de véhicules n'est pas encore une activité habituelle ici, et mon loueur est installé dans le magasin de tissus de son épouse. Bonne surprise, les deux motos sont prêtes et Zack nous accueille avec un petit cadeau dont il avait omis de me parler : une jolie carte du pays dont les deux tiers sont rouges – une grosse partie du

Nord, de l'Est, de l'Ouest et l'ensemble des zones frontalières –, et un tiers vert.

— En rouge, c'est la partie du territoire où vous n'avez pas le droit de pénétrer. N'essayez pas, surtout pas à l'ouest, dans l'État de l'Arakan où vit la population rohingya. Mais sinon tout ce qui est vert, c'est bon, hein. C'est très joli !

Pour un pays qui vient d'entrer en démocratie, on est encore loin de la liberté de mouvement. Mais je suis heureuse de pouvoir malgré tout le parcourir à moto, et je ne rechigne pas.

Il est quand même curieux de ne pas avoir le droit de rouler seul avec son propre véhicule mais de pouvoir le faire avec une moto de location. Il faut dire qu'en termes d'absurdité, de décisions ou de règles bizarres, les autorités birmanes arrivent en *pole position*. Pendant des décennies, par exemple, les voitures ont roulé à gauche, héritage de la colonisation britannique. Le sens de circulation a été inversé du jour au lendemain en décembre 1970, sur décision politique… mais le pays a continué d'importer des voitures japonaises avec volant à droite. Résultat : une foultitude d'accidents. De la même façon, le régime militaire s'est mis en tête de produire des billets de banques multiples de 9, le chiffre porte-bonheur du Myanmar. Une nouvelle monnaie incompréhensible pour les investisseurs, qui a déstabilisé l'ensemble de l'économie nationale.

Lac Inlé

Récupérer la 125 cm^3 de location et son équipement approximatif me rappelle quelques souvenirs : le système D de mon premier voyage, toute seule avec ma vieille 125 cm^3 jusqu'au Japon. Aujourd'hui, face au volume de notre barda de camping et de tournage, nous ne sommes pas mécontents d'avoir deux motos.

Une fois mon petit engin en main, j'ai évidemment envie d'aller partout. Nous partons vers le sud, en direction de l'incontournable lac Inlé, l'un des lieux les plus connus du Myanmar. Nous prenons plaisir à rouler dans ces paysages d'une beauté époustouflante. L'économie locale ne permet pas à la population de posséder des voitures et, dès les dernières maisons de Mandalay dépassées, nous ne croisons que très peu de véhicules. Ce qui veut aussi dire que les routes ne sont pas toujours d'une grande qualité et que les pistes sont fréquentes, ce qui est très agréable avec nos petites motos.

Nous nous perdons au gré des sentiers, plongés dans une campagne d'un autre temps, où l'on trie le grain au tamis et où les bœufs labourent les champs. Nous cheminons sur des routes sinueuses de moyenne montagne, en nous égarant régulièrement. Les panneaux à l'écriture birmane arrondie sont très esthétiques mais ne nous éclairent pas beaucoup et, malgré nos efforts pour prononcer les noms des différents villages, peu de gens nous comprennent lorsque nous demandons notre route. Néanmoins, tout le monde sourit et nous aide du mieux possible. Et qu'importe. Nous prenons le temps, pour une fois.

Nous osons même camper en pleine nature, et retrouver ce plaisir simple fait un bien fou. Même dans la zone verte, il n'est officiellement pas possible de voyager comme j'ai l'habitude de le faire, en demandant l'autorisation de dresser mon campement à proximité de fermes pour la nuit. Les Birmans n'ont pas la permission d'accueillir des étrangers sous leur toit. Les touristes sont donc obligés de passer la nuit uniquement dans des hôtels et des auberges – où ils sont dûment enregistrés – qui s'acquittent d'une taxe spéciale pour avoir le droit de les héberger. Mais l'appel de la nature est trop fort. Nous montons notre tente à l'écart des routes, loin des regards, et nous peaufinons notre alibi si la police venait à nous arrêter : un pneu crevé malencontreusement qu'il aurait fallu réparer ou un moteur en panne, qui nous aurait obligés à dormir là. Le jeu en vaut la chandelle : cela fait longtemps que je n'ai pas été réveillée par les oiseaux et les murmures de l'aube.

Au détour d'un col, nous apercevons finalement les reflets miroitants du lac Inlé, joyau bleuté au milieu d'un cocon de verdure. Le Myanmar est décidément un pays splendide.

9

Thanda

Malgré mes efforts, et contrairement à ce que j'ai réussi à faire pour mes autres étapes, je n'ai que peu d'informations sur le Myanmar lorsque j'y arrive. Aucune de mes tentatives pour entrer en lien avec des locaux n'a remporté de succès. Comme à l'époque de mes premiers périples, je ne peux donc compter que sur le hasard pour rencontrer des gens avec qui parler de liberté, un concept particulièrement complexe et limité ici ; même pour moi. La zone « verte » dans laquelle je peux circuler est assez restreinte et cette interdiction me titille un peu. Mais impossible d'y déroger : quand je tenterai de pénétrer la zone rouge de l'Est, proche de la frontière chinoise, un militaire armé me fera faire demi-tour sans ménagement dès le premier checkpoint. Aussi, je profite des lieux les plus touristiques du pays qui, au-delà de leur splendeur, favorisent le contact avec des personnes un peu plus habituées à voir des étrangers et peut-être un peu moins inquiètes à l'idée de leur parler.

Christian et moi nous rendons au village de Khaugtaing, sur la côte nord-ouest du lac Inlé, afin de trouver un guide pour une visite sur le lac. Après mes déboires avec M. Sweet, je ne désire pas seulement quelqu'un de sympathique et volontaire, mais une personne qui laisserait les gens s'exprimer et aurait vraiment à cœur de leur poser mes questions. Après être entrés dans plusieurs agences touristiques, nous rencontrons Thanda, une jeune femme sympathique, à l'anglais parfait.

Au petit matin du jour suivant, nous embarquons avec elle sur une longue pirogue de bois et, après quelques méandres de la rivière, nous débouchons sur le lac alors que le soleil n'est pas encore levé. Nous avons été surpris de voir Thanda arriver vêtue d'une grosse doudoune blanche et d'un bonnet mais la fraîcheur du matin, l'humidité de l'air et la vitesse de la pirogue nous font mieux comprendre ses précautions : le froid est vif. Qu'importe, je suis saisie par l'ineffable beauté des lieux.

Dans la brume laiteuse de l'aube, nous avons l'impression de flotter sur des nuages, zigzaguant autour d'îlots de nénuphars. Des forêts de roseaux et d'herbes folles nous entourent, avec, en arrière-plan, les montagnes qui surplombent le lac. Des aigrettes, sortes de petits hérons blancs au long bec, volent autour de nous alors que nous devinons sur les côtes quelques petits villages aux maisons perchées sur pilotis. Les premiers rayons du soleil qui illuminent la brume révèlent aussi des pêcheurs, debout à la poupe de leur pirogue qu'ils dirigent avec le pied, jetant leurs filets en un ballet à la merveilleuse chorégraphie. Thanda nous dit d'ailleurs que certains ne sont plus là que pour les touristes auxquels ils demandent de l'argent en échange d'une photo, mais, si tôt le matin, il s'agit d'habitants qui viennent pêcher pour leur famille.

Alors qu'un village se profile au loin, nous longeons un de ces jardins flottants que le peuple Inta – « les enfants du lac » – crée en assemblant et en nouant de la paille : ils aménagent ainsi une ligne de flottaison recouverte ensuite de terre, qui devient une base pour leur culture. Celle-ci n'est jamais inondée, puisque les jardins suivent les mouvements de l'eau. Toute l'économie de la région repose sur la pêche, sur ces cultures et sur la fabrication de *cheroots*, des cigares que les femmes des agriculteurs roulent chez elles. Chaque femme peut en fabriquer plus de cinq cents par jour – quand je m'y risquerai, il me faudra plus d'un quart d'heure pour en produire un seul.

Nampan

Après une heure de cette navigation agréable, nous parvenons de l'autre côté du lac, au village de Nampan, célèbre pour son marché. Nous avons eu le temps de sympathiser avec Thanda. Intelligente et agréable, elle a suivi la formation officielle du gouvernement – une obligation pour être en contact avec des touristes – et est bien décidée à se forger une situation confortable comme guide régionale. Elle est très fière de son mari devenu sous-traitant pour des entreprises de bâtiment. Une idée brillante, à l'en croire, pour profiter au mieux du grand mouvement de construction qui s'est emparé du pays.

Le marché de Nampan est splendide. La plupart des femmes qui se tiennent devant les étals de légumes – cultivés dans les montagnes avoisinantes –, de poissons ou de viande sont de l'ethnie des Pa-O, reconnaissables aux tissus très colorés noués sur leur tête. Comme presque toutes les Birmanes, elles ont en outre les joues enduites d'un disque beige de pâte de thanaka faite avec les racines de l'arbre du même nom. La meilleure façon pour elles de se protéger du soleil.

Une vieille femme Pa-O aux gencives et dents très rouges me propose une chique de bétel. Devant mes questions, Thanda m'explique de quoi il s'agit :

— Les chiques de bétel sont très prisées ici, c'est une vraie institution au Myanmar. On met dans une feuille de bétel un peu de tabac, des bouts de noix d'arec hachées et différentes épices aux goûts variés qui se diffusent lentement lorsqu'on chique. Presque tout le monde en consomme.

— Toi aussi ?

— Ah non, me répond-elle en riant, je préfère garder mes dents blanches.

Après avoir appliqué un peu de pâte de chaux à l'aide d'un pinceau et refermé la feuille, la vieille femme me tend la chique que je teste sans attendre. Le goût est très piquant et fort, un peu mentholé. Surprise, je fais une drôle de tête qui provoque le rire de tout le monde. Thanda me dit que To Nun – la marchande – me trouve très marrante. Rire nous rapproche et, avec l'aide de Thanda, To Nun me parle de sa vie.

— Chaque jour de marché, je descends à pied des montagnes où je vis pour vendre mon bétel et les légumes que je cultive. Cela me permet d'avoir un peu d'argent et de me balader aussi, de rencontrer des gens.

Je m'autorise alors à lui poser mes questions sur la liberté, ce qui la fait beaucoup rire.

— Que veux-tu dire ? Je ne vois pas du tout où tu veux en venir !

Nous tentons avec Thanda de lui expliquer que j'essaie, grâce à cette question, de mieux comprendre un pays et ses habitants et elle finit par me répondre, plus sérieuse mais l'œil toujours rieur :

— Ah oui, je comprends. Pour moi, ce serait de voyager. Avoir le temps d'aller visiter tous les temples, pagodes et stupas du pays. Et aussi avoir les moyens de faire des offrandes. Ça, j'aimerais beaucoup.

Nous poursuivons notre visite du marché, à la rencontre des vendeuses de toutes sortes de denrées ou de cheroots, et sommes toujours accueillis avec la même gentillesse, les mêmes rires. Au moment de repartir, je demande à Thanda de passer à une boutique de souvenirs où je sais que sont présentes des femmes de la tribu Padaung. Thanda tente de m'en dissuader et préfère rester en retrait. Elle sait déjà que nous n'allons pas du tout aimer cette « attraction ». Mais c'est aussi pour cela que je suis là. S'interroger sur la liberté, c'est aussi se confronter à des situations qui ne devraient plus exister. Je ne sais pas comment le lui expliquer, mais j'insiste et nous nous rendons à la boutique.

À l'entrée, avant les étals d'artisanat local et de babioles colorées, se trouve un petit banc où trois jeunes filles attendent que les touristes les prennent en photo, contre quelques kyats, la monnaie locale. Leurs cous sont démesurément allongés par des colliers en spirale dorés, caractéristiques des femmes padaung, appelées « femmes girafes ». Elles commencent à porter ces colliers en laiton extrêmement lourds dès l'enfance et, au fil des années, chaque spirale sera remplacée par une plus grande. Avec cet attirail, qui peut atteindre dix kilos, leur liberté de mouvement et leur colonne vertébrale sont extrêmement fragiles.

Je ne sais pas d'où provient cette coutume ni ce qui la justifie mais c'est une terrible façon de soumettre les femmes : une des plus effroyables que j'aie vue. Bien que la loi birmane interdise cette pratique inhumaine, elle subsiste dans une poignée de villages rassemblant seulement quelques milliers d'habitants. En Thaïlande comme au Myanmar, le tourisme l'a fait perdurer : Thanda m'explique que cette tradition est aujourd'hui un moyen de subsistance pour les jeunes filles les plus pauvres.

Autour de moi, devant cette boutique, je vois les sourires satisfaits des visiteurs qui les photographient pour rapporter des images « inoubliables », sans se rendre compte – ou sans vouloir se rendre compte – qu'ils sont complices de la perpétuation d'une tradition qui torture les femmes. Nul ne semble s'interroger sur le parcours et la présence de ces jeunes filles, nul ne cherche à leur adresser la parole, nul ne paraît choqué par ce zoo humain. J'ai tenu à venir, alors je dois contempler ce spectacle qui me retourne l'estomac. La plus jeune a peut-être moins de 10 ans. Elle se tient droite, elle attend, trop maquillée comme les deux autres un peu plus âgées, le regard éteint, empreint d'une tristesse terrible.

Les traditions font partie de la culture des peuples et elles sont nécessaires pour perpétuer leur existence singulière. Mais le constat est trop souvent le même : sous couvert de coutume ancestrale, de nombreux rites servent à dominer les femmes. Ce sont d'abord elles qui voient restreinte leur liberté d'action et d'existence, elles qui subissent les entraves de leur chair et de leur esprit – au prétexte de textes écrits il y a des siècles.

Le vendeur de la boutique, me voyant filmer la scène, me réclame son obole. Le moment ne se prête pas à une discussion argumentée ni même à un véritable échange avec ces trois femmes. Que pourraient-elles me dire, dans un cadre pareil et sous la surveillance des propriétaires du lieu ?

Christian est aussi choqué que moi. Nous rejoignons Thanda et, le cœur serré, nous partons sans un mot.

Une fois de retour à Khaugtaing, je demande à Thanda si elle accepterait une interview filmée. Après cette journée durant laquelle nous avons beaucoup sympathisé, je sens qu'elle a envie de partager ses sentiments. Durant une heure, nous échangeons sur le Myanmar et sur la liberté. Elle aime son pays, c'est certain – un sentiment qui me semble partagé par toutes les personnes avec qui j'ai eu l'occasion de parler. Mais elle se sent emprisonnée, aussi, et asphyxiée par des contraintes instaurées depuis si longtemps qu'elles semblent terriblement difficiles à lever.

— Tu sais, me dit-elle, on a un pays magnifique ! Tellement paisible. Notre bouddhisme, avec ses temples, son respect de la nature, est une belle culture. Mais ici, on ne peut rien faire. Rien. La junte nous a tout interdit. Moi je voulais être guide. Mais je ne peux le faire à ma façon, donner aux touristes une vision de notre pays qui me soit personnelle. Non, je dois être la guide que le gouvernement souhaite, dire ce qu'il m'autorise à dire : j'ai une liste de lieux et de thèmes pour lesquels je n'ai pas le droit de changer une virgule. Sinon, je risque la prison. La prison ! Parce que je parle de mon pays !

— Mais tu arrives tout de même à garder espoir ?

— Aujourd'hui oui, un peu. On s'est battus ces dernières années, en secret, et le parti d'Aung San Suu Kyi est aujourd'hui au pouvoir. C'est nous, le peuple, qui avons choisi. On n'a pas encore vu de changement, mais il faut du temps pour que cela évolue, je pense : il va se passer des choses. Je suis heureuse de voir des touristes, c'est bon signe, le Myanmar s'ouvre. Si les étrangers peuvent venir, j'aurai peut-être un jour le droit de voyager moi aussi. J'aimerais tant voir d'autres pays, le tien si je peux.

J'ai l'impression qu'elle parle à cœur ouvert, comme elle ne l'a peut-être jamais fait. Je l'invite à venir me voir en France si elle a un jour l'autorisation d'y venir. Elle reprend :

— On a été tellement opprimés, la junte nous a imposé tellement d'interdits qu'il est difficile de croire que les choses peuvent réellement changer. On espère, sans trop oser. Ma liberté, aujourd'hui, consiste à espérer. C'est très nouveau. On ne sait pas encore quoi faire de cet espoir.

À la fin de l'interview, je range mon matériel et m'apprête à charger la moto lorsque je vois Thanda revenir vers moi, le visage soudain fermé, soucieux. Je la sens hésitante, je l'encourage à m'expliquer ce qui ne va pas.

— Pour ton interview… Je suis désolée, j'ai trop parlé : j'aurais dû m'en tenir au lac et au Myanmar, mais ne pas te faire part de mes pensées, ne pas te parler de moi. C'est trop dangereux. Je peux te demander de ne pas utiliser ces images ? Jamais ?

Je regarde Thanda et son visage soudain si inquiet. La junte n'est plus mais la police est toujours là, contrôlée par les mêmes militaires qu'avant. Thanda a peur. Très peur. Alors je la rassure. Pas une image de son interview ne sortira. Jamais. Ses pensées « subversives » de voyage resteront dans sa tête. Il est encore un peu tôt pour la liberté au Myanmar.

10

Bagan

En quittant le lac, nous nous dirigeons vers l'autre site incontournable du pays : Bagan et ses temples majestueux. Le trajet est aussi idyllique que le précédent. Nous longeons des champs entiers de fleurs jaunes, nous campons cachés dans des forêts, nous mangeons sur le pouce dans de petits restaurants de villages aux mets variés. Sans les propos des personnes rencontrées et notre connaissance de l'histoire sanguinaire du pays, nous pourrions croire à un petit paradis.

Nous nous arrêtons sur la route au pied du mont Popa, où un temple est construit sur une ancienne cheminée volcanique dégagée par l'érosion de plusieurs dizaines de mètres de haut. On y accède par un long escalier creusé dans la roche. C'est l'un des pèlerinages les plus prestigieux du Myanmar : monter les sept cent soixante-dix-sept marches fait partie de l'offrande des fidèles. Car ce temple n'est pas seulement un monastère bouddhiste, mais aussi le refuge des trente-sept grands *nats* du Myanmar, les esprits protecteurs du pays. Le lieu est donc bondé, des pèlerins venant par bus entiers de tout le pays. L'ascension doit impérativement se réaliser pieds nus. Malheureusement, le site est aussi le refuge de milliers de singes qui ne sont pas sensibles à la spiritualité des lieux et nous oblige à marcher dans leur fiente. Nous grimpons tout de même.

L'endroit est magnifique, mais il n'est rien à côté de Bagan où nous arrivons le lendemain. Très tôt le matin, alors qu'il fait encore presque nuit, nous commençons à gravir les marches de pierre du temple de Dhammayangyi. Étage après étage – plus de dix mètres de haut chaque fois –, nous nous élevons dans la fraîcheur de l'aube encore voilée d'une brume légère. Une trentaine de minutes nous est nécessaire pour parvenir au sommet, où nous arrivons juste à temps pour voir le soleil paraître à l'horizon. Soudain, à travers les arbres et la brume, tout le site de Bagan s'embrase. Christian et moi en avons le souffle coupé. À nos pieds, à perte de vue, se dressent des milliers de stupas, pagodes et autres monuments de pierre, tous plus impressionnants les uns que les autres. Comme alangui à leurs pieds, s'étire le fleuve Irrawaddy, qui ajoute une touche bleutée à cet univers ocre et or.

Alors que le soleil dissipe la brume de ses rayons, d'autres petits temples apparaissent, touche finale au tableau de ce monde hors du temps. Je m'assois, dans un état de béatitude totale. Je goûte le silence, si précieux. Tout paraît tellement serein ici.

Durant les trois jours qui suivent, nous parcourons les plus de 50 kilomètres carrés du site de Bagan qui raconte l'histoire de cette ancienne capitale du royaume (autrefois orthographiée « Pagan ») – le premier royaume birman, du IXe au XIIIe siècle – et de ses nombreux temples bouddhistes. Quelques rares touristes sillonnent silencieusement les lieux sur des vélos électriques et se pressent vers les monuments principaux. C'est beau, il fait doux, il y a dans l'air comme une odeur de paille et de terre sèche. Nous marchons ou roulons seuls au milieu des ruines qui émergent des fourrés au détour des sentiers : un véritable rêve éveillé. J'aurais aimé être ici avec ma Tiger, mais se trouver dans ces lieux uniques en ayant le temps de flâner un peu me plonge déjà dans une félicité totale.

Le *nat kadauw*

Lors d'une de nos balades à moto, nous nous rendons à la porte de l'ancienne ville pour y réaliser quelques images. Les ruines d'une épaisse muraille de briques rouges laissent deviner l'énorme fortification qui devait exister là mais, de ladite porte, il ne reste que quatre grands piliers encadrant l'entrée avec, de chaque côté, une alcôve abritant une statue dorée coiffée d'un chapeau rouge. Alors que nous prenons des photos aux alentours, une carriole s'arrête devant les piliers. Surgit alors de derrière la statue une personne dont je n'avais pas remarqué la présence. Elle s'approche et, après avoir reçu quelques billets du conducteur, prend des branches et commence à tourner autour du véhicule en récitant une litanie et en le tapotant avec les rameaux. Le propriétaire a l'air ravi : sa carriole, apparemment, a été bénie.

L'officiant retourne alors dans son alcôve, et je m'avance vers lui. Il est assis à côté de la statue du nat, en train d'allumer un gros cigare. Il me demande aussitôt si j'ai, moi aussi, un véhicule à protéger. Un peu de soutien spirituel ne peut pas faire de mal, mais ma Tiger n'est malheureusement pas avec moi : je lui demande s'il peut exercer ses bénédictions à distance.

— Tout est possible. Les nats sont partout. Et moi je leur parle.

— Tout le monde peut parler aux nats ?

— Absolument pas ! me répond-il, légèrement offusqué. Seuls les femmes et les *ladyboys* le peuvent.

Je le regarde plus attentivement. Dans la pénombre du lieu, avec son *longhi* – la jupe traditionnelle des hommes birmans – sa grosse chaîne autour du cou, ses cheveux très courts et son cigare, je n'avais pas remarqué ses sourcils maquillés.

— Mon père m'a coupé les cheveux quand j'étais adolescent, car il ne supportait pas que son fils soit efféminé. Mais j'ai toujours su que j'étais une femme. Quand j'ai eu 16 ans, les nats ont commencé à me parler, ce qui a confirmé que je n'étais pas un homme. Maintenant que je suis *nat kadauw* – celui qui peut parler avec les esprits des nats –, je suis exactement à ma place.

— Alors tu es contente ?

— Oui, j'aime être libre de pouvoir aller où je veux, de parler avec les nats et de traduire leur parole pour les autres. Cette statue, c'est celle du nat qui s'occupe des voyages, alors je m'occupe des véhicules des gens.

Je lui demande si elle va rester là toute sa vie et elle me répond avec un petit rire :

— Je serai toujours nat kadauw, mais je voudrais aussi fonder une famille, devenir une vraie femme, avoir des enfants. J'ai déjà commencé.

Sans attendre, elle soulève son T-shirt pour me montrer fièrement sa poitrine de femme.

Grâce aux nats, elle a trouvé sa place dans ce monde et peut parler avec assurance de qui elle est. C'est loin d'être toujours aussi simple.

J'ai rencontré beaucoup de personnes transgenres, au fil de ma vie et de mes voyages dans le monde : Mama Phil en Indonésie, les Muchés au Mexique, les *ladyboys* ou hommes-fleurs de Thaïlande et de beaucoup de pays d'Asie. L'alternative est souvent la même : cacher son identité profonde et vivre dans le secret ou la révéler en sachant qu'il faudra souvent endurer le jugement de la société, mener un véritable parcours du combattant, risquer d'être traité en criminel, encourir des peines allant parfois, comme en Ouganda, jusqu'à la mort. Je m'interroge réellement sur ce besoin impérial de devoir se définir selon son genre. Serait-ce si grave de d'abord se présenter comme un humain et, accessoirement, on parlerait de son genre comme de ses origines gasconne ou bretonne ?

Heureusement, dans certains pays, le statut particulier des personnes transgenres – interlocuteurs des nats ici – leur permet de vivre sans se cacher, d'être même protégés : une forme de liberté rare pour celles et ceux qui cherchent simplement à être eux-mêmes.

Je ne peux pas aller plus loin dans ma discussion avec la nat kadauw : d'autres véhicules arrivent et elle doit accomplir son travail. Je lui tends alors un billet d'un millier de kyats pour qu'elle bénisse ma Tiger. Après avoir fait brûler un peu d'encens, elle ferme les yeux, pose la main sur la statue du nat, puis prononce quelques incantations avant de se tourner vers moi :

— Voilà, tu feras un bon voyage, ta moto est protégée.

11

Mandalay

Il est temps pour nous de retourner à Mandalay. Christian, venu pour deux semaines, doit repartir et nous reprenons sans nous presser la route du nord, encore habités par les splendeurs de Bagan.

Après deux jours de voyage où nous goûtons la joie de rouler ensemble, nous arrivons en fin d'après-midi dans l'ancienne capitale et nous installons dans la guesthouse que nous connaissons. Deux heures plus tard commence à se faire entendre une litanie à deux voix diffusée avec puissance par des haut-parleurs placés au sommet d'un temple voisin. Deux phrases, prononcées toujours à la même vitesse, avec la même intonation, qui continuent à être psalmodiées toute la soirée, toute la nuit, toute la journée suivante, sans discontinuer. On est loin de l'apaisant «*om mani padme hung*» du bouddhisme tibétain que je connaissais, encore qu'au bout de vingt-quatre heures il nous aurait sans doute, lui aussi, tapé sur le système. Cette nuit-là, nous ne fermons pas l'œil.

Bouddhisme birman

En Indonésie, déjà, les appels des muezzins à 5 heures du matin, avec des amplis de mauvaise qualité, me faisaient pester : s'ils ne duraient que quelques minutes, ils étaient suivis en général par les manifestations sonores de coqs et de chiens errants donnant de la voix longtemps après. Mais cette fois, la litanie dure sans interruption depuis vingt-quatre heures ! Nous allons au stupa voir de plus près ce qui se passe et découvrons que les deux moines assis côte à côte qui récitent la même litanie sont remplacés dès qu'ils sont fatigués, et qu'une longue file attend de prendre son tour. Aucune chance que cela s'arrête. La propriétaire de la guesthouse nous dit qu'il s'agit d'un festival religieux prévu pour durer un mois.

— Un mois ! Au même volume sonore ?

Notre hôtesse me renvoie un sourire aussi fatigué que crispé, mais se garde de toute critique.

Au Myanmar, le bouddhisme a le statut de religion d'État, pratiquée par près de 90 % de la population. Je lui découvre ici un visage très différent de celui que je lui connaissais : on est loin de la philosophie pacifique prônée par le dalaï-lama. Dans le bouddhisme birman, il est impératif de se soumettre au culte et les femmes sont considérées comme des êtres inférieurs, tellement impurs que les moines ont l'interdiction formelle de les toucher – leur propre mère y compris ! J'ai eu maintes occasions de me rendre compte qu'il n'existe aucun système de croyance qui ne maltraite pas les femmes d'une manière ou d'une autre. Partout, ou presque, finit par s'asseoir une forme de domination patriarcale, mais la voir à l'œuvre dans le bouddhisme me saisit particulièrement.

Au Myanmar, il semble en outre parfaitement normal de pratiquer le prosélytisme le plus insistant et aucune autre religion n'est tolérée. Le drame des Rohingyas à l'ouest du pays en est l'exemple le plus frappant : ce peuple musulman est partout chassé, malmené, massacré. Le moine Ashin Wirathu illustre particulièrement cette intolérance et cette violence. Véritable chef de guerre, surnommé le Ben Laden bouddhiste, il s'est donné pour mission la destruction des Rohingyas et de tous ceux qui ne sont pas purs, c'est-à-dire non bouddhistes. À la tête d'une organisation paramilitaire – les 969 –, il est responsable de la mort de plusieurs milliers de personnes, perpétrant des actes proches du génocide et incitant à la haine. Mais loin de retenir son bras armé, le pays le soutient[1]. Je sais que le bouddhisme peut ici avoir un tout autre visage que celui, apaisant, des moines en procession le matin dans les rues. Il peut, lui aussi, servir une dictature, même si des millions de gens en ont une pratique parfaitement paisible.

Avec un pincement au cœur, je regarde Christian repartir. Même si voyager en solo est un bonheur et me permet davantage de rencontres, mes proches me manquent durant les expéditions. Passer ces quelques jours avec lui m'a fait du bien.

Chinlon

Mon périple au Myanmar n'est cependant pas terminé et, sans attendre, je reprends la route sur ma

1. Ce soutien n'a pas été démenti ; il a même reçu en 2023, pour les soixante-quinze ans de l'indépendance du pays, le prix Thiri Panchy, la plus haute distinction honorifique au Myanmar.

petite monture en direction de l'ouest du pays : je me dirige vers les montagnes du pays Chin, où vit une importante communauté chrétienne. Je ne fais cependant que quelques kilomètres avant de m'arrêter près d'un parc, attirée par un groupe de joueurs et de joueuses qui se lancent avec dextérité une balle d'osier tressé, de la taille d'un melon, aussi robuste que légère. Je connais ce sport local, le chinlon : il m'est arrivé de voir des jeunes y jouer dans la rue, en se faisant des passes de part et d'autre d'un filet assez semblable à celui du volley. Mais c'est la première fois que je vois des femmes y participer. Il s'agit en réalité de l'entraînement du club junior de chinlon de Mandalay et tout le monde est convié aux exercices : hommes, femmes et enfants. Les joueurs se tiennent en cercle, par groupes de six, et s'échangent la balle par le pied ou toute autre partie de la jambe, avec une grâce de danseurs et une adresse d'acrobates.

Pour U Maung Maung, le maître qui anime l'entraînement, seul compte le fait de perpétuer l'art du chinlon : homme ou femme, il ne fait pas de distinction entre ses joueurs. Il arrive d'ailleurs souvent, au cours des compétitions, qu'une équipe rassemble une femme et cinq hommes. Ei Ei Han, membre du club de Mandalay, est l'une des meilleures joueuses du pays : c'est un émerveillement de la voir lancer la balle du bout des orteils pour la rattraper sur l'envers du pied. Elle recommence inlassablement l'exercice, sous l'œil attentif de son professeur. Cinq cents fois d'un côté, cinq cents fois de l'autre. On jurerait parfois que la balle tente de s'échapper… mais elle finit immanquablement par retomber sur le bout de son pied.

La joueuse m'assure que tout est possible pour une femme au Myanmar. Elle ajoute aussitôt qu'il faut évidemment être très, très bonne au chinlon pour s'imposer face aux hommes. Elle-même y est parvenue : elle a été plusieurs fois championne et a participé à de nombreuses compétitions en Asie. Son amour pour le chinlon est intact, mais elle a plus de 30 ans et vient de se marier : elle n'imagine plus s'entraîner aussi intensément qu'autrefois et elle espère devenir coach. Sur ces paroles, elle me lance la balle en me disant : « À ton tour ! » Mais je suis loin d'avoir son adresse et la balle est plus souvent à terre que sur mes pieds, ce qui fait beaucoup rire l'équipe. Qu'à cela ne tienne, je suis un peu des leurs maintenant et ils me confient la mission, mi-blagueurs, mi-sérieux, de devenir, un jour, l'ambassadrice du chinlon en France.

L'échange est simple, léger : il m'encourage à aborder la question de la liberté. Le ton change immédiatement. Ei Ei Han sursaute et se tend aussitôt, avant de lâcher qu'elle préfère ne pas parler de politique. Son maître me fait une réponse similaire mais en se livrant un peu, malgré tout :

— Moi, je joue au chinlon. Depuis que j'ai touché ma première balle, c'est ce que j'aime. Quand je joue ou fais jouer les autres, je ne pense qu'à ça. C'est une bulle où chacun a sa place, où on est concentré sur le jeu et où on n'a pas besoin de penser ou de parler de politique. C'est notre monde à nous. Il nous suffit et nous protège… Tant qu'on ne fait que jouer.

Pays chin

Je prends cette fois la direction des montagnes de l'ouest du Myanmar. La route est agréable, mais longue. Comme presque partout dans le pays, je suis régulièrement arrêtée par des checkpoints qui contrôlent avec attention chaque voyageur. Je me perds beaucoup, sur des pistes de plus en plus sinueuses dont je peine toujours autant à comprendre les panneaux indicateurs. Quelle importance, finalement ? Je suis fascinée par les paysages que je traverse. Tout ce que j'ai vu du Myanmar m'a émerveillée jusqu'ici, mais c'est plus vrai encore depuis que j'ai pris de la hauteur et que je peux contempler les vallées magnifiques qui se dessinent entre les crêtes.

Je suis en pays chin, une région qui vient à peine de s'ouvrir aux étrangers et où aucun tourisme n'est encore organisé. À l'inverse d'Inlé ou de Bagan, pas de voyageurs, même locaux. La sérénité n'en est que plus totale et les habitants encore plus chaleureux, surpris de voir cette drôle de visiteuse sur sa petite moto. Alors qu'il ne me reste que quelques jours dans le pays, j'en profite pleinement.

Le plus impressionnant, dans chaque village que je traverse, ce sont les vieilles femmes, tatouées sur l'ensemble du visage. Je savais que, jusqu'à son interdiction il y a quelques décennies, le tatouage du visage des jeunes adolescentes chin était une pratique coutumière. Elles n'avaient ni la possibilité de refuser ni celle de choisir le type de motif qui serait exécuté, et il n'était tenu aucun compte de la douleur que l'opération engendrerait. Personne n'a su m'expliquer l'origine de cette tradition dont je vois ici les dernières représentantes et qui disparaîtra avec elles. Je n'ose pas les filmer : sans traducteur pour leur expliquer ma démarche, je sens, chaque fois que je sors ma caméra, qu'elle n'est pas vraiment la bienvenue.

Alors que je traverse un village à flanc de colline dont les maisons de bois sont construites sur pilotis pour faire face aux coulées de boue, je rencontre deux voyageurs, Cesary et son épouse. Il est photographe et a obtenu, moyennant finances, le droit de réaliser un reportage photo sur cette pratique méconnue du tatouage. C'est son dernier après-midi sur place et il me propose de le suivre : il veut prendre une dernière image de groupe de toutes les femmes tatouées de la localité. Nous passons de maison en maison pour leur faire comprendre, grands signes à l'appui, de se réunir au centre du village. Trois heures plus tard, elles sont finalement toutes là. Le photographe se met rapidement en place, pour profiter des belles lumières de la fin d'après-midi. Toutes ont l'air ravies de partager ce moment et saluent chaleureusement Cesary et son épouse qui doivent partir sans attendre afin d'être le lendemain à Mandalay.

Après leur départ du village, une petite dame de moins d'un mètre cinquante, au faciès rieur, tatoué et ridé par le grand air s'approche de moi, passe son bras sous le mien et m'emmène d'un pas décidé jusque chez elle, accompagnée par les rires joyeux de ses voisines en train de regagner également leur foyer.

À peine entrée dans sa maison, elle s'empare d'un pot, de deux gobelets et nous sert à chacune une généreuse rasade de *yu*, une décoction fermentée très alcoolisée dont je préfère ne pas connaître les méthodes de fabrication. Comme j'hésite à le boire, après avoir bu son verre d'un trait, elle s'empare du mien et me le vide dans le gosier d'autorité. Puis elle nous ressert deux verres. Nous nous retrouvons assises toutes les deux à communiquer par gestes et par sourires, abreuvées de ce yu que je n'arrive toujours pas à refuser, entourées de toute la maisonnée et de voisines écroulées de rire. Le moment est joyeux et, bien que nous ne puissions échanger un mot, terriblement fort. À la tombée du jour, mon hôtesse m'invite à rester pour la nuit. Je sais qu'en tant qu'étrangère, je ne peux pas accepter : je suis assignée à un certain hôtel – ils sont rares dans la région – et les contrôles sont fréquents. Si l'on me trouvait ici, ma nouvelle amie aurait de graves ennuis. Sans doute est-elle un peu trop éméchée pour s'en souvenir… Je la salue donc et pour la première et toute dernière fois de ma vie, j'enfourche ma moto après avoir bu. Et pas qu'un verre. Je ne sais comment je redescends par la route de terre sinueuse jusqu'à mon hôtel, mais je me rappelle avoir roulé debout sur ma moto en chantant : « Il est des nôtres, il a bu son petit verre comme les autres… » Mon nat gardien a bien travaillé, ce jour-là !

Xavier

Légèrement fatiguée par mes exploits de la veille, je me dirige tranquillement le lendemain jusqu'au chef-lieu de la région, Mindat, petite ville aux maisons assez dispersées où je fais une première pause. J'ai à peine le temps d'enlever mon casque que je suis joyeusement interpellée par un jeune homme qui arrive vers moi sur une petite moto :

— Hé, salut. Tu es européenne ! C'est génial de te voir ici. Tu dois être catholique, non ?

Il ne me laisse pas vraiment le temps de répondre et poursuit, toujours aussi enjoué :

— Je m'appelle Xavier. Il faut que tu viennes avec moi. On fait une grosse fête en l'honneur de mon frère. Il est prêtre et vient de rentrer au pays après un long voyage. Il est allé à Rome et a vu le pape ! Toute ma famille sera là.

Une fois encore, il attend à peine que j'acquiesce, me fait signe de le suivre et démarre. Je remets mon casque rapidement et pars à sa suite. Son air jovial et son visage rond et franc m'ont donné confiance.

Me voilà qui cahote derrière Xavier sur des pistes cabossées. Le pays chin abrite la plus grosse communauté chrétienne du Myanmar qui, sans être aussi opprimée que celle des Rohingyas, a du mal à se faire une place dans un pays où le bouddhisme est poussé à l'extrême. Aussi les habitants voient-ils avec joie l'arrivée de tout Occidental, susceptible d'être chrétien. Nous nous arrêtons devant une grande maison au toit de tôle. À l'intérieur, tout le monde se serre déjà autour d'une grande table rectangulaire garnie de dizaines de plats aux odeurs alléchantes. Il s'agit exclusivement de la famille de Xavier et de son frère Paul : parents, tantes, cousins, mais je suis accueillie avec un naturel et une gentillesse confondants, comme si l'on m'attendait – une lointaine cousine que l'on reçoit sans façon. On m'indique une chaise, on me tend une assiette, on m'offre sans attendre une grande tasse de yu. Ça ne va pas recommencer ! Si. Pas question d'y couper : la tradition veut que chaque convive boive la tasse qui lui est présentée sous les yeux de l'assistance, et sans en laisser une goutte. Je manque de m'étrangler quand la mère de Xavier me verse le liquide dans le gosier. La brûlure de l'alcool me fait grimacer : devant mon inexpérience, mes hôtes éclatent d'un rire amical.

La maison est pauvre mais l'ambiance est paisible, tendre, gaie. Tous les visages sont épanouis, et les nombreux verres de yu égayent encore l'atmosphère. Après ces quatre semaines à côtoyer des Birmans dont les sourires et les rires cachaient surtout leur gêne de vivre dans un État qui ne laisse aucun droit, ces rires francs me font beaucoup de bien. Le pays chin et son yu sont décidément bien joyeux. Je n'aurais pu rêver plus agréable soirée que cette fête de retrouvailles qui me semble parfois avoir été organisée expressément pour moi.

Le contexte général du pays reste cependant présent, même ici. Alors que je parle avec l'un des frères de Xavier de mon voyage et de mes projets, il se tait soudainement, son verre de yu à la main, mélancolique.

— Nous sommes à peine tolérés ici, et notre marge de manœuvre est faible. Tu parles de liberté mais, en ce qui nous concerne, nous n'en avons pas. Nous ne sommes pas libres de construire nos églises ni de pratiquer officiellement notre culte.

Je suis surprise d'une telle franchise tant la parole m'a paru contrainte jusqu'ici. Son regard se perd dans le vide. Je m'autorise à interrompre sa rêverie :

— Mais ça ne va pas changer, maintenant, avec les nouvelles élections ?

Il hausse les épaules.

— Oui, peut-être. De 1963 à 2010, les généraux contrôlaient le pouvoir. Tout était interdit. Tout. Et pratiquer notre culte signait parfois notre arrêt de mort. Maintenant, les uniformes ont changé, c'est vrai, mais pas vraiment la politique, pas les personnes.

Il me regarde maintenant dans les yeux et sa voix jusque-là un peu pâteuse devient plus ferme :

— Alors oui, depuis les élections, on est prêts pour le meilleur. Mais on est obligés aussi de se préparer au pire. Parce qu'on ne sait pas ce qui peut se passer dans trois ou quatre mois. C'est ça, la réalité de mon pays. Ne jamais baisser la garde[1].

---

1. Il avait malheureusement raison. Bien que la Ligue nationale pour la démocratie d'Aung San Suu Kyi ait gagné les élections, les militaires ont gardé le pouvoir sur le ministère de l'Intérieur et l'armée. Ils ont financé le groupe extrémiste d'Ashin Wirathu qui a intensifié ses attaques contre les Rohingyas auxquelles l'armée a également participé, scandalisant à juste titre la communauté internationale. Cette dernière a tenu Aung San Suu Kyi et son parti pour responsables de ces exactions, puisqu'ils étaient alors au pouvoir. Bien qu'elle soit impuissante, l'immense silence et l'inaction d'Aung San Suu Kyi lui ont fait perdre toute crédibilité : elle s'est vu retirer toutes ses distinctions, y compris son prix Nobel de la paix. En 2021, les militaires ont repris le pouvoir total au Myanmar par un coup d'État et rien, cette fois, ne semble capable de les déloger : ils n'ont plus aucune opposition à l'intérieur du pays…

12

Escorte

Me voilà à nouveau à la frontière entre la Thaïlande et le Myanmar, campée cette fois sur ma Tiger. À peine revenue du pays chin, j'ai pris un avion pour Bangkok où m'attendait mon fier destrier, comme piaffant d'impatience après cette longue pause. Je vais à présent traverser le pays sous escorte – puisque c'est obligatoire lorsqu'on circule avec son propre véhicule – en payant un prix exorbitant pour moi : 4 000 euros pour cinq jours. De quoi, notamment, rémunérer mes trois accompagnateurs : un chauffeur, un guide interprète et une agente du gouvernement chargée de rendre des comptes précis à son administration. Heureusement, lors de mon passage à l'ambassade de Bangkok, j'ai rencontré un autre motard qui voulait lui aussi traverser le Myanmar : Raj, un Indien qui vit en Grande-Bretagne et qui s'offre régulièrement des virées en solitaire dans des pays lointains. Il a mon âge – la petite trentaine – et il est passionné de voyages, mais il m'a immédiatement fait comprendre que notre accord était purement économique. Lui, c'est un homme, un voyageur, un vrai. Il fait de réelles expéditions, à la dure. C'est un homme libre. Avec ma caméra et mon fabricant de motos comme sponsor, je suis tout de suite classée petite influenceuse qui ne doit jamais quitter les routes droites et sans intérêt, esclave du capitalisme de ses partenaires. Peu m'importe. J'ai l'habitude. Il me fait économiser 2 000 euros, nous arriverons bien à nous supporter quelques jours.

Avant cela, j'ai quand même eu envie de tester ma capacité à entrer sur le territoire avec ma propre moto. Je suis joueuse. Après tout, je ne suis pas à l'abri de tomber sur un garde-frontière un peu laxiste… Je suis donc à la frontière thaïlandaise, où l'on me regarde avec suspicion :

— Vous êtes sûre de pouvoir entrer au Myanmar ?

— Oui, oui.

— Vous en êtes certaine ?

— Oui, oui.

Évidemment, je me casse le nez à la frontière birmane. Les gardes sont tout à fait aimables et souriants, on me propose même de faire des selfies, mais pas question d'entrer avec ma Triumph. Retour donc à la case départ : je vais attendre l'escorte qui doit me surveiller dès demain.

Une grosse étiquette sur l'avant de ma moto, avec mon numéro d'autorisation de circulation – collée par l'agente du gouvernement birman qui nous suit en voiture –, je roule sur les routes du Myanmar en compagnie de Raj. Nous avançons plus vite que l'encombrant véhicule de l'escorte et sentons nos chaperons passablement angoissés. Que se passerait-il s'il nous prenait l'envie de les semer ? L'officielle du gouvernement, surtout, une jeune femme qui ressemble à une petite souris froissée, paraît toujours immensément inquiète : elle passe son temps à nous prendre en photo avec un sourire crispé, sans doute pour pouvoir, le cas échéant, prouver que nous étions bien là où nous étions supposés être. Min Min, le traducteur, un jeune homme grand et fin comme un bouleau, réussit peu à peu à détendre l'atmosphère grâce à quelques blagues sympathiques, et nos accompagnateurs finissent par comprendre que nous n'avons pas l'intention de leur fausser compagnie. Nous nous forçons à nous arrêter régulièrement pour les attendre, même si Raj n'apprécie guère, et tout le monde se décontracte un peu au fur et à mesure de la journée. Durant cinq jours, nous allons partager les mêmes repas, les mêmes hôtels, la même expérience de la route : cela pourrait, malgré tout, créer des liens.

Le Rocher d'or

À cause de la distance à parcourir dans ce petit nombre de jours, peu d'arrêts touristiques sont prévus. Le premier est au Rocher d'or, l'un des lieux de pèlerinage les plus importants du pays : un immense rocher granitique posé au bord d'une falaise et qui semble sur le point de tomber à tout moment. On dit qu'il est maintenu en équilibre par un seul cheveu du Bouddha, une légende qui attire les foules : des milliers de personnes y défilent en permanence pour y poser une petite feuille d'or en guise d'offrande. Des hommes. Uniquement des hommes. Certains acceptent de refaire une deuxième fois la queue pour déposer une feuille confiée par une des femmes maintenues à bonne distance du site sacré. Je raconte à Min Min ma rencontre avec cette vieille femme qui passait sa journée à fabriquer ces mêmes feuilles sans avoir jamais pu elle-même faire d'offrande, et j'ai l'impression qu'il est aussi ému que moi.

Dès le second jour, les choses se tendent à nouveau. Nous sommes supposés nous rendre à Bagan, mais nous apprenons que les autorisations pour cette visite ne nous ont finalement pas été accordées. Raj monte tout de suite dans les tours et je manifeste moi aussi de l'agacement – une déception pas totalement feinte tant je me faisais une joie de revoir ce monde féerique avec ma Tiger. Je commence en outre à perdre un peu patience devant cet amoncellement de contraintes et la paranoïa du régime, qui me donne un aperçu de ce que vivent tous les jours les habitants du pays. J'explique que j'irai, que l'on me donne ou non le tampon officiel, et Raj abonde en se fâchant tout rouge : à cette occasion, son mauvais caractère se révèle très utile. Après de nombreux pourparlers, l'émissaire du gouvernement et le guide nous obtiennent finalement les fameux laissez-passer pour deux heures sur le site. Dès notre arrivée, nous partons chacun sur notre moto dans des directions opposées. Je m'enivre de cette promenade avec ma Tiger entre les stupas et les monuments que je ne suis pas certaine de revoir un jour.

Baï Maï et Kissa

Lorsque je rejoins le point de rendez-vous avec l'escorte, je suis légèrement en avance. Deux femmes s'approchent immédiatement de ma moto. Je suis heureuse de constater qu'elle reste toujours aussi intrigante : ma petite 125 cm^3 n'avait pas ce pouvoir d'attractivité ! La première femme, Kissa, porte deux paniers : l'un contient du bois de chauffe, l'autre son bébé qui reste assis là, tranquille, la tête soigneusement enduite de pâte de thanaka. La seconde femme s'appelle Baï Maï. Elle est plus âgée et sa tête est coiffée d'un turban à la mode de la région. Elle aussi transporte du bois dans un baluchon qu'elle pose pour allumer un énorme cigare de maïs. Faute de pouvoir me parler, elle me jauge en riant. L'escorte arrive sur ces entrefaites, manifestement soulagée de me voir à l'heure. Tandis que ma garde-chiourme me photographie une fois de plus pour prouver ma bonne conduite, l'interprète, Min Min, me rejoint. Nous avons noué un certain lien, lui et moi, et j'ai l'impression qu'il a compris le but de mon voyage.

Il m'explique que Baï Maï est la tante de Kissa. Toutes deux vivent dans les parages et nettoient chaque jour le site, y ramassant du bois de chauffe pour améliorer leur ordinaire. Elles s'inquiètent un peu de l'arrivée de l'électricité qui pourrait tarir cette source de revenus, mais elles sont fatalistes : elles verront le temps venu.

Min Min leur explique ce que je fais, d'où je viens, et leur demande ce que la liberté signifie pour elles. Baï Maï éclate de rire et, d'une voix éraillée, affirme aussitôt :

— Moi, je suis libre depuis que mon mari est mort ! Il buvait, il était violent. Vraiment, il ne me manque pas. Depuis qu'il est parti, je peux aller où je veux sans avoir à rendre de comptes à personne : je suis beaucoup plus tranquille.

Sa nièce renchérit :

— Mon mari non plus n'est plus là, et je m'en porte vraiment mieux moi aussi. Nous sommes en paix. Nous n'avons pas grand-chose, mais au moins nous sommes libres.

C'est clair, aussi simple que frontal, mais d'une sincérité touchante : une vie libre, pour ces femmes-là, est une vie sans hommes.

Ces propos font rire Min Min, qui les traduit mot à mot. J'ai de la chance de le côtoyer durant ces cinq jours : il se montre sincèrement intéressé par mon projet et tient à me montrer la réalité du Myanmar, sans en cacher la misère. Durant nos soirées, il me parle avec une franchise étonnante, une fois notre responsable sécurité partie se coucher.

Il m'explique que, depuis qu'il s'ouvre un peu, son pays aiguise les appétits des puissances voisines, la Chine au premier chef. Les ressources naturelles du Myanmar sont immenses : minerais, pierres précieuses ou encore forêts naturelles de teck. Mais l'exploitation qui commence à en être faite ne profite guère qu'aux sociétés étrangères. Les Birmans ne sont pas armés pour résister à l'appétit gourmand des investisseurs. Le pays a été gouverné jusqu'ici par un régime extrêmement autoritaire qui a supprimé ceux qui osaient s'opposer, empêché l'esprit critique de se développer, pratiqué la désinformation systématique, ce qui désole Min Min.

« Liberté », *lwatlautmhu*, est si peu en usage ici qu'il est difficile de le traduire et de l'utiliser. Pour dissiper la gêne qu'il provoque et expliquer mon but, Min Min doit développer des trésors d'inventivité. Expliquer, par exemple, que la liberté consiste pour moi à voyager seule à moto à travers le monde. Alors que la frontière se profile déjà à l'horizon, nous nous installons à l'unique petite table d'une échoppe sur le bord de la route, non loin de la frontière avec le

Bangladesh. Min Min semble presque triste de réaliser que notre traversée va s'achever dans quelques minutes. Nous regardons en silence les gestes précis d'une jeune fille en train de fabriquer un bétel, une chique enfermée dans une feuille, sur le plateau de sa roulotte accolée à la table. Lorsqu'elle a terminé, nous échangeons quelques mots avec Pei Pei comme elle se présente à nous. Puisque c'est la dernière personne que je vais rencontrer dans ce pays et que le temps manque – la guide a déjà regardé sa montre deux fois –, je lui pose assez rapidement l'une de mes questions habituelles : « Qu'est-ce que c'est pour toi la liberté ? » Min Min traduit et je l'entends prononcer *lwatlautmhu*, la traduction en birman de ce mot que j'apprends dans toutes les langues pour être certaine de le reconnaître. Lorsqu'elle répond après un silence presque gêné, il fronce les sourcils avant de me traduire : « La liberté ? C'est-à-dire ? Je ne sais pas ce que cela veut dire. »

— Elle ne s'est jamais sentie libre ?

D'un air consterné, il me répond :

— Non, ce n'est pas ça : elle ne connaît tout simplement pas le mot. Elle ne l'a jamais entendu de sa vie. Attends, Il faut que je lui explique.

Il m'est arrivé d'entendre des réponses surprenantes à mes questions. Des réponses parfois dures, amères ou d'une grande poésie. Mais c'est la première fois que je rencontre quelqu'un qui ne connaît même pas ce mot et qui ne l'a jamais utilisé. J'ai le souffle coupé. Min Min reprend, un peu troublé, mais en conservant son sourire qui ne le quitte jamais :

— Tu sais, la junte nous a tellement privé de tout, que la liberté est devenue un concept que peu de monde de mon pays ose utiliser. C'est un peu tabou.

Après quelques minutes d'échange, Pei Pei éclate d'un joli rire sincère en disant :

— C'est aussi la première fois que quelqu'un me pose des questions devant une caméra et s'intéresse à moi. Et que je peux répondre comme je le veux. Alors c'est peut-être ça la liberté, non ?

Au Myanmar, plus que nulle part ailleurs, la liberté me semble précaire, fragile, mutilée – alors même que la violence m'est apparue moins forte, moins répressive que dans d'autres pays.

En 2015, néanmoins, je quitte ce pays le cœur plein d'espoir pour l'avenir. Les larmes me viennent aujourd'hui en écrivant ces lignes : le coup d'État de 2021 a éliminé définitivement toute opposition et le mot *lwàtlautmhu* doit être plus difficile encore à prononcer.

TROISIÈME PARTIE

BANGLADESH

13

La frontière bangladaise

Ma prochaine destination est aussi mal connue que peu attirante. Totalement enclavé à l'est de l'immense territoire indien, le Bangladesh, avec sa superficie d'à peine un quart du territoire français pour 170 millions d'habitants[1], est l'un des pays les plus densément peuplés au monde. En outre, l'ensemble de ses frontières avec l'Inde – plus de 3 000 kilomètres – a été clôturé par son voisin qui a voulu ainsi « se protéger », sans que l'on sache vraiment de quoi, dans les années 1990.

Les deux pays partagent pourtant une culture commune : mêmes langues, mêmes façons de se vêtir, même nourriture. La religion en revanche est différente : majoritairement hindouiste en Inde et musulmane au Bangladesh. Ce qui a suffi pour que, dans les années 1950, l'ex-puissance coloniale britannique – quand elle a créé les deux États de l'Inde (hindouiste) et du Pakistan (musulman) – ait d'un trait de

1. En 2018, 1 278 habitants au kilomètre carré. Les seuls territoires plus peuplés sont les « villes-États » comme Monaco ou Gibraltar.

plume rattaché cette province au Pakistan. Ce « Pakistan oriental » était cependant distant de quelque 1 600 kilomètres de son tuteur et, rapidement, des difficultés sont apparues entre ces deux mondes si éloignés.

Le « pays du Bengale » a finalement acquis son indépendance après une sanglante guerre où sont intervenues les forces armées indiennes. Le Bangladesh est, depuis, une sorte de parent pauvre dans la région, une nation que ses voisins se sentent le droit de mépriser et de maltraiter, comme le montrent les murs construits tout le long de ses frontières.

Même les éléments naturels semblent défavorables à ce pays qui lutte au quotidien pour sa survie : sa limite sud-est constituée par le golfe du Bengale et l'immense delta du Gange le menace constamment d'inondations. Les villages de la moitié sud sont régulièrement ravagés et les habitants sont soumis en permanence à la force destructrice de l'eau : il leur faut sans cesse lever le camp pour se rebâtir un toit un peu plus loin. On estime que la moitié du territoire serait inondée si le niveau de la mer augmentait d'un mètre, ce qui arrivera certainement dans les décennies à venir.

Mon premier contact avec le Bangladesh me confirme que ce ne sera pas une destination facile. J'ai franchi la frontière du Myanmar pour arriver dans la ville indienne de Sutarkandi où l'on s'est carrément moqué de mon projet de voyage : quelle étrange folie d'aller dans ce pays où il n'y a rien ! Et l'on me refuse l'entrée limitrophe, côté bangladais. Le tourisme n'est clairement pas une habitude ici. En tant qu'Occidentale, je n'ai le droit de transiter que par trois points de passage et le plus proche se trouve 200 kilomètres plus au sud, à Agartala.

Les routes sont épouvantables, les trous y sont plus nombreux que le bitume et il me faudra deux jours sous un ciel plombé par la mousson pour rejoindre la « bonne » frontière, en espérant ne pas finir dans un cul-de-sac. Je longe sans discontinuer ces murs d'acier hérissés de barbelés, en repensant à tout ce que j'ai lu en préparant ce périple.

Les résultats de mes recherches sur Internet étaient plutôt décourageants : cyclones, inondations, émeutes, pauvreté, conditions de travail insalubres, risques terroristes et d'affrontements politiques violents, décapitations, etc. À lire la liste des recommandations établie par les pays occidentaux à l'intention de leurs ressortissants, on a *grosso modo* le sentiment que le Bangladesh concentre tous les maux et tous les dangers imaginables, auxquels il faut ajouter, quand on est une femme, les risques de harcèlement ou d'agression sexuelle. Il est ainsi déconseillé de se déplacer à la nuit tombée, déconseillé de prendre seule les transports en commun… et même déconseillé de se rendre dans un commissariat sans y être accompagnée. Bref, le Bangladesh est l'un des endroits où les violences sexistes et sexuelles sont parmi les plus importantes au monde.

Une question ne cesse de me tarauder avant même d'y pénétrer : que signifie le mot « liberté » lorsqu'on est ainsi emmuré chez soi ? Lorsque toutes les conditions – naturelles, sociales, politiques, frontalières – semblent liguées contre soi ?

Agartala se révèle cependant beaucoup plus hospitalière que Sutarkandi. Le poste-frontière campagnard, perdu dans les champs, entouré de poulaillers et où vagabondent des chiens errants, semble presque coquet et le fonctionnaire qui en a la garde m'accueille avec un grand sourire. Pas vraiment écrasé par le travail, il est ravi de voir enfin du monde et de parler un peu anglais : il m'invite immédiatement à partager son repas.

— Le temps que vos papiers soient finalisés, on pourra papoter un peu.

Durant plus d'une heure, dans une petite cour ombragée cachée derrière les bureaux, nous bavardons tranquillement. Il a très envie de discuter et il est ravi qu'une étrangère s'intéresse à son pays.

— Je suis bien ici, à ce poste. On est loin de la pollution de Dacca et c'est assez tranquille. C'est vrai que le Bangladesh peut être compliqué, mais il y a aussi plein de belles choses, hein. Vous irez voir la plus grande plage du monde de Cox's Bazar ? Il le faut. Et la mangrove, bien sûr. Personne n'a de mangrove comme la nôtre.

À l'entendre parler de son pays comme de l'une des sept merveilles du monde, je me dis que, décidément, tout est question de perspective. Et, lorsqu'il me tend mes papiers tamponnés sans plus de formalités, en me disant chaleureusement « Bienvenue au Bangladesh ! », je me promets d'appréhender cette destination sans tenir compte de tous les jugements que j'ai lus ou entendus à son propos.

14

Émeute

Je descends, à Brahmanbaria, dans l'un des rares hôtels qui accepte les étrangers. Le plus classieux du coin, *a priori*, avec eau courante et climatisation. Le directeur se propose très gentiment de m'accompagner en ville pour m'aider à trouver une carte SIM et les quelques autres bricoles dont j'ai besoin pour la suite de mon trajet. Alors que nous retournons tranquillement vers l'hôtel, il reçoit un appel… et me fait presser le pas : les résultats d'une récente élection locale sont contestés par le parti battu, et la manifestation qui s'est ensuivie vire à l'affrontement. Dès le retour à l'hôtel, ma moto est immédiatement mise à l'abri dans ce qui fait normalement office de restaurant, et les portes et fenêtres sont prestement barricadées. L'opération prend très peu de temps, tout le matériel nécessaire étant déjà à portée de main.

On m'enjoint gentiment – mais sans laisser de place à la discussion – de monter dans ma chambre et de ne pas en bouger jusqu'à nouvel ordre. Et surtout, surtout, de ne pas m'approcher des fenêtres, poussiéreuses et grillagées. À peine suis-je assise sur mon petit lit que j'entends la rue s'agiter. Les cris, la rumeur de la foule, le choc des pierres qu'on lance contre les volets fermés et des bruits de pétard enflent comme une marée, tout comme des harangues lancées par des mégaphones. Les cocktails Molotov et les bombes lacrymo – dont je sens l'odeur remonter jusqu'au 3e étage – sont rapidement de la partie.

Un peu anxieuse, j'attends que les choses s'apaisent… en vain. À la tombée de la nuit, l'émeute a pris encore de l'ampleur. L'équipe de l'établissement semble plutôt sereine, mais ne me laisse pas sortir un instant, même pour prendre des nouvelles. On prend soin de moi avec gentillesse et on m'apporte à manger, mais en m'enjoignant fermement – quoique avec le sourire – de ne pas traîner dans les couloirs. Je resterai cloîtrée plus de quarante-huit heures avant que le calme ne revienne, aussi brutalement qu'il avait disparu. La rue reprend son affairement de tous les jours, comme si rien ne s'était passé.

Un peu estomaquée, je remercie rapidement l'équipe de l'hôtel qui a pris soin de moi et je file en quatrième vitesse, tant j'ai peur que les troubles ne redémarrent et ne m'empêchent de continuer ma route. Je ne sais pas si j'ai seulement un peu joué de malchance ou si ce genre d'émeute est le quotidien du pays, comme j'ai pu le lire… Une chose est sûre : je dois redoubler de vigilance et être attentive aux moindres signaux alors que je prends la direction de la capitale Dacca.

J'ai tout de même mis à profit mon temps d'« enfermement » grâce à la carte SIM achetée juste avant l'émeute. J'ai pu contacter Israt Khan Mojlish, qui a créé à peine deux ans auparavant le BWRC, le Bengladesh Women Riders Club. À ses débuts, le club ne comptait que deux membres, Israt et l'une de ses amies : parmi près de 85 millions de femmes bangladaises, d'après elle, seule une cinquantaine d'entre elles conduit un deux-roues. Le groupe a grossi depuis et a adhéré à la WIMA, Women International Motorcycle Association. Impossible que je ne rencontre pas la pionnière du deux-roues ici.

15

Israt

Après plus de six heures de route pour parcourir les 100 kilomètres qui me séparent de Dacca en affrontant une circulation d'une densité que je n'aurai jamais pensée possible sur des routes aussi étroites et mal entretenues, je m'installe, épuisée, dans un petit hôtel de la capitale, doté d'un restaurant sommaire. Arrivée juste à l'heure du rendez-vous que j'ai donné ici à Israt, je suis à peine assise à une table que je vois débarquer une grande femme – un bon mètre soixante-douze, ce qui est peu habituel dans ce pays –, forte et radieuse, qui se précipite sur moi.

— Hello, Mélou ! Je t'ai reconnue tout de suite je suis tellement heureuse de te voir, me dit-elle en me serrant chaleureusement dans ses bras.

— Bonjour Israt, moi aussi, je suis ravie !

— Ah non, appelle-moi Sylvia. Israt c'est mon nom, mais je préfère que l'on m'appelle Sylvia, c'est plus simple pour les étrangers comme toi.

Elle fonce alors vers ma Tiger garée à quelques mètres, et semble aussi charmée par sa présence que par la mienne.

— Une moto, une vraie moto ! Tu conduis une vraie moto avec des caisses et tout ! C'est incroyable ! Une femme sur une vraie moto, ne cesse-t-elle de s'extasier, en ponctuant ses propos d'un rire sonore et sincère.

Puis elle revient vers moi et, désignant l'hôtel du menton, elle me demande :

— Tu vas loger ici ?

— Oui.

— Impossible. Va chercher tes affaires, tu viens chez moi. Je ne vais pas laisser une collègue motarde seule. Suis-moi.

À peine ai-je le temps de grimper sur ma moto que Sylvia démarre en trombe. J'ai beau avoir un bolide dix fois plus puissant que son scooter, j'ai du mal à la suivre dans les rues bondées de la capitale. Avec son petit deux-roues, elle se faufile entre les véhicules et semble totalement en phase avec le principe numéro un de la conduite locale : la personne qui force le passage est prioritaire. Elle n'hésite pas à houspiller les autres conducteurs pour s'imposer, et accélère comme une bombe dès qu'elle le peut. Avec les grosses caisses arrimées de part et d'autre de ma très lourde moto, je n'ai pas la même agilité. Je la suis comme je peux, presque en apnée, et je n'ai l'impression de respirer à nouveau qu'à l'instant où nous nous garons au fond d'une impasse, devant un immeuble semblable à mille autres.

— Je pensais que tu irais plus vite, ta moto est puissante pourtant ? s'amuse-t-elle, moqueuse.

Pas le temps de répondre ni d'être vexée qu'elle m'entraîne chez elle.

— Voilà ! Tu vois, tu seras très bien ici pour dormir, me dit-elle en désignant son salon. Viens, on se fait un thé.

L'appartement où elle vit avec son mari et son fils de 5 ans est aménagé dans un style oriental très simple et sans fioriture, bien que le canapé dénote une certaine aisance. La cuisine est en revanche toute petite. Nous nous y installons toutes les deux pour savourer un thé parfumé en parlant de tout et de rien, mais surtout de deux-roues. Pas forcément une passion au départ pour Sylvia, mais un moyen d'acquérir une certaine liberté.

— Moi, je voulais travailler. Mais une femme qui travaille est un déshonneur ici pour son mari : cela signifie qu'il n'arrive pas à assumer sa famille. Je ne voulais pas faire du tort à mon mari, mais je ne veux pas être pauvre : j'ai envie que mes enfants aillent à l'école, j'ai envie de voyager, je veux pouvoir me faire plaisir et faire plaisir à nos proches. Mon mari l'a très bien pris, j'ai de la chance, il n'a pas de problème d'ego et n'a pas honte d'avoir une femme qui travaille. Mais on l'a quand même caché pendant longtemps à notre entourage pour éviter les débats inutiles.

— C'est pour travailler que tu as voulu un scooter ?

— Oui, bien sûr. Au début, je prenais les transports en commun, mais c'était affreux. Entre les bus en retard, bondés, les mains aux fesses et les chauffeurs qui vous insultent, c'est insupportable pour une femme. Nous n'avions pas les moyens de me payer tous les jours le tuk-tuk. Alors j'ai décidé d'être autonome et de prendre un scooter.

— C'est habituel, ici ?

Elle éclate de rire.

— Pas du tout ! À ce moment-là, aucune femme ne conduisait de deux-roues. En tout cas je n'en connaissais aucune et je n'en avais jamais vu. Et bien sûr, il n'existe aucune école de conduite qui accepte de former une femme.

— Comment as-tu fait, alors ?

— Sur YouTube ! Mon mari m'a offert le scooter, j'ai regardé des tutos et je me suis entraînée toute seule, dans un terrain vague, à l'abri des regards. Bon, il y a eu quelques chutes. C'est la première leçon, d'ailleurs : faire en sorte de ne pas tomber. Un jour, je me suis lancée sur la route. Et maintenant, je n'ai plus peur du tout.

Je hoche la tête en repensant à la manière sportive dont elle a piloté son engin jusqu'ici. Sur son scooter, c'est sûr, elle semble ne rien craindre. J'ai peine à me représenter combien de gadins elle a dû prendre avant de conduire correctement, et quelle force de caractère il lui a fallu pour continuer, envers et contre tout. Qui pourrait mieux qu'elle comprendre le sentiment d'absolue liberté que me procure la moto ?

— J'ai dû apprendre à conduire vite et fort, comme les hommes, car ce n'était pas facile au début. Le plus dur, ce sont les insultes et parfois les pierres qu'on me jette. C'est encore le cas aujourd'hui, sauf que maintenant je suis assez à l'aise pour les éviter ou pour répondre.

Devant mon air horrifié, elle continue avec fierté :

— Mais tu sais, je préfère vraiment ça à revenir déshonorée par une agression sexuelle sur le chemin du boulot. C'est un vrai risque pour les rares femmes qui prennent les transports en commun.

— Tu étais donc vraiment la seule femme qui conduisait un deux-roues quand tu as commencé ?

— J'en ai cherché qui auraient pu me conseiller, avec qui on aurait pu s'épauler, mais je n'en ai trouvé aucune. Puis une ou deux s'y sont mises à leur tour, avec les mêmes difficultés que moi. Alors j'ai décidé de créer mon groupe pour aider et encourager les femmes à conduire. Je leur donne même des cours. Maintenant, je pense qu'on est une cinquantaine dans tout le Bangladesh et j'espère que d'autres oseront nous suivre.

Sur une population d'environ 85 millions de femmes, la motarde est donc plus que rare ici : c'est carrément une licorne.

— Et vous, en France ? renchérit-elle.

— Il y en a un peu plus. Sur les deux millions de motards en France, environ 20 % sont des motardes, ça en fait quand même pas mal.

Elle écarquille les yeux.

— Whoua, ce serait mon rêve qu'un jour il y en ait autant ici ! Quand je pense que moi, je connais les noms de presque toutes les motardes de Dacca ! D'ailleurs, j'aimerais te les présenter : je vais organiser une virée, ça te va ?

C'est une proposition qui ne se refuse pas.

Deux jours plus tard, un vendredi, jour de repos pour les Bangladais, nous nous retrouvons au petit matin sur une place de la capitale. Une petite dizaine de femmes – toutes n'ont pas pu se libérer en si peu de temps – arrivent sur leur deux-roues. Plutôt jeunes, très différentes les unes des autres mais très fières d'être pilotes de deux-roues et heureuses d'être là, ensemble. Se préparer à rouler toute la journée et découvrir ma moto soulève leur enthousiasme. Elles qui ont dû se battre contre leur propre famille, contre la société, et contre leur propre éducation pour se donner ce droit à se déplacer seules se réjouissent d'« escorter » une collègue française.

Une journaliste invitée par Sylvia vient immortaliser la scène pour un article sur ces drôles de dames du Bangladesh entourant une « vraie » motarde qui parcourt le monde. La publication fera la fierté du Bengladesh Women Riders Club, qui a valeur d'exemple pour toutes les femmes du pays. Il n'est pas seulement question de rouler, ici, mais de se déplacer dans l'espace public, de dire : « J'ai le droit d'exister, j'ai le droit de choisir mon chemin et de le parcourir seule. » Toutes ces femmes refusent les frontières visibles et invisibles qu'on leur impose et, jour après jour, conquièrent leur liberté.

Quelques minutes plus tard, le groupe prend la route. Nous roulons au rythme dont chacune est capable, sans compétition, sans chercher à aller plus vite que l'autre, pour le seul plaisir d'être ensemble, de partager notre sororité, habitées que nous sommes par le même désir d'émancipation. C'est terriblement agréable et je me sens tout de suite très à l'aise avec elles. La circulation du vendredi est également moins dense et je retrouve le plaisir de circuler sans devoir me faufiler sans cesse entre les véhicules.

Nous faisons une longue halte à la mi-journée pour déjeuner sur les pelouses de la faculté de Dacca, où plusieurs membres du club ont étudié. Elles en profitent pour me montrer un monument dédié à des étudiants morts lors d'émeutes d'une grande violence, en 1952. Ils défendaient le droit à préserver la langue bengali et la culture du pays face à la volonté du Pakistan (dont le Bangladesh n'était alors qu'une province) d'imposer l'ourdou[1] comme langue nationale.

1. Langue officielle du Pakistan, décrétée par la Constitution.

Un des premiers combats dans la lutte des Bangladais pour acquérir leur liberté et gagner leur autonomie.

La balade se poursuit tout l'après-midi sans que l'enthousiasme diminue : en témoigne la quantité considérable de photos prises au cours de la journée ! Au moment de les quitter, le soir, je suis très émue de voir plusieurs d'entre elles serrer, voire embrasser ma Tiger, après m'avoir chaleureusement remerciée d'avoir roulé avec elles. Ce n'est pas facile d'être des pionnières. Leur chemin est encore long, mais elles s'imposent petit à petit dans le paysage bangladais. Sylvia veut croire qu'il paraîtra un jour naturel à tout le monde de voir des femmes au guidon, « comme en France », précise-t-elle. En attendant, à l'instar de ses camarades, elle conduit et ignore les commentaires.

16
Mariages

Assise devant un grand miroir, Sylvia virevolte autour de moi pour me coiffer et me maquiller avant le mariage de son cousin qui a lieu dans la soirée. Son invitation, la veille, m'a un peu surprise mais elle a insisté en m'affirmant que cela ne poserait de problème à personne, au contraire : une étrangère qui assiste à un mariage est un honneur. Seule contrainte, je dois être en tenue d'apparat. Mon équipement de motarde n'étant pas idéal pour une telle occasion, j'ai fait l'ouverture des magasins pour me trouver une tunique traditionnelle. Je l'ai choisie rose à motifs, à la fois jolie et pratique pour que je puisse la réutiliser à d'autres occasions : je n'ai pas de place dans mes bagages pour des habits inutiles. Une étole blanche et un *bindi* collé au milieu de mon front complètent mon costume.

Après une heure de maquillage, Sylvia recule et me regarde avec satisfaction. Pour ma part, je ne suis pas trop sûre du résultat. Ce rouge à lèvres criard couleur abricot, ce fard à joues… c'est sans doute trop. Mais cela correspond bien à la mode bangladaise du moment.

Nous partons avec ses parents, également très heureux de ma présence. L'ambiance dans la voiture est joyeuse, sa mère – encore plus grande que Sylvia ! – est aussi enjouée qu'elle et leur complicité fait plaisir à voir. Je m'attendais à un grand mariage où une convive supplémentaire passerait inaperçue, des noces fastueuses, à l'indienne, remplies de monde et de musique. Or nous pénétrons dans une pièce où une quinzaine de personnes seulement sont réunies autour d'une jeune femme très maquillée, vêtue d'un magnifique sari rouge et doré, assise sur une chaise posée sur une petite estrade. Une chaînette relie le piercing de son nez à son oreille, elle porte d'innombrables bracelets et de volumineux colliers, et ses mains sont entièrement recouvertes de motifs dorés et bruns. Elle arbore une forme de sourire de circonstance, fixe, sans véritable joie. Toute l'assemblée se met à boire, manger, parler, rire. Sauf elle. Elle ne quitte pas un instant son piédestal, seule, comme un être divin ou un objet posé là, sujet absolu de la cérémonie sans pour autant en faire vraiment partie.

Je remarque à peine son nouvel époux qui ne semble pas plus se préoccuper d'elle que le reste des invités. Alors que je la regarde durant le repas, je surprends des larmes qui coulent sur son visage. Je trouve assez perturbant de festoyer à côté d'une personne en pleurs : j'essaie de faire bonne figure, mais le cœur n'y est pas.

À peine le repas terminé, le public se disperse et nous saluons la mariée avant de partir à notre tour. Elle me remercie d'être venue. C'est la seule fois où je la verrai vraiment sourire.

De retour chez Sylvia, je lui fais part de mon étonnement devant une mariée si triste. Mais ce chagrin lui semble tout à fait naturel. C'est un bon signe, voire un très bon signe de voir la fiancée pleurer : elle va définitivement quitter sa famille. Elle manifeste ainsi son attachement et son respect pour ses parents, m'explique-t-elle.

— Moi aussi j'ai pleuré à mon mariage, alors que j'étais amoureuse de mon futur époux.

— Mais c'est toi qui l'as choisi ?

— Ici, ce sont toujours les parents qui choisissent pour leurs enfants. Tu ne peux pas te marier sans leur accord. En un sens, c'est normal, non ?

— Mais dans la plupart des cas, les époux ne se connaissent pas ?

— C'est un peu plus compliqué que ça. La famille fait parfois plusieurs propositions. Et puis, tu sais, les parents ont une plus grande expérience de la vie et de leurs enfants aussi. Ils essaient d'assortir au mieux le couple. L'homme et la femme se rencontrent avant le mariage, ils discutent. L'amour c'est bien, mais il faut surtout créer des paires qui ont les mêmes valeurs. On ne peut pas choisir quelqu'un simplement parce qu'il est beau.

— Mais est-ce qu'on peut quitter son mari, au moins, si le mariage ne fonctionne pas ?

Sylvia fait la moue. Je sens que, tout en défendant les coutumes de son pays, elle n'est pas très à l'aise avec ce principe du mariage arrangé. Elle me répond cependant.

— Oui. Pas souvent. Si vraiment les choses sont horribles, parfois, c'est possible. Mais ce n'est pas vraiment normal ici. Et encore moins si c'est la femme qui le demande. C'est pour ça que les parents sont importants. On est leurs enfants, ils savent tout de nous : ils font des choix pour notre bien.

Elle se tait quelques instants. J'imagine mal ce que cela peut vouloir dire, de ne pas pouvoir choisir la personne dont on partagera la vie. Passer toute son existence avec un partenaire ou une partenaire est une idée romantique qui me séduit, mais je supporte mal l'idée que ce soit une obligation. Je suis aussi assez persuadée que nos enfants ne sont pas nos choses, qu'ils ne nous appartiennent pas et que nous sommes là pour leur apprendre à trouver leur bonheur et leur liberté par eux-mêmes. Exercice difficile où ils souffriront probablement, un jour ou l'autre, car apprendre à être libre, c'est aussi se tromper. Mais vouloir les protéger à tout prix, s'en croire capables à leur place c'est ne pas les considérer en tant qu'individus, en tant que personnes à part entière.

Je ne suis pas certaine, par ailleurs, que toutes les familles n'aient que le bien-être de leurs enfants en tête au moment de choisir une union. Dans de nombreux cas, les mariages restent avant tout des affaires financières ou de positionnement social qui ne tiennent pas compte du choix de la fiancée, et encore moins des risques pour la femme dans sa vie conjugale.

Quelques jours plus tard, j'assisterai à des noces qui me bouleverseront encore davantage.

Alors que je suis au marché de Dacca, je suis attirée par une petite foule assemblée dans une cour. Quand je m'approche, un homme se détache du groupe pour m'inviter à entrer, m'expliquant avec satisfaction qu'on célèbre la promesse de mariage de sa nièce. Il m'invite chaleureusement et m'encourage à photographier la future mariée, en me désignant l'appareil que je porte en bandoulière. Décidément, le mariage semble être une affaire publique dans ce pays. Quelques instants plus tard, la fiancée fait son apparition, dans un splendide sari bleu nuit. Elle s'agenouille au milieu de la cour en gardant la tête baissée. Des larmes roulent silencieusement sur ses joues. Je ne lui donnerais guère plus de 16 ans, mais mon hôte m'assure qu'elle en a 18, ce qui est l'âge légal pour un mariage au Bangladesh. Personne ici ne connaît son futur époux, qui vit au Qatar et doit venir la chercher un mois plus tard. Mais la famille du monsieur est honorable et riche : manifestement, cela suffit. La jeune fille quittera bientôt ses parents, son pays, pour toujours peut-être.

J'ai la gorge nouée. J'assiste impuissante à des fiançailles arrangées dont tout le monde a l'air de se réjouir sauf la principale intéressée. On me presse de faire des images afin que je garde un souvenir de la cérémonie, et elle-même me demande timidement si elle peut faire un selfie avec moi. Elle essuie ses larmes et esquisse une pose souriante et glamour pour la photo. Je remercie mes hôtes et donne ma carte directement à la jeune fille, sans bien savoir ce que je pourrais faire pour l'aider si elle se décidait à me contacter. Son regard perdu, ses yeux rougis par les larmes continuent aujourd'hui de me hanter.

J'assisterai à de nombreux mariages au Bangladesh. Ces fiançailles me laisseront un goût amer, mais je verrai aussi l'union de couples amoureux apparemment heureux, signe peut-être que les choses changent, même si ces derniers restent encore des exceptions. J'apprendrai plus tard, au fil de mes rencontres, que près de 90 % des femmes bangladaises sont victimes de violences conjugales[1]. Un chiffre qui laisse pantois. Une femme ici n'a pas mille options pour rester honorable : elle doit être « fille de », « épouse de », « veuve de »… ou morte. La religion, la loi, la société font tout pour lui inculquer cette règle et l'obliger à s'y plier.

Je me suis longtemps demandé comment une mère pouvait contraindre sa fille à se marier de cette façon. Certaines pensent réellement bien faire, en trouvant le meilleur parti possible et en protégeant ainsi leur fille de la faim ou du déshonneur. Mais souvent, victimes de ce système, elles ne font que le reproduire : le remettre en cause serait plus difficile et douloureux. Dénoncer la tradition dans laquelle elles ont été élevées supposerait d'imaginer possible une autre façon de faire, mais aussi de se reconnaître elles-mêmes comme victimes. Pas évident de prendre conscience que son libre arbitre et son existence même ont été niés. Quand il n'y a pas d'espoir que la tradition change, il vaut mieux serrer les dents, prétendre que ce n'est pas si grave et qu'on s'en sort très bien quand même.

Sylvia me sort de mes réflexions, voyant sans doute ma difficulté à adhérer à ses propos sur le mariage :

— Je sais bien qu'un jour les unions arrangées finiront par disparaître au Bangladesh, et je ne sais pas encore si ce sera un bien. Mais il faut du temps pour changer les choses. Nous sommes éduqués comme ça, c'est la tradition, on ne peut pas tout balayer d'un coup. Mais viens, dit-elle en retrouvant son ton enjoué, on va se démaquiller. Et puis tu as besoin d'un soin pour tes cheveux, ils sont trop secs.

1. Selon les statistiques de la Fondation des survivantes de l'acide, Acide Survivors.

Je suis tellement heureuse de partager tout cela avec toi.

On ne peut pas être de tous les combats, même s'ils sont justes. Sylvia conduit un deux-roues, et c'est déjà énorme.

17
Cox's Bazar

Il est temps de partir de Dacca, d'aller parcourir ce pays dont je n'ai pas encore vu grand-chose. Mais je repasserai à plusieurs reprises par la capitale au cours de mon séjour et j'y reverrai Sylvia, retrouvant toujours avec un grand plaisir sa joyeuse vivacité. À chacune de nos rencontres, nous parlons pendant des heures, nous faisons la cuisine ensemble et Sylvia me traite chaque fois comme une sorte de sœur cadette. Elle tient beaucoup à me soigner, m'habiller, me coiffer. Toutes ces choses qui m'importent peu, à vrai dire, mais qui, venant d'elle, me semblent infiniment douces.

Je prends la direction du sud du pays, vers le mythique golfe du Bengale et ses plages démesurées. Mais je dois d'abord sortir de la capitale, ce qui n'est pas chose si aisée : Dacca est une ville tentaculaire, densément peuplée, aux bâtiments aussi gris que le ciel, et la circulation y est terriblement compliquée. Une sorte de cauchemar pour deux-roues. J'enchaîne les bouchons dans la chaleur moite ou sous les pluies torrentielles de la mousson, coincée entre les pots d'échappement. Je fais de mon mieux pour ne pas finir écrasée entre des bus qui manœuvrent plus mal que bien. Les feux sont plutôt d'ordre décoratif. Parfois un policier essaie d'organiser la circulation à coups de bâton, sans aucune efficacité. Et la saison des pluies ne facilite pas les choses : les rues sont inondées d'une eau boueuse qui m'arrive facilement à mi-mollet et où flottent d'innombrables déchets non identifiés. Une à deux fois, alors que je veux poser le pied à terre, je manque de tomber dans un trou d'eau. Des personnes facétieuses ont piqué des plaques d'égout, ce qui ajoute à la route en très mauvais état des pièges invisibles sous l'eau. Tendue et trempée, j'apprends à suivre avec précision les roues des gros pick-up ou des bus qui me précèdent, pour être certaine que ma moto reste bien sur le « plat » de la route.

Les nombreuses heures coincées au milieu des *rickshaws* me permettent au moins de les admirer. Ce sont de véritables œuvres d'art itinérantes, décorées comme pour la fête. Pompons, fleurs en plastique, guirlandes, peintures d'animaux, héroïnes de cinéma à la peau rose fuchsia qui tiennent de gros flingues ou héros moustachus à lunettes : un kitsch sans limite, mais très réjouissant pour l'œil dans la terne lenteur des embouteillages. Avec la décoration des bus et des camions ou les saris des femmes, ce sont les seules taches de couleur qui égaient le gris citadin.

Je quitte finalement Dacca. Petit à petit, la ville laisse la place à des rizières qui alternent avec des maisons et d'innombrables modestes usines surmontées de cheminées en briques rouges. Aucun endroit n'est inhabité ici tant ce petit territoire est densément peuplé, mais je retrouve avec plaisir des espaces un peu plus vastes et des routes moins bondées. Je crois que c'est la première fois que je peux passer une vitesse au-delà de la quatrième et rouler plus librement.

La plupart de ces territoires sont des zones inondables et je vois les traces des dernières crues qui, chaque fois, ont obligé les populations à se déplacer ou à reconstruire sans cesse leurs digues et leurs maisons. La montée des eaux est due aux pluies diluviennes qui s'abattent si souvent sur le pays. La population semble soumise à des fléaux constants qui empêchent tout développement du Bangladesh.

À ces risques naturels constants et non maîtrisés et à l'enfermement imposé par l'Inde s'ajoute en outre une politique intérieure terrifiante. À la tête du gouvernement bangladais, la Première ministre Sheikh Hasina, de la ligue Awami [1], en poste depuis 2009, tient le pays d'une main de fer. Elle est en lutte constante avec les partis d'opposition qu'elle muselle par la force. Sa principale rivale est Khaleda Zia, cheffe du parti nationaliste du Bangladesh (BNP) et première femme à avoir été Première ministre. Durant le mandat de Sheikh Hasina – pourtant élue l'une des cent personnes les plus influentes dans le monde en 2018 par le *Times* –, le Bangladesh n'a cessé de régresser aussi bien économiquement qu'en matière de liberté de la presse et d'expression.

La rivalité sans merci entre les deux femmes suscite de nombreuses émeutes qui émaillent la vie des habitants où corruption et inaction vis-à-vis de la population sont des constantes. Ce qui a généré un record, celui du plus grand nombre d'ONG pour un seul État :

1. Un des principaux partis politiques du Bangladesh, qui a joué un rôle important dans l'acquisition de l'indépendance du pays.

plus de vingt mille organisations non gouvernementales sont censées subvenir aux besoins de la population, sur lesquelles le gouvernement s'appuie totalement, pratiquant une politique qui laisse un grand nombre de personnes sur le carreau. La rancœur due au rejet grandit mais les innombrables difficultés auxquelles sont confrontés les Bangladais leur laissent peu de temps pour faire évoluer la politique de leur pays[1].

J'arrive en quelques jours dans la région de la ville de Cox's Bazar, porte d'entrée vers les plages du sud qui, avec leurs quelque 120 kilomètres en continu, sont les plus longues du monde. En bord de mer, le vent du large vient chasser les nuages et tout à coup le bleu du ciel, le bruit des vagues, l'horizon qui s'étend à perte de vue me donnent l'impression d'être en vacances. Des dizaines de bateaux sont échoués le long de la plage. Les pêcheurs s'en servent pour rejoindre le large au petit matin, passant les bancs de sable qui se forment continuellement en raison des courants le long des côtes. Leur profil délicat en demi-lune, caractéristique de la région, se découpe sur le sable, surmonté des petits drapeaux qui désignent leurs propriétaires.

Attirée par cette quiétude, je m'installe pour la nuit sur la plage mais ici, comme partout, je suis loin d'être seule. Des dizaines de personnes m'entourent,

1. Cela arrivera cependant en 2024, après de fortes émeutes, la dissolution du Parlement par l'armée et la fuite de la Première ministre. Un gouvernement de transition a été mis en place, avec à sa tête le prix Nobel de la paix 2006 Muhammad Yunus, le créateur des microcrédits, redonnant un immense espoir à la population.

viennent me voir et se font de plus en plus pressantes. Finalement, une femme avec ses enfants vient élire domicile à côté de ma tente et repousse sans ménagement les hommes qui semblent s'approcher un peu trop. Ce qui ne suffit pas totalement à me permettre de passer une nuit calme. Ce sera l'unique fois que je tenterai de dormir dehors, « en pleine nature », dans ce pays.

Au petit matin, je me mets en quête de familles rohingyas dont j'ai appris la présence sur ce bord de mer. Chassées du Myanmar, plusieurs d'entre elles sont venues dans la région où d'immenses camps de réfugiés ont été créés. D'autres se sont construit des cabanes de fortune le long de ces immenses plages du golfe du Bengale, en espérant ne pas en être délogées trop tôt. Je n'ai pas accès aux camps de réfugiés mais j'aimerais approcher ces hommes et ces femmes apatrides, chassés de partout.

Cela s'avère rapidement impossible. La plupart des Rohingyas ne parlent pas bengali et je n'ai aucun traducteur qui puisse m'aider. Surtout, leur statut de réfugiés malvenus les incite à se cacher et à ne surtout pas se déclarer Rohingyas. À chaque tentative, je fais face à des personnes terrifiées, à qui l'idée de répondre à des questions semble déjà trop dangereuse. Ils s'éloignent rapidement, en niant appartenir à ce peuple. Si je voulais en apprendre davantage sur eux, il me faudrait y consacrer bien plus de temps que je n'en ai : m'installer ici, gagner leur confiance et trouver un interprète qui parle leur langue. En outre, je ne veux en aucun cas leur créer des problèmes en essayant à tout prix de les interviewer. Bredouille, je décide de reprendre la route vers le nord.

Direction Chittagong, qui abrite la seconde plus grosse production textile du pays. Je longe de vastes chantiers spécialisés dans le démantèlement de navires : des bateaux viennent du monde entier terminer leur vie ici. Des centaines d'hommes s'affairent sur des carcasses rouillées pour récupérer quelques éléments encore utilisables ou des métaux précieux dans des conditions d'hygiène déplorable. La pollution atteint ici des sommets. Ce pays oublié est véritablement devenu la poubelle du monde.

Yves Marre

Avant de me rendre dans une usine textile, je fais une halte à Chittagong chez Yves Marre, un Français installé dans le pays depuis plus de vingt ans et que l'agence française de photoreportage Zeppelin m'a recommandé. Entrepreneur et aventurier, il a fondé avec sa femme l'ONG Friendship et crée un bateau hôpital afin de porter secours aux populations les plus précaires, à ces familles que les inondations contraignent à déménager sans cesse. En constatant les difficultés locales des habitants à acquérir un bateau, il a ensuite créé une seconde association, Watever, pour élaborer des navires construits avec une main d'œuvre et des matériaux locaux et qui puissent rester bon marché.

Yves me reçoit chaleureusement dans son chantier naval où s'affairent plusieurs ouvriers, à côté d'un jardin d'une fraîcheur agréable. Il m'entraîne sans attendre dans une visite de ses installations, avec la même passion que s'il avait commencé son activité il y a peu.

— On essaie de trouver les matériaux les plus adaptés et les moins chers pour que les bateaux soient vraiment abordables. On a essayé avec du jute et maintenant on travaille avec des bambous faciles à produire au Bangladesh.

Puis Yves Marre m'accueille chez lui sans façon, dans la maison qu'il occupe avec d'autres bénévoles de son association. La vie y est simple, le confort rudimentaire, mais je m'y sens tout de suite bien.

— Tu peux rester autant que tu veux. Si tu as besoin de quelque chose, tu me demandes. Je suis sûr qu'un peu de repos te fera du bien. J'adore ce pays, c'est chez moi, mais je sais qu'il peut aussi être harassant.

Après une première nuit au calme, je me sens déjà plus alerte. Ce lieu est un véritable havre de paix. Yves se rend disponible pour m'aider dans ma quête – il connaît à peu près tout le monde dans la ville – tout en me laissant du temps pour moi. Je réalise soudain que je n'ai pas bénéficié de ce luxe depuis que je suis entrée dans ce pays.

De mes premiers temps au Bangladesh, je garde l'impression d'une sorte d'asphyxie. Je suis habituée à avoir peu de répit en voyage : la curiosité que ma moto et moi suscitons engendre souvent des attroupements, jusque dans les coins les plus perdus. Dans un pays aussi densément peuplé que le Bangladesh, le phénomène a pris une tout autre ampleur : ce sont des foules entières qui se massent autour de moi, partout où je vais. Les Bangladais ne rencontrent presque jamais d'étrangers, encore moins d'étrangères, et aucun des habitants n'a jamais vu de grosse moto comme la mienne.

Ces foules compactes sont constituées majoritairement d'hommes. Ce sont mes parents qui me l'ont fait remarquer les premiers. Lorsque après quelques jours sur place, je leur ai envoyé des photos de mon périple, ma mère a aussitôt commenté :

— Quel monde ! Mais il n'y a que des hommes sur tes photos ! Tu es toute seule au milieu d'eux ? Où sont les femmes ?

En effet, elles sont rares dans l'espace public. Très peu tiennent une échoppe ou un restaurant. Pas une ne circule seule dans la rue. Il m'arrive de croiser des femmes qui se déplacent par paires en rickshaw ou d'en apercevoir dans les cours ouvertes de maisons. Mais la rue appartient aux hommes et à eux seuls.

C'est troublant et un peu désagréable. Je me rends bien compte que je suis un alien dans ce pays. Ma manière de voyager, mon attirail, mon jean, mes bottes… Certains n'ont probablement jamais vu de femme ayant une telle dégaine ailleurs que sur Internet. À Dacca, je me suis rendu compte que beaucoup d'hommes fixaient ma braguette, complètement éberlués : la tunique plus longue et plus couvrante achetée pour le mariage du cousin de Sylvia m'a beaucoup servi pour le restant de ma route.

Au début de mon voyage, j'étais donc assez nerveuse, d'autant que, déjà en temps normal, je crains les mouvements de foule… Heureusement, je me sens un peu protégée par ma grosse veste de motarde et j'ai le sentiment d'occuper un peu plus l'espace. Le fait que je sois plus grande que la moyenne des hommes me permet aussi d'être au-dessus de la mêlée et d'entrevoir toujours un petit bout d'horizon. Je respecte en outre certaines règles de comportement très strictes. D'accord pour un selfie, mais pas trop près de moi. Aucune privauté : pas de bras sur les épaules ou autour de la taille, on ne me touche pas. Lorsque j'échange avec des inconnus, je reste floue sur mes destinations et je fais en sorte d'être le plus mobile possible.

Ce qui ne m'empêche pas de souvent manquer d'air et d'avoir régulièrement l'impression d'être Britney Spears au sommet de sa gloire, traquée partout par des paparazzis. Dans un boui-boui où je m'arrête un jour pour déjeuner, un attroupement gigantesque se forme autour de ma moto, dont je n'aperçois plus un centimètre carré sous les grappes humaines qui la recouvrent. Le patron est obligé de descendre le rideau de fer pour que je puisse déjeuner. Même avec ces précautions, des clients forcent le passage pour s'installer en face de moi et me regarder manger. Ailleurs, je provoque carrément des embouteillages, et la police doit m'escorter pour me faire avancer.

Il y a de quoi sourire, et cela témoigne surtout d'une curiosité sympathique, mais c'est épuisant. Cela m'oblige aussi à être plus souvent à l'hôtel que d'habitude : il est très difficile d'aller chez quelqu'un qui m'invite spontanément. Les quelques fois où cela arrive, les voisins s'autorisent à débarquer à n'importe quelle heure de la nuit et à envahir mes hôtes, pour vérifier que je dors ou pour me montrer aux uns et aux autres. Les femmes m'accompagnent aux toilettes et n'hésitent pas à ouvrir mes sacs, en riant et en faisant mille commentaires sur mes affaires. Je ne m'appartiens plus ! Il arrive que ce soit drôle et touchant, il arrive que ce soit carrément insupportable. Et il est difficile de savoir à l'avance comment les choses peuvent tourner.

La contrepartie est aussi une immense facilité pour être invitée partout, comme aux mariages auxquels j'ai pu assister. Une sorte de simplicité où les barrières n'existent pas, où l'étrangère est accueillie dans les familles aussi chaleureusement que le cousin, sans complication ni explication. On vient, on passe un moment ensemble et on repart comme on est venu alors qu'on ne se reverra sans doute jamais.

Les quelques jours de tranquillité que m'offre Yves Marre me font beaucoup de bien et me redonnent de l'énergie pour poursuivre mon périple. Yves aime sincèrement le Bangladesh qu'il connaît comme sa poche et nous passons de longs moments à en parler, ce qui me permet de mieux le comprendre.

Il me fait aussi part de ses inquiétudes quant à l'évolution du pays – l'extrémisme religieux prend de l'ampleur –, il a reçu quelques menaces et, dans les mois précédents, une sanglante histoire de décapitation d'un voyageur japonais a fait peser un climat très lourd… Mais il est décidé à rester dans ce pays devenu le sien [1]. Le fait que personne ne s'y intéresse renforce encore sa détermination. Sans illusion ni cynisme, il porte en lui une foi dans l'homme qui réussit le tour de force de rester inébranlable en ne tombant cependant jamais dans le déni. Il fait ce qui lui semble juste en s'accrochant à ce qu'il réussit d'efficace et de bien : des bateaux. Oui, la vie quotidienne est difficile, m'explique-t-il. Mais, à vivre sur place, on apprend à considérer les choses un peu autrement, à changer d'échelle, à dénicher partout des raisons d'espérer et des occasions de se réjouir.

Imu

Deux jours plus tard, je suis rejointe chez Yves par Imu, un très grand garçon, fin et doux, d'une

1. Il a d'ailleurs la nationalité bangladaise.

gentillesse rare, avec qui j'ai pris contact depuis la France avant mon départ. Fils d'une famille de pêcheurs bangladais, il s'est formé lui-même à la photographie et au journalisme avant d'être soutenu par l'agence française de photoreportage Zeppelin, qui nous a mis en relation. Il doit réaliser un photoreportage sur mon périple, mais il est également supposé m'assister comme fixeur et traducteur, à ceci près qu'il parle anglais comme une vache espagnole et que beaucoup de nos interlocuteurs s'expriment dans des dialectes qu'il maîtrise mal. Les échanges restent donc souvent assez rudimentaires. Mais il cherche à me faire connaître son pays et il m'accompagne à plusieurs reprises pour m'aider lors de certaines rencontres que j'aurais eu du mal à faire seule.

Dans un premier temps, il va m'ouvrir les portes d'une usine textile de la ville afin que je puisse en rencontrer les ouvrières, dont les conditions de travail ont une réputation épouvantable en Europe.

18

Chittagong

En avril 2013, deux ans avant mon voyage, l'effondrement du bâtiment usine Rana Plaza dans les faubourgs de Dacca a tué plus de mille cent ouvrières du textile. Ce drame a attiré – provisoirement – l'attention du monde entier sur leurs conditions de travail déplorables, que l'Occident faisait mine jusque-là d'ignorer : locaux insalubres, horaires démesurés, salaire indécent et emploi de nombreux enfants. Nous avons rapidement fermé les yeux sur la situation après la tragédie parce qu'elle nous permet d'acheter des T-shirts à 5 euros dans l'indifférence la plus totale. Le Bangladesh est le deuxième producteur de textile après la Chine ; ses quatre millions d'ouvrières et d'ouvriers habillent le monde entier. Plusieurs mesures ont visé à améliorer leurs conditions de travail après le drame du Rana Plaza, mais il est difficile d'en évaluer les effets.

Chittagong, premier port du pays, est aussi le plus grand pôle industriel après Dacca. Les usines textiles y sont nombreuses, mais aussi peu faciles d'accès que celles de la capitale. Imu se révèle précieux. Enfant de la région, il connaît beaucoup de monde et, grâce à ses relations, il réussit à obtenir le droit de visiter l'une d'entre elles.

Le gérant nous accueille en transpirant un peu. Il n'a manifestement aucune envie de me laisser entrer sur son territoire, mais le contact d'Imu est assez puissant pour qu'il nous autorise l'accès à ses ateliers. En revanche, c'est à moi de le convaincre de me laisser filmer, ce qui n'est pas gagné au vu des regards inquiets qu'il jette à la caméra. Il pèse longuement le pour et le contre, écoute mes arguments et finit par lâcher prise, à certaines conditions. Je serai escortée tout le temps de la visite, j'ai l'interdiction de montrer le logo des entreprises et des marques pour lesquelles l'atelier travaille et je n'aurai pas davantage le droit de les mentionner dans le documentaire à venir. À part ça, je peux filmer « librement ». Mais il refuse catégoriquement une interview enregistrée, audio ou vidéo : il craint trop que je ne puisse faire un montage et déformer ses propos.

Il subit beaucoup de pressions depuis l'effondrement du Rana Plaza, et il n'a confiance ni dans les journalistes ni dans les Occidentaux. Les Anglais, notamment, sont malhonnêtes et injustes selon lui. Ils ont refusé que sa femme soit voilée[1] sur sa photo de passeport alors que les Sikhs, eux, peuvent garder leur turban. Il accepte cependant, hors caméra, de me parler avec une relative franchise, en insistant pour m'offrir du thé et des T-shirts.

— La presse internationale s'emploie à donner une mauvaise image du Bangladesh en ne montrant que

1. Certaines agences refusaient effectivement que les femmes soient voilées sur leur photo de passeport mais c'était légalement autorisé par les administrations anglo-saxonnes.

les usines les plus insalubres et les plus dures, sans mentionner les autres, m'explique-t-il. Nous ne voulons pas prendre le risque que les images de nos usines soient déformées.

— La presse internationale se trompe, d'après vous ?

— Oui, nous faisons de gros efforts. Mais moi, je n'ai que huit cents employés, dont 80 % de femmes. C'est un petit atelier, alors c'est impossible d'avoir les mêmes standards que les grosses usines de Dacca. Je fais de mon mieux pourtant pour assurer des conditions de travail correctes.

— Par exemple ?

— Eh bien, les règles de sécurité de base sont respectées, les vitres de l'usine offrent une lumière naturelle, je respecte un préavis en cas de licenciement et une grille de salaire est fixée pour chaque poste, qu'il soit occupé par un homme ou une femme. Et puis mes employés sont nourris et reçoivent des primes au bout de quelques mois. Et regardez…

Il me montre une boîte sur le côté de la porte.

— On a une boîte à commentaires.

— Pour les employés ?

— Oui. Enfin, ceux qui savent écrire. Et on a un terrain de badminton.

Je me demande comment il peut bien servir à des personnes qui travaillent plus de dix heures par jour, six jours sur sept, mais je n'ai pas le temps de poser la question. La visite de l'usine commence.

Nous traversons de grandes salles remplies du bruit cadencé des machines à coudre que manient avec dextérité les centaines d'employés, dans un patchwork coloré de tissus. Les espaces sont vastes, très propres et de grandes fenêtres créent une atmosphère lumineuse et agréable. Concentrées, sans parler entre elles, les ouvrières et quelques ouvriers répètent inlassablement les mêmes gestes, amassant à côté d'eux des piles de vêtements innombrables.

L'usine a les allures d'un village Potemkine[1] du textile : l'image lissée d'une industrie modèle où les conditions de travail sont correctes – malgré le rythme infernal qui ne laisse pas de pause aux équipes durant leurs soixante heures en moyenne de travail hebdomadaire. Mais la réalité est bien plus nuancée. Peut-être apaisé de voir que je ne filme finalement pas beaucoup et que je respecte l'engagement que j'ai pris en ne braquant jamais ma caméra sur lui ou sur les marques des vêtements, le directeur se détend un peu. Il me parle avec plus d'aisance.

— Au fond, tout cela est très cynique de la part des clients internationaux. Suite au drame du Rana Plaza, ils nous ont imposé leurs standards en termes d'hygiène et de sécurité : portes anti-incendie, espaces de travail décents et aux normes, des plans d'évacuation écrits sur les murs. Et ils ont annoncé partout qu'ils allaient surveiller les méthodes de production.

— C'est tout de même une bonne chose, non ?

— C'est sûr, et les panneaux sont très utiles à des femmes qui, pour la plupart, ne savent pas lire ces plans ! La vérité, c'est que ces clients internationaux nous ont demandé ces nouvelles normes sans accepter d'augmenter les tarifs et même, puisque les conditions étaient « meilleures », en augmentant la demande. Ils

1. Référence aux « villages Potemkine » russes lors de la visite de l'impératrice Catherine II en Crimée en 1787, qui montraient une image de façade idéale alors que la misère avait été cachée.

nous ont fait du chantage : si nos usines ne sont pas « aux normes » et belles à voir, ils nous retirent leur production pour la confier à un autre pays. La Chine serait ravie que le Bangladesh la perde à son profit. Résultat, on a plus de coûts, plus de demandes de production, mais pas plus d'argent. Et comme souvent nous n'arrivons pas à répondre à la demande, certaines usines sont obligées de sous-traiter une partie de leur production pour ne pas perdre les contrats… dans des ateliers de fabrication qui pratiquent des tarifs très bas. Ceux-là ne respectent aucune norme, les employés sont de vrais esclaves et les bâtiments sont totalement insalubres. Mais personne ne va les visiter et les clients internationaux peuvent dire qu'ils ont fait leur boulot en assurant de meilleures conditions de travail.

En gros, on veut toujours pouvoir acheter nos T-shirts à 5 euros tout en se donnant l'illusion que, maintenant, pour le même prix, tout le monde est bien payé et travaille dans de bonnes conditions.

— Vous estimez être une victime du commerce mondial ?

— Bien sûr. On a aujourd'hui moins d'argent et la peur permanente de perdre le peu qu'on a. Mais cela, vous ne l'entendrez dans aucune interview. Si on me voyait dire cela face à votre caméra, je ne serais pas le seul à perdre mon travail, toute l'usine serait fermée. Alors, motus et bouche cousue.

Je regarde toutes ces ouvrières et leur gestuelle si rodée, sans savoir que penser. Ce responsable de production a l'air sincère et j'ai l'impression qu'il fait de son mieux dans ce jeu de dupes pour protéger ses équipes, minuscule maillon dans une immense chaîne. Mais peut-être ment-il, et exploite-t-il cyniquement chaque employé à son profit, comme tant d'acteurs de ce commerce ?

Une seule chose me paraît certaine : les grands acheteurs internationaux tirent toujours leur épingle du jeu et achètent le moins cher possible.

À la fin de la visite, le directeur accepte que j'interroge une employée. Mais pas prise au hasard. Il m'emmène au réfectoire où l'une des équipes déjeune et interrompt le repas de Shumi, qu'il me présente comme une employée modèle. Elle semble mériter ce titre, en effet. D'un ton égal, le visage fermé, elle me raconte combien elle aime son travail, la chance qu'elle a d'être ici et à quel point sa liberté est grande.

Ce n'est manifestement pas à l'usine que j'aurai une perception juste de la réalité vécue par les employées du textile au Bangladesh. Je propose donc à Imu de nous aventurer dans le quartier ouvrier afin de rencontrer des gens qui auraient moins peur de nous parler. Il me propose d'y aller le lendemain, jour de repos.

Ce jour-là, la ville paraît en effet apaisée. Moins de bruit, moins de circulation, moins de monde dans les rues : je prends du plaisir à rouler à moto et à me perdre dans les ruelles. Je rencontre de nombreux enfants attirés comme toujours par ma monture et davantage de femmes qui vaquent à leurs occupations, sans se presser. Les visages sont avenants et la parole plus facile. On me demande d'où je viens, pourquoi je suis là ; quand je réponds que je fais du tourisme, mes interlocuteurs semblent franchement étonnés, mais la plupart sont heureux de ma visite. Je suis entourée à un moment par un groupe d'enfants surexcités, qui m'entraîne vers une petite maison faite de bric et de broc : il faut à tout prix que j'entre chez eux.

Mukta

À peine la porte poussée, nous sommes accueillis par Mukta Kanam, une toute jeune femme d'une vingtaine d'années. Elle vient d'emménager là : moyennant 5 dollars par mois, elle dispose d'une pièce de 6 mètres carrés, qui fait partie d'un ensemble de logements où elle est heureuse de m'accueillir. Il n'y a pas de fenêtre, les murs sont lézardés, la cuisine et les sanitaires, installés dehors, sont communs.

— C'est petit, mais c'est chez moi, un luxe que je n'avais pas avant. Ce n'est pas encore bien organisé, précise la jeune femme comme pour s'excuser du désordre.

Mes yeux se posent sur les quelques affaires posées à terre, emballées dans des tissus ; où est son matelas pour dormir ?

Je lui demande d'où elle est originaire.

— Je viens d'un village du nord du pays. Après la mort de mon père, je suis venue m'installer à Chittagong avec mon frère, sa femme, leur fils. Il y a aussi la sœur de ma belle-sœur avec nous.

— En venant du nord, Dacca était plus proche. Pourquoi avoir poussé jusqu'ici ?

— À Chittagong, les salaires sont un peu plus élevés qu'à Dacca et on dit que les conditions de travail sont légèrement meilleures, avec un certain respect des horaires journaliers.

— Et vous avez trouvé facilement du travail ?

— Oui. Je ne suis que junior, mais je gagne 70 000 takas par mois [un peu moins de 100 dollars]. C'est grâce à cela que j'ai mon propre appartement ! me dit-elle fièrement. Et la famille de mon frère habite juste à côté dans le même immeuble.

— C'est un bon salaire, pour ton travail ?

— Ah oui, pour le Bangladesh, c'est un bon salaire. Je suis heureuse d'avoir un peu d'argent et de vivre en ville. Je rêvais de cette vie. Il y a beaucoup de choses à voir ici, et surtout, tu n'as pas tout le village qui prend les décisions à ta place et qui commente chacun de tes gestes. C'est la première fois de ma vie que je ressens une forme de liberté. Je travaille beaucoup, je n'ai pas énormément de temps pour moi, mais au moins je prends mes propres décisions, avec mon argent. Ce sont mes choix. Cela me rend vraiment heureuse. Et puis ici, je me sens aussi plus en sécurité.

— Et quels sont tes rêves alors, maintenant que tu as déjà accompli cela ?

— J'espère devenir un jour ouvrière senior, pour avoir un meilleur salaire. Mais surtout j'espère que mon futur mari sera grand, un peu beau – oui, beau ce serait chouette –, et qu'il sera gentil avec moi. Mais j'ai de la chance : mon frère ne me pousse pas à me marier et je ne suis pas pressée. Je pense même qu'il me laissera le choix, en partie au moins.

Tandis que nous parlons, des voisins vont et viennent autour de nous : en moins de dix minutes, ce sont une quinzaine de personnes qui déambulent entre la chambre et l'extérieur. Ça tambourine, ça chuchote, ça rigole : dans ce pays, décidément, l'espace privé et l'intimité sont quasi inexistants.

Je demande à Mukta si elle compte aller à la plage avec des amies, pour son jour de congé. Mais elle ne connaît encore, me dit-elle, que les femmes qui habitent les logements voisins : elle va faire un peu de rangement et puis de la couture pour elle, selon son habitude. Au moment de nous quitter, elle m'embrasse… mais elle refuse de sortir pour venir voir ma moto qui avait pourtant paru l'intéresser. Elle reste prudemment sur le seuil, préférant ne pas franchir la frontière invisible qui mène à l'espace public, où les hommes occupent les rues. Lorsque je rejoins mon engin, des dizaines d'entre eux sont là, tout autour, commentant sa puissance. Ils sont abasourdis de voir une femme l'enfourcher et un homme monter à l'arrière. Imu rigole quand nous démarrons :

— Je crois qu'ils ne vont jamais s'en remettre. Ça va alimenter les conversations durant des mois. Une femme qui conduit un deux-roues avec un homme comme passager… Ce doit être une première ici.

J'ai de la chance d'être tombé sur lui. Il ne voit aucun inconvénient à être conduit par une femme et il adhère à mon projet sur la liberté avec enthousiasme.

D'autres femmes m'invitent volontiers chez elles, mais en prenant toujours grand soin, elles aussi, de ne jamais dépasser la porte : elles me haranguent depuis le seuil ou depuis un toit-terrasse, en m'envoyant leurs enfants comme émissaires. Je suis tirée par le bras et conduite dans les ruelles par un grand flot de bambins rieurs. Toutes ou presque sont ouvrières du textile. Des femmes qui travaillent, cela reste rare dans ce pays. C'est possible dans des ateliers fermés, à l'abri des regards – impossible en revanche d'avoir un métier qui se donne à voir dans l'espace public, au vu et au su de tous. Et il faut que l'homme de la famille ne puisse plus rapporter assez d'argent, parce que trop vieux ou handicapé, ou qu'il soit très ouvert d'esprit pour les y autoriser. Le travail à l'usine peut aussi s'avérer un échappatoire face à un mari violent et une famille peu accommodante. Quelques femmes célibataires comme Mukta commencent à s'emparer de nouveaux droits en prenant la main sur leur propre vie.

Bibi

Bibi Russell, que je rencontre quelques jours plus tard à Dacca, offre, elle aussi, du travail aux femmes bangladaises, pour les aider à s'émanciper. Ancienne mannequin internationale des années 1980 pour les plus grands couturiers, de Yves Saint-Laurent à Karl Lagerfeld, elle a décidé de revenir dans son pays pour ouvrir Bibi Productions, une entreprise de couture qui prône une mode éthique.

Au moment où je la rencontre, son entreprise compte environ 100 000 tisserands, majoritairement des femmes [1]. C'est en partie grâce à elle et sa volonté de donner à ses employées des salaires décents que toute l'industrie textile du pays doit – certes lentement – améliorer les conditions des ouvrières. Elle a remporté de nombreux prix internationaux dont celui d'artiste pour la paix de l'Unesco, en 1999. Le discours qu'elle me tient est édifiant.

— L'industrie textile cause des dommages terribles à l'environnement, et souvent aux personnes qui y travaillent. Il reste tellement de choses à améliorer…

---

1. Voir : https://courier.unesco.org/en/articles/bibi-russell-finding-magic-fingers.

Si je suis très fière de ce que j'ai fait, je sais aussi qu'après moi il faudra encore des années pour que l'ensemble des droits humains soient respectés ici. Mais il ne faut pas non plus oublier ce qu'apporte l'industrie textile. À commencer par une réelle opportunité de développement et d'émancipation pour de très nombreuses femmes de ce pays. Tu m'interroges sur la liberté. Comment veux-tu qu'une femme soit libre si elle n'a aucun salaire et dépend entièrement de son mari, de ses parents ou de ses frères, financièrement parlant ? Quel choix peut-elle avoir ? Le travail n'est pas en soi une liberté, mais le salaire issu de ce travail est une étape indispensable pour la conquérir. Alors, quels que soient les défauts de l'industrie qui est la mienne, ça me semble déjà beaucoup.

» Il y a peu de temps, la fille d'une de mes employées a obtenu son diplôme de médecin. Sa mère a été l'une de mes premières ouvrières et je considère sa fille comme une sorte de nièce. J'ai été transportée de joie en apprenant la nouvelle. Leur mère a vraiment tenu à ce que sa fille aille à l'école et poursuive des études supérieures… Aujourd'hui elle est médecin ! C'est une réussite, nous avons brisé la boucle de la pauvreté. Nous avons prouvé que nos enfants ne sont pas obligés de reproduire ce que nous avons vécu.

19

Kho-kho

Avant de partir à Chittagong, j'avais traîné mes guêtres dans les stades de Dacca car je ne voulais pas quitter le Bangladesh sans avoir filmé une équipe féminine de cricket, le sport le plus pratiqué du pays. J'avais eu la chance de tomber sur l'entraîneur de l'équipe nationale féminine de kho-kho, qui m'avait expliqué que les joueuses de cricket ne s'entraînaient pas durant cette période. Mais il m'avait proposé de me présenter à l'équipe dont il s'occupait. Je n'avais aucune idée de ce qu'était ce sport, ce qui l'avait fait beaucoup rire.

— Comme tous les Occidentaux ! Pourtant c'est sans doute l'un des sports collectifs les plus vieux et les plus populaires dans le continent asiatique, il est originaire d'Inde. Ça t'intéresse ? On reprend l'entraînement dans dix jours. Viens nous voir.

J'avais accepté avec joie. Presque tous les garçons pratiquent ce sport au Bangladesh et la fédération a enfin décidé de permettre aux filles d'atteindre, elles aussi, le plus haut niveau : j'étais curieuse de les rencontrer.

Lorsque j'arrive au stade, situé à l'entrée de la ville, l'équipe est en plein entraînement. Une vingtaine d'adolescentes en jogging courent, sautent, crient et rient. C'est bien la première fois que je vois autant de filles ensemble dehors, qui plus est en tenue de sport. Elles ont l'air de bien s'amuser mais n'en sont pas moins concentrées sur les exercices, dont je ne saisis pas toutes les subtilités. L'entraîneur, Abdul, me fait signe de m'approcher. Il crie quelques instructions avant de m'expliquer rapidement les règles.

— Sur le principe, le kho-kho est très simple. C'est une sorte de jeu du chat : on se court après et, si on est touché, on est éliminé. Il y a deux équipes, une d'attaquantes et une de défenseuses. Les attaquantes forment un mur au milieu du terrain et l'une d'entre elles a le droit de courir après les défenseuses qui doivent tourner autour ou au travers du mur formé.

Il me dit tout cela en faisant de grands gestes pour me montrer ce qui se passe sur le terrain. J'essaie de me repasser mentalement ses indications pour mieux comprendre ce à quoi j'assiste, lorsqu'il ajoute :

— Bon, évidemment, c'est un peu plus compliqué que ça : les règles de ce jeu très stratégique sont nombreuses, mais tu as les bases.

— Elles s'entraînent souvent ?

— Il le faut, car elles vont participer à plusieurs compétitions internationales. Tout ça est encore très nouveau : c'est la première fois que le pays investit vraiment dans une équipe féminine en dehors de celle de cricket. On partait de loin ! Mais maintenant qu'elles sont en internat ici et que je les ai tous les jours, on progresse bien.

— Et par rapport aux hommes, comment est-ce qu'elles se situent ?

— Je suis surpris, en bien : je m'attendais à ce qu'il soit très dur de les entraîner et elles ne se débrouillent pas mal. Pas au point de se battre contre des hommes quand même, mais bon. Il y a aussi leurs problèmes de filles, là, qui font que certains jours, c'est compliqué. Il paraît que c'est normal, alors je ne dis rien. Mais je suis content de voir leurs progrès, c'est tout ce qui compte pour moi. J'aime ce sport, c'est ma passion : plus il y a de personnes qui le pratiquent, mieux c'est.

— Mais les hommes, ils voient ça comment, des filles qui jouent au kho-kho ?

— Ils n'aiment pas le plus souvent. Ils ricanent, disent que ça ne sert à rien, mais ce n'est pas mon affaire. Je ne suis pas là pour changer le monde ni révolutionner les coutumes de mon pays, mais pour aider toute personne qui le désire à faire du sport. Que ce soit le jeune orphelin que j'entraîne le soir ou cette équipe professionnelle féminine, tant que c'est du sport, j'aime ça. Et si ça permet au passage d'améliorer la manière dont les femmes sont traitées, c'est bien.

Les filles terminent leur entraînement et sortent du stade. En voyant ma moto, elles se précipitent en riant. Elles se prennent en photo autour d'elle, osent finalement s'asseoir fièrement au guidon avant de me supplier de faire un tour. Commence alors un manège aux abords du stade pour permettre à chacune de goûter aux joies de mon engin. À la fin, elles me demandent si je peux revenir le lendemain pour m'entraîner avec elles. Je suis aux anges.

Me voilà donc, dès le jour suivant, en train de faire des burpees, des squats et de la course en bottes de moto – mes bagages sont limités – au milieu d'une équipe enthousiaste et heureuse de voir que je m'intéresse vraiment à son sport. Après une bonne heure d'échauffement, les joueuses me proposent de faire une partie avec elles. Nous commençons une courte manche très drôle, de laquelle je me fais très rapidement éliminer. La moto n'est pas le meilleur entraînement pour la course à pied, mais tout le monde, coach compris, est heureux que j'aie essayé. Et cela facilite grandement ensuite ma demande d'interview.

La première à venir vers ma Tiger, près de laquelle j'ai installé ma caméra, est la capitaine de l'équipe, Happy She, qui montre ainsi l'exemple. C'est une solide jeune femme, musclée, aux gestes posés. Elle ressemble à n'importe quelle capitaine d'une équipe nationale de sport. Hors du terrain, il se dégage de toute son attitude une force tranquille. Sa vie entière est consacrée au kho-kho et elle espère devenir coach plus tard. Elle a la chance d'être soutenue par sa famille, ce qui est loin d'être le cas de la plupart des autres joueuses.

Selma, qui vient ensuite, m'avoue que ses parents n'ont pas apprécié du tout de la voir rejoindre l'équipe.

— Au début, j'ai participé aux entraînements en cachette : il aurait été impensable pour ma famille que je prenne cette liberté. Je n'ai osé leur dire que lorsque j'ai intégré l'équipe nationale. J'ai de la chance, nous étions trois de mon école à avoir postulé. Les deux autres sont mariées et ont déjà un enfant. J'ai reçu ma première demande en mariage il y a deux ans, j'avais juste 15 ans. Hors de question pour moi d'accepter, je voulais étudier et jouer au kho-kho.

— Quand tu leur as dit, ça s'est bien passé ?

— Non. Mon père était vert de rage. Sa fille, qu'il comptait marier au plus vite, pratiquant un sport… c'était une honte pour la famille. Mais ici nous sommes nourries, logées, blanchies et on reçoit un petit salaire, plus des primes chaque fois qu'on gagne un match. Je leur envoie. Bien entendu, ça a aidé à apaiser les choses. Mieux que si j'avais un mari, dit-elle en riant.

Le sérieux reprend vite le dessus.

— Mon frère, en revanche, il n'arrive pas à l'accepter. Il continue de me traiter de tous les noms et il me fait peur.

Je regarde son front buté, sa main qui arrache nerveusement l'herbe rase du terrain à mesure qu'elle me raconte sa vie : elle a encore l'allure et les joues rondes d'une enfant, mais sa détermination et son courage sont ceux d'une adulte. Elle reprend sans que je la relance, le regard dans le vague :

— Je sais aussi que ça ne durera pas. Même si, pour le moment, la fierté de me voir en équipe nationale a pris le dessus pour mes parents, leur volonté de me marier reste intacte. Chaque mois, il y a davantage de demandes. Pour le moment, ils m'écoutent encore, mais chaque fois, je dois discuter, argumenter pour les convaincre. Ils me disent qu'il faudra bien que j'épouse quelqu'un, de toute façon, que le sport ne dure qu'un temps. Alors, pourquoi attendre ? Je leur réponds que je n'en suis pas encore là, que je veux vivre mes rêves. Mais je sais que bientôt, on me choisira un mari. Et que je ne pourrai rien contre ça.

Je lui demande doucement :

— Et ce jour-là, tu penses que tu te rebelleras encore ?

— Non. J'accepterai. Ce système est injuste. On oblige les filles à rester à la maison alors que les garçons, eux, peuvent aller et venir comme bon leur semble. Mais c'est mon pays, il est ainsi. Je ferai tout pour refuser un époux qui ne me plaira pas. Et surtout, je peux te le dire, ma future belle-famille et mon mari devront m'accepter comme je suis et respecter mes choix. Je suis une joueuse professionnelle en équipe nationale. J'ai appris à me défendre et affirmer mes positions. C'est comme ça qu'on gagne.

Elle fait une petite pause avant de conclure :

— Il faut quand même l'admettre : dans mon pays, être libre, c'est être un homme.

Selma se lève alors brusquement, comme pour chasser cette pensée, et va chercher une de ses coéquipières pour l'interview suivante.

Presque toutes me racontent la même histoire. Leur lutte pour faire accepter à leur famille ce travail de joueuse professionnelle. Leurs rêves, grands comme leur sport, et la pression sociale qui s'exerce sur elles, la certitude qu'elles seront tout de même mariées un jour par leurs parents, sans pouvoir refuser. Toutes semblent avoir l'impression de bénéficier d'un petit sursis pour jouer au kho-kho, mais qu'il ne durera pas.

Certaines sont là pour gagner l'argent que leur famille n'a pas ou, comme Selma, pour aider sa mère malade, ce qui nécessite de remporter des victoires. Rares sont celles qui, comme Sharmin, nourrissent malgré tout l'espoir d'avoir plus tard un métier et une vie bien à elles.

— Je veux devenir avocate, et lutter contre les injustices, me lance-t-elle fièrement.

Un rêve encore rare dans un pays qui laisse si peu de place aux femmes. Mais, peut-être pour la première fois depuis que j'ai quitté Sylvia, ces joueuses intrépides me montrent que d'autres voies sont possibles, qu'un nombre croissant de femmes se battent pour gagner leur liberté et, par là même, celle de toutes les Bangladaises.

20

Les Sundarbans

Après Dacca et Chittagong, je ressens une envie pressante de nature et de calme. J'ai hâte de découvrir la fameuse mangrove dont, à mon arrivée au Bangladesh, m'avait parlé le douanier. La plus vaste au monde, un trésor écologique unique et fascinant : 140 000 hectares protégés au sud-ouest du pays, dans la réserve forestière des Sundarbans qui longe le nord du golfe du Bengale.

J'ai pris rendez-vous avec Boulas, un ami d'Yves Marre, dans un village à la lisière de cette vaste forêt qui ne ressemble en rien au reste du pays. Il m'accueille chaleureusement, parle très bien anglais et connaît parfaitement cette région où il est né. La quarantaine, le teint très mat, les cheveux épais et drus d'un noir profond, il a une allure tout à fait « dans le vent » avec son jean, son T-shirt à manches longues et ses lunettes aviateur. Il a l'habitude de côtoyer de nombreux bénévoles qui passent par le Bangladesh.

Sans attendre, il me propose de monter à l'arrière de ma moto – ce qui ne manque pas de me surprendre –, pour aller voir ses parents qui vivent dans un hameau au bout d'une piste. Je suis très contente qu'elle soit sèche car les marques profondes au sol et l'irrégularité du chemin m'indiquent sans aucun doute possible qu'elle doit être impraticable une grande partie de l'année. Nous enchaînons plusieurs bacs pour traverser l'eau et les pistes se rétrécissent de plus en plus : davantage une succession de digues qu'un vrai chemin. L'effort que nécessite l'entretien de ces remparts limite leur largeur et le passage n'est possible que pour une seule moto ou une vache. Par chance, nous ne croisons ni l'une ni l'autre ; en revanche, quelques rares marcheurs sont obligés de se serrer contre le bord, les pieds presque dans l'eau, pour nous laisser passer. Ces digues sont parfois bâties à 2 mètres au-dessus des champs ou des étendues d'eau. C'est un vrai labyrinthe, qui relie des hameaux et des rivières.

Quand nous arrivons chez la mère de Boulas, je fais sensation. Chaque habitant du village passe au moins une fois pour voir la motarde française, observer comment se monte la tente que j'installe dans la cour ou jouer avec mon casque ou l'appareil photo. Mais il y a moins de monde ici que lors de mes étapes précédentes, et l'atmosphère est plus calme, plus féminine aussi. Les gens me demandent même la permission de toucher mes affaires ou mes cheveux. Les femmes s'étonnent que je n'aie pas de piercing au nez comme elles et hurlent de rire quand je montre mon nombril percé.

La maison de la mère de Boulas est faite de bois, avec des murs en boue séchée. Le sol est en terre battue et il n'y a pas de vitres aux fenêtres : quelques morceaux de tissu font office de volet ou de murs intérieurs. Quelques poules se baladent, des palmiers et des cocotiers entourent la propriété. La cour est accolée à un petit cours d'eau.

INDONÉSIE

Concours de cerfs-volants à Bali.

Les Lubang Kori, l'équipe de Putu lors du concours de cerfs-volants.

Lydia et ses amies.

Photos © Mélusine Mallender

Architecture minangkabau.

MYANMAR

Avec petite dame chin.

Atelier des feuilles d'or à Mandalay.

Do Tan la potière.

Kissa et sa nièce à Bagan.

Bagan
au petit matin.

BANGLADESH

Dans les rues de Dacca au milieu des tuk-tuk.

Virée avec Sylvia et ses copines.

Photos © Suman Paul-Zennelin

À la Fondation
des survivantes de l'acide
(Acid Survivors Fundation).

En cuisine.

Photos © Suman Paul-Zeppelin

Sur la plage, avec
ma moto tout équipée,
soit presque 50 kilos
de matériel.

© Suman Paul-Zeppelin

Dans une usine de textile de Chittagong.

© Mallender-Zeppelin

L'équipe de Kho Kho.

Bateau lune du Bangladesh.

© Suman Paul-Zeppelin

NÉPAL

En revenant de la vallée du Mustang.

Pogo pendant le concert féministe punk de Sareena.

IRAN

Atefeh et ses amies de l'université.

Behnaz Shafiei me prête sa moto et m'explique comment est le terrain que je vais parcourir.

Les Iraniens sont extrêmement curieux et accueillants.

Dina est très gentille, elle m'a laissée m'installer dans sa cour et m'invite dans sa petite cuisine de 3 mètres carrés. Tout se fait à même le sol ici : le foyer pour la cuisine y est creusé et modelé pour recevoir les casseroles. Elle s'installe devant sur un petit tabouret en bois haut de 20 centimètres à peine et son plan de travail est une épaisse planche posée par terre. Sur le côté, un tas de petites branches et de bouses séchées permet d'alimenter régulièrement le feu. Les femmes passent un temps important à récupérer les excréments des animaux pour les faire sécher sur des bouts de bois ou en les appliquant comme des nans sur les troncs des arbres à leur disposition. Rien ne doit être perdu.

Les épices sont soigneusement conservées dans des sachets en plastique suspendus au mur et, pour chaque repas, la mère de Boulas les pile sur sa planche avec un rouleau en pierre poli par des années de pratique. Des gamelles, des couverts en inox, rien n'est superflu. Le riz cuit pendant qu'elle prépare un curry. Rapidement, les différents parfums se mélangent et embaument l'air. Nous rions beaucoup en cuisinant ensemble.

Boulas est issu d'une famille d'agriculteurs qui cultive notamment des cocotiers. Ils ont pu l'envoyer à l'école où il a appris l'anglais, un atout important pour son travail de guide dans la mangrove, qu'il me promet de me faire visiter le lendemain.

Alors que l'aube se lève à peine, nous partons à la rencontre de ce monde mystérieux, tellement dense qu'il est peu accessible aux humains. La visite se fait presque exclusivement sur de petites barques au cœur d'un labyrinthe de canaux. Très occasionnellement, quelques passages peuvent se faire en marchant.

Toute la forêt a littéralement les pieds dans la boue. Un « marécage » assez uniforme qui peut, de prime abord, manquer d'intérêt, et procure une sensation de danger permanent, mais dont je découvre l'utilité avec mon guide. Sans ces milliers d'arbres qui semblent montés sur pilotis avec leurs dizaines de racines qui maintiennent leur tronc hors de l'eau, le pays ne serait déjà plus qu'une zone inondée. C'est ici que tout se joue, que les eaux sont retenues, qu'une biodiversité incroyable se développe. En prenant le temps de comprendre le lien complexe qui se noue, dans ce lieu unique, entre la mer salée et l'eau douce des rivières, on ne peut que s'émerveiller.

La mangrove, sanctuaire de biodiversité, permet de lutter contre l'érosion, prévient les crues, agit comme un rempart naturel face aux tornades et purifie l'eau en absorbant les polluants. On peut y trouver de nombreuses espèces endémiques, de la microscopique crevette au tigre des Sundarbans qui se cache au cœur des zones les plus inaccessibles. Je suis partagée entre l'envie d'en observer un et la peur de le rencontrer.

Tout paraît immense et clos. Mais j'aime immédiatement cet endroit, ces arbres qui semblent jaillir de la mer pour aller tutoyer les cieux. Les branches qui bougent signalent le passage d'un animal que l'on ne parvient que rarement à distinguer. J'apprécie surtout le calme apaisé de ce monde loin de la foule et des routes bondées. Dès que le moteur du bateau s'éteint, on entend le chant des oiseaux, les bruissements des insectes qui y vivent. La nature est ici encore presque vierge, mais tellement fragile. Protéger ce territoire – notamment de la déforestation – n'est pas toujours évident, face aux besoins d'un pays surpeuplé qui souffre au quotidien des intempéries. Comment leur expliquer à ces hommes et femmes que la forêt doit impérativement rester vierge ?

Mais Boulas, et toutes les personnes des villages alentour, se battent sans relâche pour préserver un écosystème qui protège les terres et dont la beauté est émouvante. Ils y parviennent en partie pour le moment, heureusement, et je profite pleinement de cet univers grâce à Boulas, qui est un guide parfait.

Pour lui, pas de doute, la liberté se trouve dans les méandres de ces rivières. Tant qu'il pourra évoluer dans la mangrove sans contrainte et défendre ce territoire, il se sentira libre. Et je le comprends pleinement.

21
Dacca

Je reste là quelques jours, loin du bruit des hommes, chaleureusement reçue par la famille de Boulas et en vérité par tout le village. J'aurais eu plaisir à m'attarder encore mais le temps reste un maître implacable, même lorsqu'on voyage sur les traces de la liberté.

Il est l'heure pour moi de quitter le Bangladesh. Depuis les Sundarbans, je reprends la route vers le nord et je repasse une dernière fois par Dacca, dans le but d'y faire une ultime rencontre, organisée par mon ami photographe Imu.

J'ai rendez-vous à la Fondation des survivantes de l'acide (Acid Survivors Fundation), une association qui accueille et soutient les femmes victimes d'attaques à l'acide. Ces agressions atroces sont très loin d'appartenir au passé dans ce pays même si, à l'époque de mon voyage, elles commencent à refluer : un peu moins de 80 en 2014, contre plus de 1 000 par an quelques années plus tôt. Elles coûtent la vie à certaines femmes quand d'autres restent lourdement handicapées ou défigurées.

Selena, la directrice de la fondation, ne fait pas partie des victimes, mais a dédié sa vie à cette cause.

Il se dégage d'elle à la fois une grande douceur et une fermeté sans faille. Elle lutte bec et ongles pour que ce centre puisse bénéficier de budgets permettant d'offrir aux victimes un toit et la protection dont elles ont besoin.

Aïcha a été attaquée par son oncle maternel en 2000, après avoir refusé sa main, alors qu'elle était encore mineure. Son visage, pourtant bien cicatrisé, porte les stigmates indélébiles de l'acide.

— J'ai passé des mois à l'hôpital dans un état horrible, incapable de parler. Mais je n'ai jamais hésité : dès que j'ai pu, j'ai porté plainte, me dit-elle.

— Et ta famille t'a soutenue ?

Un sourire triste tend ses cicatrices.

— À sa manière, disons. Alors que j'étais encore alitée, ma famille est venue me trouver avec le maire du village pour m'annoncer qu'ils avaient trouvé une solution satisfaisante pour tous : je devais épouser mon oncle… J'ai refusé, une nouvelle fois. Mon père m'a laissé entendre que mes frères et sœurs pourraient souffrir de ma décision, que tout le monde se retrouverait isolé du reste de la communauté. Alors j'ai fait le choix de m'en aller, de quitter définitivement les miens. Il m'a fallu avancer seule, ajoute-t-elle après une courte pause. Je me suis sentie abandonnée, mais j'avais besoin de vérité, tu comprends ? J'ai maintenu ma plainte et mon oncle a été condamné, en 2009, à la prison à perpétuité. Cela a été un immense soulagement.

Aïcha est allée au bout de sa démarche, mais sa vie a été réduite en miettes. Elle est défigurée et les siens lui ont tourné le dos. Au centre, cependant, elle a trouvé un refuge et un soutien, ce qui lui a redonné du courage. Elle a appris, surtout, un métier qui lui a donné la possibilité d'être autonome : elle s'est initiée à la couture et fabrique maintenant des sous-vêtements couleur chair pour protéger les peaux brûlées des femmes agressées et parfois camoufler les mutilations. Sa reconstruction psychologique lui a permis, bien des années plus tard, d'épouser un homme dont elle s'était éprise.

— Depuis la mort de mon beau-père, mon mari a changé. Il est devenu volage. Je lui ai dit qu'il pouvait avoir autant de maîtresses qu'il voulait : c'est normal, après tout, qu'il désire une femme plus belle. Je lui demande simplement de rentrer le soir, pour les enfants. Ma belle-mère me défend, elle rappelle son fils à ses obligations. Mais sur ce sujet, je n'aurai jamais gain de cause, c'est comme ça : le problème vient de moi.

Aïcha se met à pleurer, et j'essaie de la consoler comme je peux. Selena, qui assiste à l'échange, lui prend la main à son tour. Personne ne peut se remettre complètement d'une telle violence, me dit-elle : l'acide vole aux victimes une partie de leur être.

— Aïcha est une survivante et une battante, ajoute Selena. Il faut changer le regard de tous sur les femmes attaquées. Remplacer le mépris par l'indignation et l'empathie. Rendre l'acte odieux, et non plus anecdotique. Parce qu'il est le fruit d'un système dans lequel, quoi qu'il se passe, les femmes seront toujours les coupables. C'est « de leur faute » si elles se font agresser, mutiler ou pire. Toute notre lutte cherche à faire changer cette image.

Je sors de ce rendez-vous le ventre noué et le cœur en bataille. J'ai envie de pleurer. Je suis bouleversée par ces violences gratuites autant que par le courage de Selena et d'Aïcha, par leur manière de faire valoir ce qui leur semble juste. Je pense à leur douceur un peu mélancolique, à leurs sourires valeureux. Le

Bangladesh force à l'humilité : pour ne pas se désoler de tout, il faut s'accrocher aux lueurs d'espoir, où qu'elles soient. Aux dernières paroles de Selena par exemple :

— La liberté, c'est un impératif, c'est un droit : je ne dois être la victime de personne, de la même manière que je ne dois pas blesser les autres. Je dois pouvoir m'exprimer, rire, sourire, parler, aimer. Vivre ma vie comme je l'entends. Et lutter pour cela, finalement, il n'y a rien de plus beau.

Shafik

Je suis à peine remontée sur ma moto que je reçois un message lapidaire de Sylvia avec qui je continue de communiquer régulièrement : « Va à cette adresse, urgent, très important, itw TV. » Je ne suis pas sûre que j'aurais obéi à cette injonction venant de quelqu'un d'autre, mais je sais que Sylvia ne cherche qu'à m'aider dans mon voyage.

Une heure plus tard, j'entre dans un studio de télévision où j'ai à peine le temps de dire « ouf » que, sans avoir été ni maquillée ni informée, je me retrouve sur un plateau télé en face d'un très vieil homme qui débute une interview en anglais sur mon voyage et ma condition de femme. Aucune malice ni attaque dans ses questions : une vraie gentillesse et le désir de comprendre ma démarche. À la fin de l'interview, il me tend une rose en me disant :

— Merci d'avoir participé à *Lal Golap*.

Les caméras coupées, un technicien me reprend la rose, nous sortons du plateau et le vieux présentateur m'invite à le suivre, toujours avec verve, dans son bureau. Je reçois alors un autre SMS de Sylvia : « Alors, ça t'a fait quoi d'être interviewée par LE Shafik Rehman, qui a aussi reçu Tom Cruise ? »

Je continue de ne pas tout comprendre. Mais alors que je l'attends dans son bureau pendant qu'il se démaquille, le producteur de l'émission me dit avec enthousiasme :

— Ton histoire est fabuleuse. Ça fait du bien d'entendre ce genre de choses ici. Dès qu'il a lu l'article de journal qui parlait de toi et du groupe WIMA, Shafik a contacté sa présidente Sylvia pour qu'elle te fasse venir ici. Il était tellement content. La liberté est un sujet fondamental pour lui.

Je me permets de lui demander :

— Mais c'est qui, ce présentateur ?

Devant la surprise du producteur, j'ai l'impression d'avoir demandé qui était le pape. Il s'offusque presque :

— Tu ne sais pas qui est Shafik Rehman ? Alors ça…

Puis il se reprend et m'explique, avec une évidente admiration dans la voix :

— Il a été l'un des journalistes les plus connus du pays en ayant créé le seul journal qui osait critiquer le gouvernement et dénoncer les injustices. Il a été plusieurs fois arrêté et a aidé à libérer le Bangladesh. Pour cela, il a même dû partir en exil à Londres pendant des années avant de pouvoir revenir dans son pays. Il a présenté plusieurs émissions télé en exil et a interviewé les plus grands de ce monde. Mais il ne voulait pas lâcher son pays. Alors, malgré les dangers, il est revenu. Et aujourd'hui, même à 80 ans, il continue de se battre pour les droits de toutes et tous, la liberté et l'amour. Il a même réussi à imposer la création de la journée de l'amour le 14 février. Pas la Saint-Valentin proprement dite : célébrer la passion à la mode occidentale serait sans doute mal passé. Mais une journée de toutes les formes d'amour : pour ses parents, ses enfants, ses amis. Aimer peut sembler la chose la plus naturelle du monde, mais savoir bien aimer n'a rien d'une évidence… Lui veut croire que la douceur est possible ici autant que la paix. Alors il a monté cette émission, *Lal Golap*, qui veut dire « rose », pour parler d'amour et de liberté.

Il baisse la voix et me dit sur le ton de la confidence :

— Ma femme et moi, par exemple, nous avons fait un mariage d'amour.

Je n'ai pas le temps de répondre que Shafik Rehman entre et, avec une pétillance et une jeunesse d'esprit étonnantes pour son âge, me dit qu'il a adoré cette interview et serait ravi de m'inviter à déjeuner chez lui pour poursuivre la discussion. Il me fait signe de le suivre et quitte le studio comme une tornade.

Sur le trajet, nous faisons une halte à l'hôpital où sa femme Taleya Rehman est suivie pour une maladie grave, mais elle semble aussi joyeuse que son mari. Créatrice de Democracy Watch, une grande ONG du pays, elle partage les mêmes convictions que Shafik et a autant d'énergie que lui pour les mettre en œuvre. À ce stade de mon voyage, après plusieurs semaines dans le pays, je suis trop fatiguée pour me rendre compte que je suis face à deux personnes extraordinaires, qui parviennent à voir le beau et à s'en émerveiller. Ils semblent dispenser de la lumière dans un cadre malheureusement trop souvent sombre.

Je suis tellement exténuée que je me souviens à peine de la soirée que j'ai passée avec ce vieil homme, à parler de liberté, de voyage et de bonheur. Je me rappelle en revanche qu'elle m'a fait un bien fou et certaines de ses paroles me sont restées en mémoire : chacun fait ce qu'il peut et de son mieux, à son échelle, selon les bagages qu'il a reçus. Condamner les situations, condamner les gens ne sert à rien. Se fâcher non plus. Pleurer, pas davantage. Il faut agir le plus possible et célébrer le courage, la pugnacité, l'inventivité de celles et ceux qui luttent. Et se souvenir que, collectivement, on peut changer les choses.

Ce soir-là, devant mon air épuisé et mes traits tirés, il m'offre une chambre pour que je puisse passer la nuit au calme avant de quitter le pays et poursuivre mon voyage. Je ne sais pas ce qu'il est devenu depuis, mais je suis sûre qu'il a poursuivi sa lutte, tant elle lui était chevillée au corps. L'image qu'il m'a donnée de ce pays m'accompagne aujourd'hui encore.

Cricket

Je prends la direction de la frontière de Banglabandha, tout au nord du pays, sur des routes toujours aussi mauvaises, aussi encombrées, qui m'obligent à rouler avec une lenteur parfois exaspérante.

Mais le hasard fait souvent bien les choses. Cette même lenteur me contraint à faire des stops réguliers dans de petits restaurants qui jalonnent presque continuellement le bord des routes. À Dinajpur, ville proche de la frontière, je suis en train de manger face à des dizaines de personnes qui me regardent en commentant bruyamment mes gestes, lorsqu'une jeune adolescente en tenue de sport et casquette se plante devant ma table, tout excitée. Lydia. Elle se rendait à son entraînement de cricket lorsqu'elle a vu la foule et ma moto. On lui a dit qu'elle était conduite par une femme.

— Je ne pouvais pas y croire, il fallait que je voie ça. C'est vraiment génial ! Il faut absolument que tu viennes avec moi. J'ai mon équipe féminine de cricket qui s'entraîne, pas très loin.

— Maintenant ?

— Oui, tout de suite. Je suis déjà en retard.

Et la voilà qui me saisit par le bras et m'embarque dans son sillage, fendant sans sourciller la foule masculine amassée autour de nous. Les regards réprobateurs lui importent peu, en tout cas, elle fait mine de les ignorer. Quelques minutes plus tard, je conduis Lydia, fièrement assise à l'arrière de ma moto. Moi qui n'avais pas réussi à voir un entraînement de cricket, voilà qu'il me tombe dessus.

Sur un immense terrain vague, plusieurs équipes s'échauffent, dont celle de Lydia. À notre arrivée, les autres joueuses, aussi excitées que leur capitaine, m'invitent à les rejoindre sur le terrain. Le jeu est vif, enjoué, énergique et une foule commence à s'amasser pour nous regarder – ainsi que la moto. Mais les joueuses poursuivent leur partie avec audace, comme si de rien n'était, probablement habituées.

Après l'entraînement, nous rejoignons une salle qui fait office de vestiaire mais qui ne permet aucune intimité – autant dire que les joueuses ne se changent pas là. Nous discutons quelques instants, et rapidement une foule s'agglutine autour du bâtiment pour nous regarder. J'ai l'impression de vivre un film de zombies – en moins hostile et plus joyeux, mais un peu inquiétant quand même –, avec ces dizaines de personnes collées aux fenêtres, qui se poussent les unes les autres. Finalement, Lydia fait fermer les volets et les portes à clef. Et les filles se détendent. De la musique se fait entendre et l'atmosphère devient festive.

Alors qu'il n'y a pas d'endroit pour se retrouver, de bancs publics, de place dans les maisons, ce lieu fermé nous permet soudain de nous retrouver entre nous et de laisser libre cours à nos envies. Nous nous mettons à danser et les joueuses rient de bon cœur. Pour ma part, je n'arrive pas totalement à oublier les personnes qui continuent de s'agglutiner dehors, qui cherchent à forcer la porte, ouvrir les volets, comme si le film d'épouvante se poursuivait. C'est surréaliste. Notre fête improvisée ne dure pas très longtemps : la nuit va bientôt tomber et il est impensable pour ces femmes d'être dans la rue à ce moment-là. Mais sortir de la maisonnette semble compliqué, étant donné la foule qui l'encercle.

La police arrive sur ces entrefaites, intriguée par tout ce monde : elle disperse les curieux gentiment mais fermement. Puis les agents me proposent, pour ma sécurité, de venir passer la nuit dans une maison de fonction de la police. Je sens bien que refuser n'est pas vraiment une option. Heureusement, Lydia m'accompagne – sans que je comprenne bien si elle le demande ou si on le lui impose. Elle garde toute sa verve et semble heureuse de rester avec moi. La maison est agréable mais, dès que nous sommes à l'intérieur, le policier sort et je l'entends fermer la porte à clef ! Nous voici séquestrées pour la nuit. Pour notre sécurité, selon eux. Cela m'oppresse. Toutes les fenêtres ont des barreaux et la négociation est impossible.

Je m'efforce tant bien que mal d'oublier les scénarios catastrophes qui me viennent en tête. Que se passerait-il si un incendie se déclarait ? Il en faut plus pour démonter Lydia qui reste toujours pleine d'entrain et semble accepter d'assez bonne grâce cette situation… Nous passons donc la soirée sous les verrous, à jouer ensemble, en grignotant ce que nos geôliers nous apportent à manger… sans oublier de refermer soigneusement la porte à clef derrière eux.

Ce n'est pas la première fois que cela m'arrive au Bangladesh, mais cela me stresse toujours autant. J'ai déjà été enfermée dans un hôtel où la police m'a apporté à manger et un petit bouquet de fleurs fatiguées pour s'excuser de cette réclusion forcée tout en ignorant souverainement mes protestations. Et régulièrement, les hôteliers me recommandent fermement de ne pas sortir. J'ai beau expliquer que j'ai besoin de dîner, le personnel propose alors de me faire livrer un plateau-repas. Il est tout de même assez courant, dans ce pays, d'enfermer les gens « pour leur bien ».

Le lendemain, au lever du jour, le verrou s'ouvre et la police m'autorise à repartir. Lydia, après une chaleureuse accolade, me fait ses adieux :

— Je ne pense pas que je te reverrai un jour, mais savoir qu'une femme peut vivre sa liberté comme tu le fais nous donne espoir.

Deux heures plus tard, je sors de ce pays, peut-être l'un des plus durs que j'aie traversés. Un pays trop petit pour une telle population, un pays trop exposé aux catastrophes climatiques. Un pays qui m'a littéralement épuisée, avec ces réclusions forcées, sa circulation presque impossible, cette foule en permanence autour de moi.

Alors que je tourne mon guidon en direction du Népal, je sens un poids quitter mes épaules.

QUATRIÈME PARTIE

NÉPAL

22
Apaisement

Entre la pointe nord-ouest du Bangladesh et la pointe sud-est du Népal, il n'y a guère qu'une journée de route – la traversée d'un tout petit bout du territoire indien où chaque panneau évoque une destination qui me fait rêver. Darjeeling, le pays du thé un peu plus au nord, Yuksoon au pied du Kanchenjunga, ou encore Katmandou, la capitale : tous ces noms résonnaient déjà dans mon imaginaire d'adolescente et le Népal peut-être plus encore que les autres. Découvrir ce pays est peut-être la raison initiale qui m'a poussée à voyager. Cela fait dix ans que je regarde la carte du monde en me disant : « Un jour, j'irai. » J'ai emprunté le *Guide du routard* à la bibliothèque assez tôt, mais je n'étais jamais allée jusqu'à prendre un billet.

Aujourd'hui, j'y suis. La seule vue de la frontière de Kakarbhitta, avec le mot *Népal* écrit sur son porche, me remplit de joie. J'ai prévu de traverser le pays d'est en ouest, de faire halte dans la capitale Katmandou puis à Pokhara, porte d'entrée des Annapurnas et de la vallée du Mustang. L'allégresse m'étreint au moment de franchir la frontière et de rouler mes premiers mètres en contrée népalaise.

Je m'arrête peu après dans une petite ville tout en pente pour m'offrir une pause près d'un marchand de *momos* ambulant : des raviolis cuits à la vapeur qui deviendront très vite mon plat favori. À peine assise, je souris béatement en regardant les premiers drapeaux à prière multicolores qui flottent sous une légère brise devant les maisons ou à la pointe d'une petite stupa. Mais ce n'est qu'au moment où j'enfourne la dernière bouchée que je comprends vraiment d'où vient l'apaisement que je ressens : je suis seule. Le vendeur est à quelques mètres et, en dehors des échanges de circonstance, il m'a laissée manger tranquillement.

Personne ne s'est assis à ma table sans me demander mon avis. Pas de foule empressée devant moi où chacun pousse l'autre pour mieux voir. J'ai le temps de manger, de me perdre dans mes rêves, d'admirer la rue sans que soit commenté bruyamment chacun de mes gestes. C'est la première fois depuis plus de quatre semaines que je prends un repas au calme et que je n'ai pas l'impression d'être surveillée. Je me sens tout à coup légère et libre, et je respire. Les gens que je croise sont accueillants et chaleureux mais d'une grande délicatesse et d'une grande discrétion. La rue appartient ici aussi bien aux femmes qu'aux hommes, apparemment, et en voir marcher, discuter, commercer me fait du bien. Tout cela m'avait manqué.

Je me sens néanmoins fatiguée et je réalise combien l'omniprésence de la foule bangladaise autour de moi a été épuisante. J'ai besoin de reprendre haleine, de rouler en sentant l'air sur mon visage. J'ai besoin de vide. J'ai besoin d'horizon et de grand vent. J'ai besoin d'espace à moi, d'indifférence, de silence et de solitude. J'ai besoin de nature, aussi, après ces longues semaines passées, pour l'essentiel, dans l'humidité poisseuse des villes du Bangladesh. C'est physique, c'est dévorant, c'est impérieux.

Au loin, vers le nord, j'aperçois les sommets enneigés qui ont fait la réputation de ce pays. Même si je sais que mon voyage ici ne sera pas synonyme de treks et d'ascensions, je me réjouis d'aller tutoyer les pentes.

Pour le moment, je traverse le Teraï sur des routes cabossées et des chemins terreux. Contrairement au nord du Népal où se trouve le « toit du monde » avec ses hautes montagnes de 7 000 et 8 000 mètres d'altitude, ou au centre du pays où des champs en terrasses s'étagent sur les contreforts montagneux, le Sud, où je me trouve, est à basse altitude. Il est parsemé de forêts subtropicales et de prairies marécageuses où vivent des éléphants et des tigres, où l'air est chaud et humide. Un paysage coloré qui me redonne un véritable plaisir à rouler.

Binita

Après avoir mis presque toute une journée à parcourir une petite centaine de kilomètres, je fais un arrêt à Inaruwa, le chef-lieu du district de Sunsari, pour acheter quelques provisions en perspective d'une nuit de camping dans la forêt. L'idée de planter ma tente en pleine nature – ce qui m'a tant manqué au Bangladesh – me paraît possible ici et me ravit particulièrement. Alors que je suis en train de remplir un sac de quelques provisions, je suis interpellée sans façon par une jeune femme en train d'essayer des lunettes de soleil :

— Eh, dis-moi, tu en penses quoi ? Tu préfères celles-ci ou celles-là ?

Elle change deux fois de lunettes en me lançant des regards interrogateurs comme si nous étions deux vieilles copines en train de faire les magasins. Amusée, je lui désigne une paire avec des strass sur la monture, et elle s'exclame :

— J'en étais sûre, en plus, elles vont super bien avec ces sandales, me dit-elle en me montrant les chaussures qu'elle porte, strassées elles aussi et encore dotées de leurs étiquettes. On a les mêmes goûts, toi et moi, c'est super. Comment tu t'appelles ? Tu viens d'où ?

Après un regard circulaire dans les allées du magasin – où il n'y a que nous – et un coup d'œil à ma tenue, elle fait une pause avant de reprendre :

— Tu ne vas pas me dire que c'est toi qui conduis la moto dehors ?

Ma réponse positive la fait rire.

— J'étais venue chercher une batterie de cuisine, mais elles sont bien trop chères. Ces lunettes aussi, même si elles sont géniales. Viens, on va boire un truc.

Quelques minutes plus tard, nous sommes assises à l'une des deux tables d'un petit café devant des sodas, le plus simplement du monde, comme de vieilles connaissances.

Binita doit avoir 25 ans. Elle a un beau visage fin, de grands yeux en amande maquillés avec soin, de lourds cheveux noirs, un sourire un peu fatigué mais très doux. Elle porte une chemise à carreaux blancs et noirs genre bûcheron canadien et un jean slim. Elle vit à quelques kilomètres de là, dans un petit village, travaille pour une ONG et assiste l'institutrice à l'école locale. Lorsque je lui demande si elle a toujours vécu ici, son visage s'assombrit.

— Non. C'est depuis le tremblement de terre.

Elle reste quelques instants silencieuse.

En avril 2015, un an avant que je ne commence ce périple, le pays a subi un tremblement de terre de magnitude 7,9, à 77 kilomètres au nord-ouest de Katmandou. L'un des plus violents de son histoire, suivi de nombreuses répliques dont plusieurs ont dépassé une magnitude de 7. Le séisme a fait plus de 9 000 morts et plus de 23 000 blessés, et des centaines de milliers de personnes ont été déplacées : tout le Népal a été affecté par ces journées de cauchemar. Le tremblement de terre a intégralement rasé de nombreux villages, en particulier dans la haute province du Langtang, et a détruit des pans entiers de plusieurs villes, dont Katmandou où les maisons n'ont jamais été conçues selon des normes sismiques. Le pays se relève tout juste du désastre et les stigmates de la catastrophe sont visibles partout.

Le séisme n'a pas seulement changé la physionomie de ce territoire, mais aussi les vies de millions de Népalais. Après un temps de silence, Binita reprend :

— J'habitais Katmandou avec mes parents et nous avons tout perdu : notre maison, notre travail. Mon père a été blessé et nous avons erré pendant près de quatre mois dans les décombres, sans toit, comme des centaines d'autres rescapés. Il y avait tellement de souffrance partout. Et comme toujours, le gouvernement n'a rien fait. Rien.

En 2015, le Népal est une toute jeune démocratie parlementaire : la monarchie a été abolie en 2008 à la suite de plusieurs soulèvements des populations pauvres, soutenues par des fonds étrangers. Mais les élections n'ont pas changé le fond du problème. Le régime est pris dans des affrontements sans fin entre partis maoïste et marxiste-léniniste, les uns et les autres glanant tour à tour le soutien de populations peu éduquées et extrêmement précaires. La corruption est partout. Plusieurs assemblées constituantes se sont succédé sans qu'un accord de gouvernement durable puisse être trouvé et, très régulièrement, de forts mouvements de grève paralysent le pays. À cela s'ajoutent les pressions de l'Inde et de la Chine, les deux mastodontes voisins qui prennent le Népal en étau et semblent décidés à en exploiter les ressources naturelles sans que la population en retire quelque avantage que ce soit. Le résultat est que les Népalais sont plus que jamais livrés à eux-mêmes, et que les autorités peinent à gérer les situations de catastrophe.

Binita me sort de mes pensées :

— Au bout d'un moment, j'ai cessé de m'apitoyer sur moi-même et j'ai voulu trouver un nouveau sens à ma vie. J'ai aidé les autres. Pas seulement par bonté d'âme, hein. J'en avais besoin pour me sortir de cette impression que plus rien n'avait de sens, que plus rien n'était utile. Je me suis engagée parmi les bénévoles qui venaient au secours des blessés.

— Tu savais comment faire ?

— Pas du tout. Mais j'ai appris. Très vite. J'ai participé à toutes les formations, j'ai occupé toutes les fonctions pour me roder. J'ai commencé à identifier où étaient les besoins les plus importants. Et j'ai vite compris que ce qui manquait le plus, c'était l'école pour les enfants, pour qu'ils ne subissent pas, en plus de toutes les pertes, une hypothèque encore plus grande sur leur vie future. Alors je me suis rapprochée d'une ONG qui aide à la scolarisation – parce que franchement, si on compte sur le gouvernement pour l'éducation, personne ne saura jamais lire – et je suis devenue assistante institutrice. Je me retrouve donc ici, dans ce coin paumé.

— Tu y es venue tout de suite ?

— Oui, j'ai pris le premier poste que m'a proposé l'ONG. Pas question de faire la fine bouche. Et je ne regrette rien. Il y avait tellement à faire dans ce secteur, avec des enfants déscolarisés par les grèves, par la difficulté d'atteindre l'école ou par les soucis familiaux. J'ai été immédiatement adoptée par le village, je m'y sens chez moi.

— Mais tu n'avais pas d'expérience d'enseignement avant cela ?

— Non. Mes employeurs m'ont un peu formée et le reste, c'est du bon sens. Je me suis fixé pour mission de redonner aux élèves le sourire et le goût d'apprendre. Il faut leur insuffler une nouvelle vision, une foi en eux et en l'avenir. Alors je fais des jeux, je les fais beaucoup participer, c'est assez détendu. Il faut que tu viennes voir !

— Avec plaisir ! Mais tes parents ? Ils ont accepté ton départ facilement ?

Une ombre passe sur le visage de Binita. Le Népal reste un pays très traditionnel et les filles n'ont pas souvent le pouvoir de décision. En général, on reste proche de sa famille et partir loin n'a rien de facile. Ses frères, sœurs et belles-sœurs ont respecté cette tradition, me dit-elle.

— Moi, pour être honnête, j'ai toujours aspiré à l'indépendance. Et le tremblement de terre m'a définitivement décidée à ne pas vivre « en cage », même si ça doit me coûter. Je suis prête à me battre pour être libre et le séisme a été une chance amère. C'était une tragédie mais il m'a donné la force de vivre selon mes désirs : quand on endure un tel drame, on sait qu'il ne faut pas attendre pour réaliser ses rêves. Ici, en donnant des cours, je suis enfin à ma place.

Les yeux de Binita se perdent un peu dans le vide, puis elle secoue la tête comme pour en chasser ses pensées et me sourit.

— Tu sais, demain il y a un concours de danse à l'école. Ce serait bien que tu viennes, les filles seront tellement contentes de te voir. Tu logeras avec moi. Il faut y aller, il se fait tard et il y a un bout de marche.

Je lui propose de l'emmener sur ma moto mais elle n'est jamais montée sur un deux-roues, m'avoue-t-elle en riant. Elle n'a jamais vu un engin comme le mien, ce qui ne me surprend pas tellement, mais elle n'est même jamais montée sur un vélo. Elle en a envie, pourtant : avoir une bicyclette l'aiderait considérablement dans les multiples trajets qu'elle doit faire pour aller donner ses cours. Alors nous faisons un deal : je l'emmène sur ma moto, elle me montre son village et son école, et moi je resterai ici le temps qu'il faut pour lui apprendre à faire du vélo. Une pause qui me fera du bien avant de reprendre la route.

Me voilà donc installée pour quelques jours chez Binita. Dès le lendemain, nous visitons son école. Une salle rudimentaire où quelques bancs et tables constituent le seul mobilier. Aucune armoire, aucun livre, quelques craies qui permettent d'écrire sur un tableau improvisé de planches. Les gamins font parfois deux heures de marche pour venir le matin et repartir le soir, mais ils ont l'air parfaitement heureux d'être là. Binita a manifestement noué un lien très fort avec eux, et la classe semble aussi joyeuse que studieuse. Comme me l'avait annoncé ma nouvelle amie, la matinée se termine par un petit concours où les jeunes filles de la classe dansent chacune leur tour sur des musiques de leur choix. Binita me dit fièrement :

— J'ai répété avec elles. Ce n'est pas grand-chose, mais ces quelques minutes où elles dansent comme ça, où elles sont admirées et applaudies, réveillent parfois en elles l'envie d'oser, d'entreprendre des choses pour elles-mêmes.

— Mais ce n'est que pour les filles ?

— Ces danses, oui. Les garçons ont besoin d'être soutenus aussi, bien sûr, et des activités sont prévues pour eux, mais les filles ont davantage de difficultés. Dans des situations compliquées comme celle du tremblement de terre, par exemple, les gens s'occupent moins d'elles que des garçons. On sauve les hommes d'abord, et on voit pour les filles ensuite. Dans mon pays, une femme doit se battre au quotidien pour exister. Alors ces moments d'émancipation par la danse sont importants pour les aider à prendre confiance en elles.

En fin de journée, une fois l'école terminée, nous entamons le premier cours de vélo, avec l'une des bicyclettes de l'ONG. Et notre rythme s'installe pour les trois jours à venir. Classe le matin, discussions variées et cours de bicyclette. Je m'étonne toujours de voir combien une routine quotidienne peut être prompte à se recréer : en moins de quarante-huit heures, j'ai mes repères et mes petites habitudes et je salue les unes et les autres comme une habitante.

Les progrès de Binita sont rapides. Elle ne veut rien lâcher. Elle s'élance, tombe, se relève, recommence, encore et encore, jusqu'à réussir à garder l'équilibre et donner ses premiers coups de pédale toute seule. Elle pousse un cri de joie lorsqu'elle parvient à faire le tour de la cour d'école sans poser le pied à terre. La voir réussir sur cette distance me remplit de joie même si cela signe la fin de ma mission. Il est temps, dès le lendemain, de reprendre ma route.

J'ai le cœur serré et les larmes aux yeux. Après tant d'années d'expéditions et de rencontres, je devrais avoir le cuir un peu plus épais mais les « au revoir » me coûtent toujours autant, et plus encore lorsque, comme avec Binita, nous avons vécu quelque chose de fort. J'ai l'impression de laisser derrière moi une véritable amie. Les paroles qu'elle m'a glissées lors de notre étreinte du départ résonnent encore en moi : « Tu sais, tu es la première personne qui m'offre ainsi un petit bout de liberté. »

23
Festival rock

Prochaine étape : Katmandou. Après avoir quitté Binita, je roule deux jours sans me presser vers l'ouest, d'abord dans le Teraï, puis en tirant vers le nord et les plateaux du centre en direction de la capitale, nichée dans une vallée au cœur du pays.

À mon arrivée, je prends à peine le temps de déposer mes affaires dans un petit lodge de Thamel, le quartier touristique de la ville. Je suis invitée par Joe, un motard népalais de mon réseau Facebook, qui tient un garage de moto à l'AS Moto, un festival de bikers.

Il m'accueille à bras ouverts, comme une collègue de longue date. Il est terriblement heureux que ma moto soit présente au festival et il lui réserve une belle place. Passionné de voyage, il espère ainsi susciter des vocations. Il avait prévu de venir en France lorsque le séisme s'est produit : il a annulé son voyage pour, lui aussi, tenter d'aider les siens. Il me colle une bière dans la main et m'entraîne dans son sillage pour me présenter à tout le monde. Des bécanes de toutes tailles viennent se garer dans des grondements de moteur, on leur tourne autour pour les admirer. Tous les codes « classiques » du festival de motards sont respectés : des scènes rock, des tireuses à bière, des grillades, des blousons en cuir, des tatoueurs, des stands de sérigraphie, de T-shirts et même un barbier. Différentes activités sont proposées comme des tours de moto, des ateliers de mécanique ou des jeux type trampoline ou *slackline* pour les enfants : tout est calibré pour une classe sociale plutôt aisée, un peu hipster, parlant un anglais très correct et rêvant de lointains horizons…

Près de la slackline, je rencontre Sareena, une femme tonique, mince, les cheveux au carré en partie rasés sur le côté, le visage très doux et lumineux. Habillée tout en noir, elle est accompagnée de son fils adoptif, un petit garçon de 8 ans qui s'amuse sur la sangle. Joe me présente Sareena comme la créatrice d'un groupe de punk métal féministe, le seul du pays.

Je suis enthousiaste, épatée et surtout très excitée : j'ai entendu parler d'elle quand j'effectuais les recherches préparatoires à mon périple sans avoir vraiment pu trouver un lien pour la rencontrer… Le voyage nous mène toujours au-delà de nos espérances ! Nous échangeons très facilement : elle est aussi impressionnée par mes expéditions que je le suis par son activité. Mais l'endroit n'est pas idéal pour discuter et elle doit ramener son fils à la maison. Elle m'invite à la retrouver dans sa salle de concert en centre-ville quelques jours plus tard, le 8 mars – journée internationale du droit des femmes. Je suis aux anges.

Myriam

Joe va à la rencontre de quelques amis, et je me pose enfin un moment dans un espace où sont disposées des tables communes. Fatiguée par la route, je rêvasse, regardant un tatoueur dessiner un motif tribal sur l'épaule d'un jeune homme à la moustache en guidon de vélo, lorsque je suis interpellée par une femme assise à la même table que moi. Dans la quarantaine, Myriam a une vraie dégaine de bikeuse : jean moulant, bottes de cuir, cheveux au carré et une bière à la main. Mais aussi un look un peu pin-up avec son maquillage très prononcé et ses mains manucurées avec soin.

Elle me demande, en désignant du menton ma moto :

— C'est la tienne ? C'est toi la Française qui fait le voyage à moto ?

— Oui, c'est moi !

— Waouh, tu es comme Angelina Jolie dans *Salt*[1].

— Et toi, elle est où la tienne ?

Elle rit.

— Ah non, je n'ai jamais conduit ! Mon mari ne voudrait pas, c'est trop dangereux. Mais je suis une excellente passagère.

— Tu ne voudrais pas essayer ?

— Si, peut-être un jour, quand les enfants seront grands. En vrai, tout ça, c'est la passion de mon mari. Je l'aide : il tient à Katmandou un magasin de deux-roues. Moi ça ne m'intéresse pas tant que ça.

Elle hausse les épaules avec un sourire, un brin fataliste.

— Tu aurais désiré faire quoi ?

— J'aurais adoré être maquilleuse professionnelle, une artiste du maquillage, me confie-t-elle. Mais je donne un coup de main à mon mari pour bichonner

1. Film de Phillip Noyce de 2010.

des deux-roues, c'est comme ça. C'est ce que font les femmes, non ? Aider les hommes à accomplir leurs rêves. On ne vit pas pour soi-même, on vit pour les autres. Parfois pour ses enfants, parfois pour ses parents, parfois pour son époux.

Myriam dit cela toujours en riant, d'un rire un peu triste, résigné.

C'est un fait, une réalité dont il faut prendre conscience : la femme est trop souvent éduquée pour prendre soin des autres. On finirait presque par se convaincre qu'il y a là un talent inné, une propension liée à notre capacité à porter des enfants.

Je reprends une gorgée de bière : ça ne guérit de rien, mais c'est rafraîchissant.

Je suis rejointe à Katmandou par Christian le lendemain : après son passage au Myanmar, il m'a proposé de me retrouver à nouveau au Népal pour traverser ensemble la vallée du Mustang et m'aider à en rapporter de belles images. Il est déjà venu plusieurs fois au Népal, dont il a fait le tour à pied. Il est ravi d'y revenir avec moi et je suis heureuse de le revoir après l'étape difficile du Bangladesh, de passer un peu de temps avec lui.

Nous en profitons pour visiter la capitale, qui a été très abîmée par le tremblement de terre : des dizaines de bâtiments historiques se sont effondrés et même les splendides temples millénaires du célèbre Durbar Square ont souffert. Heureusement, de nombreux sites sont encore debout et nous nous perdons avec bonheur dans les petites rues de la ville. Nous nous goinfrons de délicieux nans et de *dal bath*[1], l'un des plats typiques… mais nous passons aussi beaucoup de

1. Riz et lentilles.

temps à rechercher de l'essence pour la suite de notre voyage.

C'est que le carburant se fait rare ; juste avant mon arrivée, le Népal a commencé à subir un très lourd embargo de l'Inde qui a cessé de fournir certains médicaments et brutalement coupé l'approvisionnement en essence et en gaz. Son but est d'imposer à son tout petit frère des règles de commerce plus sévères et surtout plus favorables à son égard qu'à la Chine. Ce qui occasionne des files d'attente de trois, quatre voire huit heures devant les pompes, sans que les clients soient jamais sûrs de repartir avec le plein.

Certains revendent l'essence au marché noir, retournant à la station-service autant de fois que possible dans une même journée. Le litre peut atteindre les 10 dollars et je serai confrontée tout au long de ma route à cette difficulté d'approvisionnement. Ce qui va être pour moi une simple complication de voyage, éprouvante mais très provisoire, est pour les Népalais une source d'inquiétude quotidienne qui met parfois leur vie en péril.

Sareena

Le lendemain, nous retrouvons Sareena qui nous a finalement donné rendez-vous en début d'après-midi dans un club d'escalade en face de sa salle de concert. Elle termine son entraînement lorsque nous la rejoignons. Dans la salle ne se trouvent pratiquement que des femmes.

— C'est génial, non ? Les gérants ont réservé la salle aux femmes pour le 8 mars, histoire de leur donner envie de grimper. C'est ma nouvelle passion, la grimpe.

J'ai toujours pensé que le sport et l'activité physique étaient un super levier d'émancipation pour les femmes. Et l'escalade est vraiment un sport idéal pour ça.

Le ton est donné. Sareena n'est pas seulement une musicienne reconnue, elle est également l'une des chantres du droit des femmes dans un pays où il est encore loin d'être assez considéré. Une notion qui a guidé toute sa vie.

— Je trouve ça fabuleux de voir toutes ces femmes qui osent pratiquer l'escalade. On habite un pays de montagnes et pourtant trop peu d'entre nous peuvent accéder à un sport comme celui-là.

— Ce n'est pas habituel que les femmes fassent du sport ?

— C'est tout simplement inhabituel que des femmes fassent quelque chose d'elles-mêmes, dans ce pays !

— Qu'est-ce que tu veux dire ?

— Les femmes ici n'ont pas de véritables droits ! Elles sont liées à la vie des hommes dès leur naissance : une petite fille ne peut être reconnue comme citoyenne que si un homme la reconnaît – qu'il soit son père, son oncle ou son grand-père. Sans cela, elle n'est rien. Tu dois respecter ce principe si tu ne veux pas être rejetée par la société. Tu ne t'appartiens pas vraiment. Ça m'a toujours révulsée.

— J'ai l'impression que toi, tu fais ce que tu veux, non ?

— Ça a tout été sauf facile. Il a fallu que je renie en partie ma famille pour ça.

— Parce qu'ils voulaient autre chose pour toi ?

— Tu veux dire qu'ils auraient préféré autre chose qu'une musicienne punk qui refuse d'obéir aveuglément à son père qui veut la marier ? Oui, je crois qu'ils auraient aimé une fille plus dans les standards du Népal. Mais, depuis toujours, je suis profondément révoltée par l'injustice. Celle que subissent les femmes est sans doute l'une des plus grandes de toutes. Alors oui, c'est ma lutte. À travers toutes mes activités et ma musique notamment. Pourquoi crois-tu que je fais du punk métal ?

En regardant Sareena, un peu timide dans ses gestes, prononçant d'une voix douce des paroles mesurées, pratiquant l'escalade et prête à tout quitter pour aller soutenir des populations dans les vallées reculées du pays, je peine à entrevoir la chanteuse punk, à l'imaginer en train de beugler dans un micro et de haranguer les foules sur scène. Quand je le lui dis, elle rit de bon cœur avant de reprendre :

— Tu verras ce soir. Cette musique, cette forme de violence verbale, c'est une expression de ma lutte, de ma colère. C'est par les textes et le mouvement punk que j'ai réussi le mieux à l'exprimer. Mais je suis fondamentalement contre la violence. Je veux juste donner plus d'outils aux femmes pour se défendre. C'est un cri contre l'injustice. Là, sur scène, je peux hurler ma rage. Et le faire à l'unisson de mon groupe et d'un public qui ressent la même chose que moi, ça fait un bien fou, ça me booste pour tout le reste. Enfin, j'essaie quand même d'avoir des paroles intelligibles et sensées, dit-elle en clignant de l'œil.

Sareena est passionnée et mène chacune de ses actions avec la même conviction, sans concession. Pour aider les filles à s'émanciper, elle est allée donner des cours de self-défense dans les écoles des vallées, elle prête main-forte aux sportives du Népal pour qu'elles deviennent professionnelles... et bien d'autres choses encore sont à mettre à son actif. Elle a aussi adopté seule un enfant orphelin et elle tient à ce qu'il maintienne ses liens avec l'orphelinat où il a grandi.

Tout en se bagarrant sans cesse pour ce en quoi elle croit, Sareena ne se départit jamais d'une profonde tendresse et fait preuve d'une merveilleuse écoute que je ressens dans toutes nos discussions. Nous abordons ainsi, tout l'après-midi, de nombreux sujets touchant à la liberté et l'émancipation féminine : elle me parle par exemple de ces femmes qui ne peuvent pas entrer dans le logement familial lorsqu'elles ont leurs règles et doivent dormir dans l'étable ; elle m'explique comment, pour une femme népalaise, la liberté peut venir se nicher dans de toutes petites choses, dans le trois fois rien de la vie quotidienne, dans des ambitions que l'on aurait tort de tenir pour quantité négligeable : le choix d'une couleur de vernis à ongles, le parcours d'une promenade, une visite à sa famille.

Mais Sareena me rappelle aussi que la liberté de chacun dépend, plus prosaïquement, de son passeport. Elle et moi n'avons pas la même faculté de voyager, de partir à l'étranger, de bâtir éventuellement ailleurs une autre vie. Les pays où un Népalais peut entrer sans visa ou avec des visas obtenus sans restriction se résument à onze contre par exemple cent cinquante et un pour un Français[1]. Je mesure une fois de plus la chance que j'ai d'être née européenne.

Concert

Le soir, j'assiste au concert du 8 mars. Plusieurs groupes punk proches de Sareena se succèdent sur

1. Selon visa index.com, chiffres de 2024.

scène, criant des paroles que je ne comprends pas, mais que le public, nombreux et composé largement de jeunes femmes, semble apprécier. Ça pogote sec. On bouge, on se pousse, on crie, mais avec une étonnante bienveillance. Lorsque Sareena monte sur scène, la foule hurle de plaisir. Je peine à la reconnaître tant une grande puissance émane d'elle. Lorsqu'elle se met à chanter, dans un mélange de cris et de phrases gutturales en népalais, les personnes autour de moi paraissent entrer en transe. Une jeune fille à côté de moi avec qui j'ai déjà échangé quelques mots en anglais me crie dans l'oreille :

— Elle parle des femmes, du besoin de croire en nous, de mener nos vies, de ne plus nous laisser dicter notre conduite. Je l'adore tellement.

À côté, une petite femme d'une vingtaine d'années au visage déterminé acquiesce. Nous parlons un peu, aidés par ma traductrice improvisée qui finit par me dire :

— Cette soirée est incroyable : il y a mon idole sur scène et je suis en train de parler avec deux stars. Je n'en reviens pas.

Devant mon étonnement, elle me précise :

— Ben toi, tu es LA baroudeuse dont tout le monde parle ici et Mira Rai, me dit-elle en désignant la jeune femme qui saute au rythme de la musique, elle est championne du monde de skyrunning[1]. C'est juste fou.

Impressionnée, je serre la main de Mira Rai en lui demandant sans grand espoir si elle accepterait une interview, ce qu'elle fait aussitôt avec une gentillesse désarmante. Elle me propose de la retrouver à

1. Le skyrunning est une course à pied extrême en montagne à une altitude supérieure à 2 000 mètres, avec une pente supérieure à 30 %.

l'arrivée d'une course à laquelle elle doit participer quelques jours plus tard… Maintenant, c'est moi qui suis euphorique.

La musique s'arrête soudainement. La salle se fige tandis que Sareena s'approche du bord de la scène, micro en main. Les musiciens commencent à jouer une mélodie d'une incroyable douceur et elle se met à slammer en anglais ; la musique nous enveloppe et nous pénètre par tous les pores de la peau. Elle me regarde pendant qu'elle déclame ces mots sur la liberté dont les femmes doivent trouver le chemin, sur la volonté dont elles doivent faire preuve pour trouver la force de dire non à un monde qui les maintient plus bas que terre. Ici, au Népal – comme d'ailleurs dans bien d'autres pays –, la liberté des femmes passe d'abord par leur faculté à dire non.

Je sais déjà que je n'oublierai jamais Sareena et sa puissance tranquille. Lorsque nous nous serrons dans les bras pour nous dire au revoir, nous savons que nous ne nous reverrons peut-être jamais, perdues dans nos quêtes de liberté, mais que, sans aucun doute, nous avons chacune gagné une sœur de cœur.

Mira Rai

Deux jours plus tard, je me rends avec Christian dans les collines du nord de la capitale, qui nous dépaysent en un instant. Nous sommes encore dans les rues de la ville que déjà quelques rizières apparaissent çà et là, sur le bord de la route, puis laissent place à des cultures en terrasses lorsque la pente des collines s'accentue. Nous arrivons dans un petit village où l'effervescence est à son comble. Une banderole marque la ligne d'arrivée et tous les spectateurs attendent les premiers concurrents, partis quelques heures plus tôt pour une course de montagne d'une trentaine de kilomètres. Soudain, la foule s'agite, et nous voyons Mira Rai débouler avec une foulée incroyable et franchir la ligne d'arrivée comme si elle venait de courir un seul petit kilomètre, un sourire jusqu'aux oreilles. Le concurrent suivant, un homme, arrive plusieurs minutes après. Nous assistons à la remise des médailles avant que Mira Rai ne vienne vers nous, détendue.

— C'est une petite course de démonstration à laquelle j'ai accepté de participer, mais ça fait un bon entraînement. Dis, maintenant, je peux monter sur ta moto ? J'en ai trop envie.

Et nous voilà parties pour un tour de moto dont la jeune sportive profite pleinement, les bras écartés, parfois debout sur les cale-pieds et riant beaucoup. Elle est légère, mais je dois me concentrer pour ne pas me faire surprendre par ses mouvements. Comment lui demander de rester tranquille alors que son rire me raconte combien elle est heureuse ? Christian nous suit sur le scooter d'un des amis de Mira, en essayant de filmer comme il peut. Arrivés près de chez elle, nous nous installons à l'ombre pour discuter.

— Combien de temps est-ce que tu t'es entraînée avant de gagner ta première course ?

Elle éclate de rire :

— Je ne me suis pas vraiment entraînée à courir de longues distances.

Ma surprise la fait rire de plus belle – Mira rit et sourit beaucoup :

— J'ai grandi dans une région très pauvre, au nord-est du pays. Et comme toutes les filles, je n'étais pas considérée. On m'a fait arrêter l'école à 12 ans, ce qui est déjà pas mal pour une fille, et comme ma famille n'avait pas d'argent, j'ai immédiatement travaillé. Jusqu'à 15 ans, j'ai transporté des charges, jusqu'à quinze heures par jour, que je livrais sur des marchés.

— Avec quel poids ?

— Les sacs de riz font 28 kilos par exemple.

Devant ma tête ahurie, elle rit encore.

— J'adorais ça, en réalité ! Ce n'est sans doute pas le cas de beaucoup de jeunes, mais j'aimais vraiment marcher dans la nature et porter ces charges. Je me sentais bien. La seule chose dont j'étais sûre, c'est que je ne voulais pas vivre la vie d'une fille, bloquée dans une maison à m'occuper d'un mari. Je n'ai jamais travaillé à l'intérieur d'une pièce. J'aime trop être dehors. Et comme je m'en sortais bien, on ne me disait rien et je pouvais m'organiser comme je voulais. Je me sentais libre. Mais je voyais bien aussi qu'il y avait plein d'injustices, de gens sur les marchés qui en exploitaient d'autres et tous les hommes qui considéraient les femmes comme leurs servantes. Je ne supportais pas ça.

— Que faisais-tu alors ?

— Rien, je repartais marcher au plus vite. Ça m'énervait, mais que voulais-tu que je fasse ? Ma vie a un peu changé lorsque la guerre civile a éclaté dans le pays entre l'armée et des rebelles maoïstes qui prônaient le communisme pour plus d'égalité. Ils enrôlaient tout le monde, y compris les enfants, en promettant deux repas par jour et beaucoup d'activité physique. Je n'ai pas hésité. J'ai posé mon sac de riz et je suis partie avec eux. Et je me suis retrouvée dans la jungle.

— Tu as aimé cette période ?

— Ben la guerre, non, je n'aime pas. Mais j'ai expérimenté un mode de vie que je n'avais jamais connu au Népal. Chez les rebelles, les deux sexes étaient traités de la même manière. Durement, mais sans différence. J'ai pu m'épanouir. Je devais suivre les ordres, je m'occupais de la sécurité des camps, mais on faisait du sport, on était en équipe, on s'entraidait. C'était super. C'est là que j'ai découvert la course à pied et que j'ai réalisé que j'étais à la fois douée pour cela et que j'aimais réellement ça : courir. Je n'ai jamais vu de vrai combat finalement. Mais lorsque la paix a été signée en 2006, la rébellion s'est dissoute. Et comme j'étais encore mineure et que j'avais fait partie des troupes maoïstes, je n'ai pas eu le droit d'intégrer l'armée régulière, qui de toute façon n'aime pas les femmes. Alors j'ai erré et je suis arrivée à Katmandou. Je ne savais pas quoi y faire, mais je devais m'en sortir toute seule. Ça a été très, très dur. Je n'avais pas d'argent. Un jour, j'ai vu qu'une course était organisée, un ultramarathon de 50 kilomètres dans la vallée de Katmandou. Alors je me suis inscrite. Je n'avais ni à boire ni à manger et juste ma vieille paire de chaussures. Je n'avais jamais couru une telle distance. Et il y a eu une terrible tempête durant la course. C'était complètement fou.

— Et tu es arrivée au bout ?

— Oui, me dit-elle le sourire aux lèvres et avec une sorte de modestie gênée, je l'ai gagnée !

J'ai l'impression de ressentir à ce moment-là ce qu'elle a dû éprouver lors de cette course, peut-être quelque chose du même ordre que le besoin impérieux qui m'a poussée à mon premier départ avec Poupy, ma 125 cm^3, sans préparation, sans matériel adéquat, sans vraiment savoir où j'allais.

— Je me suis sentie tellement bien pendant ce marathon. C'est devenu une évidence. J'étais faite pour courir. Juste courir. Et j'adorais ça. À l'arrivée, l'organisateur était tellement impressionné qu'il m'a proposé de m'aider. Il est depuis devenu mon agent. Je me suis mise à m'entraîner. Le matin. L'après-midi. Le soir. Courir partout. Je n'avais toujours pas d'argent. Mais courir, je peux le faire pieds nus s'il le faut. Et ne pas avoir assez à manger ou à boire, j'ai l'habitude. On m'a aidée financièrement pour aller participer à mes premières courses. J'ai pu me rendre en Italie, faire la Stella Ronda de 57 kilomètres, puis Hong Kong.

— C'était ton baptême des courses pros ? Ça s'est bien passé ?

— Je pense. Je les ai gagnées toutes les deux. Mais lorsque j'ai gagné le championnat d'Asie d'ultraskymarathon en février 2015 [1], des sponsors ont commencé à me contacter, plus seulement pour me donner une paire de chaussures, mais pour me payer. Me payer pour courir, tu te rends compte ! Les gens ne me regardent plus comme avant. Dans mon village, je ne peux plus sortir sans être félicitée. Quand je n'étais « qu'une » femme, on ne me regardait pas, maintenant, je suis leur idole. Mais pour moi, rien n'a changé. Je ne cours pas pour eux, même pas pour l'argent. Je cours parce que, sur ces chemins de quelques mètres de large seulement – des arêtes de montagnes, même –, je me sens pleine de joie, je me sens libre. Libre d'être moi. C'est important la joie !

Elle rit tout le temps, j'ai rarement vu quelqu'un qui dégage autant de joie.

1. Le 7 février 2015, un mois avant que je ne la rencontre.

— Puis, je suis ensuite partie concourir pour mon plus gros défi, poursuit Mira, l'ultramarathon du Mont-Blanc de 80 kilomètres. Le tremblement de terre venait d'avoir lieu. C'était terrible. Le pire moment de ma vie. Il fallait que je représente le Népal. Il y avait les meilleurs coureurs du monde entier. Je n'avais jamais couru sur cette distance. Je ne savais pas si j'étais vraiment prête mais il le fallait bien.

— J'ose à peine te demander : tu l'as gagné, non ?

— Oui, me dit-elle en rougissant. Et, la même année, je suis devenue championne du monde de skyrunning. Là, c'est le monde entier qui a commencé à me connaître. C'est intimidant, tu sais. Dans ma tête, je porte toujours des sacs de riz pour les marchés, mais pour tout le monde maintenant, je suis la star du trail. C'est un autre type de charge à porter !

— Tu le vis bien ?

— Oui. Quand je doute, je reviens ici, dans ces forêts, et je cours. Alors tout va bien. Mais je sens que je suis devenue un exemple pour les femmes de mon pays, que j'ai un rôle à jouer. Je veux en profiter. Aider les filles à croire en elles. Aujourd'hui, je suis encore la seule coureuse du Népal. Je dois faire bouger les lignes. Créer quelque chose qui puisse permettre aux jeunes femmes de prendre leur envol, comme j'ai pu le faire[1].

Mira accepte de courir un bout de chemin avec nous pour que nous puissions la filmer. J'admire sa foulée, la facilité avec laquelle elle semble planer au-dessus du sol, mais je comprends aussi que ce n'est pas sa

1. L'année suivante, elle va créer le programme Exchange and Empower (« Échanger et responsabiliser ») pour permettre aux jeunes femmes d'accéder à une formation sportive en même temps qu'à un enseignement et un travail.

force physique qui lui a fait gagner des courses, même si elle est hors du commun : c'est son regard. Ce regard qui semble se projeter au-delà de l'horizon vers une liberté sans limite. Elle doit voir la ligne d'arrivée des courses avant même d'avoir pris le départ ! Elle a su se défaire de son carcan de fille népalaise privée de droits pour construire une liberté féroce, qui irradie de sa personne. Ses derniers mots, prononcés cette fois sans rire, ni même sourire, résonnent en moi :

— Je ne crois pas pouvoir être vraiment libre moi-même si les autres ne le sont pas. Si toutes les femmes ne sont pas libres[1].

1. Concernant Mira Rai, voir : « Mira Rai : Courir après le bonheur » épisode 3 de la saison 2 de la série *The Way of the Wildcard*, de Jono Stevens et Jonny Madderson, RedBull, 2020.

24

Mustang

Après un peu plus de deux semaines au Népal, j'ai envie d'une pause dans les montagnes. Ces sommets qui font la réputation du pays et que je n'ai vus que de loin. Très récemment, une piste carrossable a été ouverte dans la vallée de l'Annapurna, entre Pokhara et la région du Haut Mustang. Une véritable aubaine pour nous qui voulons y aller à moto ! Nous en louons une pour Christian : ce sera plus facile pour lui de filmer et de prendre des photos qu'en étant passager derrière moi. Nous trouvons une petite Bajaj 125 cm^3 qui devrait suffire. Étant donné sa taille comparée à ma Tiger, nous la baptisons Sancho Pança, en référence au compagnon court sur pattes de Don Quichotte, pourfendeur de moulins à vent.

Nous quittons Katmandou et, après un passage par Pokhara d'où partent les expéditions vers l'Annapurna, nous prenons la direction du Mustang, vers le nord.

Tatopani

Après quelques kilomètres de bitume, la route se transforme en piste de plus en plus étroite, longeant une vaste vallée avec des fermes et des champs en terrasses. Le chemin est à peine carrossable mais encore relativement plat. Alors qu'il s'enfonce dans une forêt, la pente s'accentue de plus en plus, jusqu'à devenir assez raide. Avec nos motos, nous sautons de caillou en caillou sur un terrain glissant, où la moindre erreur est rapidement sanctionnée. Les pierres et les virages sont nombreux et souvent traîtres, et la piste est parfois à peine plus large que ma Tiger équipée de ses deux caisses.

À chaque tournant, souvent obligée d'accélérer pour passer les obstacles, j'ai peur de voir débouler un véhicule face à moi. Bien que ce chemin soit très récent et plutôt impraticable, il est déjà utilisé par quelques minibus qui transportent les habitants des villages de montagne.

Je suis extrêmement concentrée mais fascinée par la beauté des sommets que j'aperçois régulièrement entre les arbres, et toute à la joie de les découvrir enfin. Je parviens même à rigoler en regardant Christian sur sa petite Sancho Pança qui semble bondir maladroitement entre les pierres.

Lors des pauses, nous entendons le doux murmure de la rivière Khali Gabdaki, en contrebas, qui va nous accompagner tout le long du chemin. Nous avons prévu de faire une halte au col, au village de Tatopani, et les derniers kilomètres pour y parvenir sont particulièrement ardus. La piste, un peu humide, est très glissante et je dois user de toutes les ficelles de la formation hors-piste que j'ai effectuée avant de partir – en prévision de ce genre de conditions de pilotage. Il nous faut près de sept heures d'une conduite particulièrement intense avant de voir se dessiner le village, première étape de cette virée. Je sors de cette journée à la fois lessivée et fière de moi. Je me réjouis par avance de la suite qui ne sera plus dans la forêt et qui promet des paysages incroyables. L'état de la route, probablement aussi périlleuse, m'inquiète cependant un peu.

Deux motos Royal Enfield sans bagages sont déjà garées devant le lodge que nous choisissons. Un homme d'une soixantaine d'années et son guide népalais, qui viennent de faire la même route que nous, sont attablés devant une bière. Le touriste semble exténué et nous dit immédiatement que la montée était vraiment très dure. Il en parle comme d'un exploit qu'il a réalisé avec panache, mais difficilement. Il voit alors ma moto chargée de tout son équipement et semble vraiment surpris. Il se tourne vers Christian :

— Tu es monté avec cet énorme engin lourdement chargé ? Chapeau, ce n'est pas donné à tout le monde.

Christian lui coupe alors la parole et, me désignant du doigt, le détrompe :

— Ah non, moi je conduis la petite Bajaj. C'est Mélusine qui pilote la Tiger. Elle fait la traversée de l'Asie avec.

L'homme me jette un regard étonné. Puis se met à rigoler.

— Oui, bien sûr, elle est bien bonne. C'est clair que ce n'est pas elle qui aurait pu monter jusqu'ici avec cette moto. Quand je vois déjà la difficulté que j'ai eue, moi, dans les passages caillouteux, avec une

500 pas chargée, je ne vois pas comment une femme aurait eu la force de les négocier avec ce mastodonte. Allez, bravo à toi, je vous offre une bière !

Je suis déstabilisée et vexée. Christian, gentiment énervé, répond à l'homme qu'il n'a sans doute pas la même expérience que moi et que je suis bien la pilote de la Tiger. Décontenancé, un peu contrarié peut-être qu'une femme ait pu monter ici à moto, ce qui dévaloriserait pour lui son exploit, il me dit :

— Ah OK, peut-être ouais, c'est surprenant. Tu es tombée combien de fois ?

Je n'ai même pas envie de répondre. Je suis fatiguée et j'ai déjà trop entendu ce type de réflexions qui m'agacent de plus en plus, comme ce journaliste qui m'avait carrément demandé si je ne mentais pas quand je prétendais avoir fait ma première expédition seule ou comme certains motards qui semblent trouver leur route moins belle parce qu'une femme est aussi capable de l'emprunter. Ce n'est heureusement pas le cas de tous, loin de là, mais ils sont encore nombreux à penser qu'une moto demande un vrai mâle au guidon pour aller loin. Je laisse Christian lui répliquer :

— Non, aucune chute. *A priori*, une moto, c'est fait pour rester dessus.

Nos bagages déchargés, nous nous accordons à notre tour une pause méritée dans le jardin en écoutant le doux chant de la rivière et le bruissement des arbres, jusqu'à ce que notre « ami » revienne à la charge :

— OK bon, c'est dingue que vous soyez arrivés jusque-là. Mais faites gaffe à la descente, c'est encore plus dur. On sera là, si jamais vous avez un problème. On repart demain.

— Pas nous, lui réponds-je tranquillement. On va monter jusqu'à Kakbeni, la frontière du Haut Mustang.

Il manque de s'étrangler avec sa gorgée de bière.

— Quoi ? Mais c'est n'importe quoi. C'est beaucoup trop dangereux. Après le village, la piste n'est pas vraiment finie. On est allés voir à pied avec Shandi, c'est impraticable. J'avais prévu d'aller plus loin mais j'ai finalement pris la décision de redescendre. Si nous, on ne passe pas avec nos motos plus légères, tu t'imagines, toi, avec ta moto surchargée ?

C'est certain que cette route me fait peur : sa difficulté est connue et je sais que la montée en altitude diminue un peu les compétences de concentration. Cependant, je connais cette peur depuis mes premiers tours de roue, elle m'a accompagnée pendant mes expéditions et je sais la gérer. Lui vient tout juste d'arriver de France en avion pour s'offrir une escapade dans le Mustang. Il n'a pas l'air de réaliser que je viens, moi, d'avaler 10 000 kilomètres depuis Jakarta. Et il s'obstine à me parler comme un expert le ferait à sa stagiaire débutante. J'arrive à lui répondre avec calme :

— Oui, ça a l'air difficile. Mais on va aller voir et on décidera.

— Tu sais, c'est pour ton bien que je te dis ça. C'est courir un danger inutile. Moi ça fait trente ans que je fais de la moto et j'ai décidé de ne pas y aller, c'est te dire ! Il faudrait un vrai pilote pour passer, genre Dakar. Enfin, c'est vous qui voyez. Mais franchement, vous n'avez aucune chance, vous risquez juste de vous blesser.

Exténués par la route et n'ayant pas envie de poursuivre cette conversation, nous allons nous coucher.

L'essentiel est d'être assez reposés pour rouler le matin suivant.

Le lendemain, alors que nous chargeons les motos pour repartir, je me sens tout de même anxieuse. Je suis encore épuisée et, si je ne savais pas à quoi m'attendre hier, je le sais aujourd'hui. J'ai du mal à m'imaginer rouler encore huit heures sur une piste encore plus difficile. Le motard arrive avec son guide dans le jardin pour le petit-déjeuner et son regard en dit long, même s'il ne fait pas de commentaire : il me prend pour une folle. J'enfourche ma moto avec un air de défi et prends avec Christian la direction des montagnes.

La piste tient toutes ses promesses. Si elle doit un jour devenir une vraie route, elle n'est pour le moment qu'une trace qui monte dans la forêt, rien de plus. Je peine dès les premières difficultés, qui ne sont pourtant pas encore aussi complexes que la veille. J'ai l'impression que je ne sais pas où placer ma roue, j'ose à peine mettre les gaz et le poids de mes bagages à l'arrière me déséquilibre plus que de raison. C'est irrationnel, stupide, mais les paroles du motard de Tatopani me restent dans la tête. Je ne suis peut-être pas faite pour ce type de piste ? Je devrais rester à ma place sur des routes bien goudronnées ? Je sais bien qu'il n'a fait que répéter des on-dit car il ne le connaît pas, ce trajet ! Mais je ne retrouve plus le plaisir de la veille et conduis avec une boule au ventre. J'hésite trop souvent lorsque des roches me barrent la route et bien sûr, je finis par faire une chute stupide sur un passage pourtant plutôt facile.

Je suis exténuée, pas de doute. Par la route de la veille, mais pas seulement. Par les mois précédents surtout, la solitude, la peur refoulée. L'angoisse ressurgit, incontrôlable. Il est naturel et très utile d'avoir peur face à un danger. Mais ce que je ressens là est asphyxiant, douloureux. Je ne me sens plus maîtresse de rien, j'ai un sentiment d'extrême fragilité : j'ai complètement perdu confiance en moi. Seule, je serais sans doute parvenue à prendre sur moi. Mais là, la porte de sortie est toute trouvée : je demande à Christian de conduire ma moto, et moi je prends Sancho Pança, plus légère, plus facile à piloter sur ces chemins.

Il accepte sans rien dire, pour quelques kilomètres. Et puis, alors que la piste s'aplatit et s'élargit un peu, il s'arrête et descend de ma Tiger. Nous nous asseyons quelques instants et il me propose d'en reprendre le guidon. C'est important : c'est mon aventure, mon projet et surtout je sais piloter dans ces conditions. J'hésite un peu. Est-ce que redescendre n'est pas plus raisonnable ? Il me décrit alors les paysages qui nous attendent. Il les connaît bien pour les avoir traversés lors de son tour du Népal à pied. Il me promet des vues époustouflantes et termine en disant :

— Je te propose de monter jusqu'au prochain village, Marpha. C'est un village contre une colline d'où l'on voit toutes les montagnes et c'est aussi le royaume des pommes qu'ils font sécher au soleil. Il y a plein de pommiers. Au moins, tu auras vu cela. Et après, si tu veux, on redescendra. Par contre, tu dois y aller en pilotant ta moto, sinon tu le regretteras toujours.

Il a raison. Ça ne m'arrange pas de l'admettre sur le moment, car la fatigue et la peur me donnent envie d'arrêter là, mais je remonte en selle. Heureusement, la piste est un peu plate et moins difficile sur quelques kilomètres : je reprends confiance en moi. Puis les difficultés, virages caillouteux, passages de gués reprennent de plus belle. À chaque endroit compliqué, Christian m'attend pour me soutenir moralement. Il ne filme pas pour ne pas me mettre de pression supplémentaire.

Et j'avance. Je serre les dents et je convoque l'image de David Frétigné, mon instructeur, avec ses leçons et ses cris d'encouragement. Après ma virée sur les routes du continent africain où je me suis fait peur un certain nombre de fois, j'ai pris des cours de hors-piste avec cet ancien pilote du Dakar. Avec lui, j'ai fait deux jours d'exercices intenses : rouler dans le sable, grimper sur d'étroites planches de bois, etc. Plusieurs techniques que j'aurais aimé connaître lors de mes précédentes expéditions, dont certains passages n'avaient rien à envier à cette piste de montagne. Une des grandes leçons que j'ai retenues, c'est que plus on est lourd, plus on doit aller vite pour passer un obstacle. Si on a la trouille, on a tendance à freiner, bloquer les roues et c'est la chute assurée.

Pendant toute cette ascension, je crois l'entendre hurler à mes côtés comme il l'a fait pendant ma formation : « Allez, vas-y, ne lâche rien ! Mets les gaz, accélère. Accélère, je te dis ! »

Nous sortons de la forêt. La vallée s'évase et soudain s'étale devant nous, sous le soleil, un cirque majestueux dominé par des géants de 8 000 mètres. Nous nous arrêtons à la vue de ces splendeurs. J'ai encore le cœur battant. Je ne parviens pas à les apprécier totalement mais Christian avait raison : le spectacle en vaut la peine. Nous sommes entrés de plain-pied dans la fameuse vallée du Mustang.

Mais Marpha est encore loin. Il faut franchir de nombreux gués avec l'eau à mi-roues, sur des cailloux instables, puis parcourir un long chemin sur le plateau. Nous convenons, pour éviter l'épuisement, d'alterner la conduite sur l'une et l'autre moto et, toujours concentrés sur la route et peu réceptifs à la beauté du paysage, nous parvenons finalement au coucher du soleil au village de Marpha. Ses maisons de terre accrochées aux contreforts de la montagne en font un endroit magique et apaisant.

Nous décidons d'y rester deux jours pour profiter d'un moment où il n'est plus question ni de rouler ni d'entendre des histoires de liberté empêchée, où il n'y a que la nature autour de nous. Nous marchons dans les rues, nous mangeons des pommes, nous dormons dans le froid d'une chambre sans chauffage mais d'un calme absolu.

Le second jour, Christian ressort la caméra. Nous montons sur les hauteurs, d'où nous surplombons le village et les champs de pommiers en contrebas. Des milliers de drapeaux à prière flottent doucement dans le vent. Au loin scintillent les sommets enneigés. L'image est idyllique. Mais alors que Christian appuie sur « enregistrement » et me pose la première question : « Comment vas-tu ? », je craque complètement. Je laisse couler toutes les larmes de mon corps. Je déborde de pleurs contenus, de tristesse, d'épuisement moral que je ne peux jamais m'autoriser à exprimer face aux femmes qui se confient à moi et exposent leur vie, bien plus difficile que la mienne. Mais ici, loin de tout, dans ce monde serein, avec Christian qui est là pour me soutenir, je lâche prise.

Je me rends compte que je suis à bout. Je n'étais pas armée pour accueillir tout ce que j'ai entendu, tout ce dont j'ai été témoin au Bangladesh, au Myanmar, même en Indonésie, et, quelque part, pendant toutes ces années de voyage. Dans ce décor imposant, si beau, si vide, je réalise brutalement à quel point j'ai manqué d'espace et de temps pour moi, à quel point j'ai oublié de m'écouter et de suivre mon propre rythme.

Mes expéditions ne sont pas des vacances ou des balades. Ce sont des quêtes qui m'absorbent. Parfois un peu trop. Avide de comprendre, avide de rencontrer, de connaître les histoires des unes et des autres, j'ai omis de prendre du recul, de prendre du temps. Et soudain, j'ai l'impression que chaque mot, chaque souffrance, me tombe dessus. Je comprends aussi mieux ma chute, ma soudaine incapacité à piloter ma moto.

Dans les pays que je viens de traverser, la domination masculine est permanente et évidente, alors voir toutes ces femmes constamment rabaissées psychologiquement est très dur à vivre. Même chez nous, en Occident, où cette domination n'existe plus officiellement, le système reste fortement teinté de ces différences genrées. Ne serait-ce que dans nos métiers, nos salaires et dans cette idée qui perdure d'une incompétence féminine pour les métiers techniques ou physiques. À force de l'entendre, on finit par l'assimiler. Une femme qui fait de la moto ? Qui part en expédition ? Allons donc, il faut qu'un homme prenne le guidon, comme je l'ai si souvent entendu.

Alors on crée des digues, pour ne pas se laisser emprisonner par ces discours, on se fabrique des barrières mentales pour se protéger et se donner le courage et la force de les dépasser. Mais cela demande de l'énergie, un petit flux qui nous sécurise mais épuise à la longue notre cerveau. Lorsque la fatigue devient trop grande, que l'énergie disparaît, les digues tombent aussi. Et les discours pervers reprennent le dessus dans notre esprit : « Tu n'en es pas capable. »

Quand ce motard condescendant s'est permis de me prodiguer ses conseils – que j'entends pourtant souvent sans qu'habituellement cela me touche –, j'étais dans un grand moment d'épuisement mental consécutif à mon expédition. Et je me suis retrouvée en position de petite fille, totalement perdue. Il ne me disait pas « La montée est trop dure », il me disait : « Reste à ta place : si moi je n'y parviens pas, comment toi, une fille, pourrais-tu le faire ? »

Je m'en veux terriblement d'avoir laissé ses paroles m'ébranler et faire tomber mes barrières. Je me trouve stupide de n'avoir pas su me raisonner, de m'être enfermée dans une spirale infernale. Car le résultat est là, évidemment : plus j'ai peur, plus je tombe et plus je tombe, plus le syndrome de l'imposteur grandit en moi. Je me dis que je ne suis pas légitime dans ce décor. Je ne pensais pas qu'il était possible de retrouver si vite ses vieux travers, après des années passées à tout faire pour m'en libérer.

Mais craquer me fait finalement du bien. Le réaliser sur le moment me fait prendre conscience de l'iniquité de ses paroles. C'est moi qui suis parvenue jusqu'ici. Avec ma moto. Pas lui. Peu d'autres motards d'ailleurs. En tout cas, il n'y a pas un seul autre véhicule ici comme le mien. Je suis légitime. Et je le serai, partout où j'irai. Que je tombe ou non n'est pas la question. Les difficultés ne s'affrontent pas en restant sur le bord du chemin, en attendant que d'autres les résolvent pour nous. Elles nous imposent le risque, elles nous imposent la fatigue, elles nous imposent d'aller au-delà de nous-mêmes. Et personne ne pourra plus jamais m'enlever ce que j'ai acquis en affrontant tout cela. Maintenant je le sais. Je suis à ma place, tout simplement.

Mes larmes qui s'assèchent enfin ont nettoyé ma peur, mes pensées toxiques. Je me sens exténuée mais bien mieux qu'avant.

Christian aussi l'a compris. Lui qui m'a laissée parler, vider mon sac sans rien dire. Il attend simplement que j'aie fini mon monologue, puis il me prend gentiment dans ses bras. Et nous regardons le soleil passer d'une montagne géante à une autre, les habitants qui marchent dans le hameau ; nous écoutons le vent dans les drapeaux à prière, en mangeant des pommes séchées. Les colosses de pierre qui nous entourent invitent à prendre du recul. Nous sommes contraints à l'humilité dans un paysage comme celui-là, qui nous remet naturellement à notre place. Les montagnes m'offrent une forme de recueillement, de paix intérieure à laquelle j'aspirais.

Deux jours plus tard, nous reprenons la route, toujours vers le nord, jusqu'à Kakbeni. Nous roulons dans les immenses vallées de la Gandaki, gardée par les imposants sommets. Nous prenons notre temps, nous campons à côté de l'eau, comblés par la beauté des panoramas qui ne nous lassent pas. C'est aussi pour vivre ce genre de total dépaysement dans des vallées encore protégées par leur inaccessibilité que j'ai fait le choix de voyager à moto. Je me sens bien ici. Je sais qu'un jour – pas si lointain – une vraie route zébrera ces terres et je savoure ma chance d'en jouir avant.

Kakbeni est le dernier village du Mustang. Au-delà se trouve le Haut Mustang, encore totalement interdit aux étrangers sauf avec une escorte et des milliers de dollars. Nous nous y installons à nouveau deux jours pour profiter des paysages sublimes. Le village de terre et de pierre se fond dans la vallée aux couleurs ocre et sienne qui s'illuminent de jaune et d'orange au coucher du soleil. Je pourrais rester ici des semaines. J'aimerais le faire. Mais je sais que, quelle que soit la beauté de ce lieu, ce n'est pas ici que je dois arrêter mon aventure. Même si elles sont parfois difficiles, écrasantes, ce sont les histoires des humains qui conduisent ma route. Et celle que je me suis fixée, sur « la route du tigre », est encore longue.

Le dernier soir, nous roulons jusqu'à un petit promontoire et, alors que le soleil se couche, rougeoyant de mille feux, nous baptisons ma moto à qui je n'avais pas encore trouvé de nom. Après une telle piste, il s'impose comme une évidence : elle s'appellera dorénavant « Mustang ».

25

Dehli

La descente se passe sans encombre, et nous jouissons pleinement des paysages que nous traversons. Ils me procurent maintenant une certaine sérénité. Gués au fort courant, cailloux qui ripent sous ma roue, racines traîtres, plus rien ne freine ma progression et je roule avec bonheur. Les forêts et les basses vallées réapparaissent bientôt. Le Mustang restera une étape majeure de mon expédition. J'y ai grandi.

Je suis aussi triste de quitter ces sommets que de retrouver Katmandou d'où Christian va repartir vers la France. Il a d'autres expéditions à préparer, les siennes. Et si j'apprécie toujours qu'il me rejoigne quelque temps – cela a été encore plus vrai sur ce parcours –, c'est lorsque je suis seule que les rencontres et les interviews de femmes se font le mieux : c'est en solitaire que cette aventure doit se mener.

Le lendemain, je lui fais un dernier signe derrière les vitres de l'aéroport avant de retrouver Mustang, ma Tiger. J'aimerais dire qu'elle m'attend fièrement, mais elle aussi a souffert de ce parcours himalayen. En réalité, elle est à la peine depuis le Bangladesh :

le démarreur n'a manifestement pas apprécié les longues heures passées dans les bouchons sous une chaleur torride, l'embrayage non plus, et les mauvaises essences dues à la pénurie au Népal n'ont pas fait de bien au moteur. Alors que je repars vers l'ouest, il me semble évident que je ne pourrai pas aller au bout du voyage sans de sérieux travaux de réparation, et qu'ils nécessiteront des pièces de rechange que je n'ai aucune chance de trouver au Népal. Triumph m'informe que je vais devoir me rendre à Dehli, en Inde, où une concession locale pourra me fournir.

Désolée de devoir sortir prématurément du Népal, je prends la direction de l'Inde où les routes seront meilleures et l'essence plus facile à trouver. Les trois jours de route pour atteindre la capitale indienne se révèlent épineux : ma chère monture montre toujours plus de signes de faiblesse et je redémarre plus difficilement à chaque halte. Or je dois m'arrêter régulièrement pour demander ma route…

Alors que je cherche en fin d'après-midi un hôtel où passer la nuit, je fais une pause au bord d'une nationale où un homme en scooter s'arrête bientôt à mon niveau. Il est jovial, plutôt sympathique et m'indique la direction d'un établissement. Je le remercie chaleureusement mais, très vite, il enchaîne :

— Ça te plairait qu'on aille à l'hôtel, toi et moi ? Tu prendras ton pied, et moi aussi.

Je manque de m'étrangler devant son aplomb et je refuse gentiment. Il secoue la tête et reprend comme s'il avait une super idée :

— Tu sais, c'est gratuit. Et ça fait du bien !

Nouveau refus. Il ne se démonte pas.

— Au moins un sex-massage ? Tu es sûre que tu n'en as pas envie ? C'est dommage de passer à côté d'une occasion pareille.

Je m'en vais cette fois sans répondre mais je constate dans mes rétroviseurs que l'homme me suit, n'ayant plus du tout l'air sympathique. Heureusement, Mustang ne me joue cette fois pas de tour et je peux le semer sans problème.

Une autre fois, un inconnu essaie de m'embrasser en plein jour dans une rue passante, devant un groupe d'hommes qui ne voient pas le problème. Ce geste se reproduira à plusieurs reprises. Je ne prends pas le risque de m'opposer violemment car je sens que je ne fais pas le poids : si l'intéressé ose ce geste en public, il est urgent de rester prudente. En discutant rapidement avec d'autres femmes, en lisant la presse en anglais le soir, je me rends compte que c'est là le quotidien de nombreuses Indiennes : les agressions sexuelles sont devenues très fréquentes, et se terminent parfois de façon tragique. Dans beaucoup d'endroits, l'accès à l'espace public est compliqué pour les femmes. Si l'une d'elles prétend y accéder, les hommes se sentent légitimes pour l'importuner.

Même avec ma moto, qui est pourtant associée à une forme de masculinité et de pouvoir, et bien que je sois française, je suis régulièrement harcelée. Ces quelques jours en Inde du Nord sont probablement ceux où je me suis sentie le moins en sécurité au cours de mon voyage. Heureusement, j'approche de Dehli.

Mais alors que je viens de m'arrêter à une cinquantaine de kilomètres de mon but dans une station-service pour faire le plein, je ne parviens pas à redémarrer Mustang. J'essaie et réessaie, je la flatte, je l'encourage, en vain. Elle ne répond plus : elle a démissionné, pour de bon. Après tout, j'ai déjà de la chance d'être arrivée jusque-là.

Je contacte donc Triumph pour les prévenir de ma mésaventure et demande au patron de la station-service si je peux planter ma tente là, le temps que l'on vienne me dépanner. Les yeux lui sortent carrément de la tête. Camper ? Ici ? Toute seule ? Mais c'est impossible ! Ce monsieur d'allure un peu raide, à la moustache bien peignée, qui m'explique être un ancien militaire, me répète une bonne dizaine de fois qu'il est un homme honnête et qu'il est dangereux de camper. Il finit par accepter cependant que je reste, à condition que j'installe ma tente à l'abri des regards dans leur garage, avant de passer un long moment à expliquer au gardien de nuit qu'il est responsable de ma sécurité.

Je ne suis pourtant pas au bout de mes ennuis. La concession Triumph remorque ma moto jusqu'à Delhi mais les mécaniciens constatent qu'ils n'ont pas les pièces nécessaires pour la remettre en état et qu'il faudra plusieurs jours, sinon plusieurs semaines, pour les recevoir. Pire, l'ambassade du Pakistan en Inde m'annonce qu'il est tout à fait hors de question que j'obtienne un visa pour ma moto et moi, alors qu'ils me l'avaient préalablement promis lors de nos échanges par mail. Le seul endroit où je puisse me le procurer, c'est dans mon pays – et encore. Je vois le Pakistan devenir inaccessible une seconde fois : j'avais déjà échoué à y entrer depuis l'Iran en 2011. Je cherche à rejoindre alors l'Iran, mais l'ambassade d'Iran m'annonce la même chose : pas de visa depuis l'Inde. Me voilà coincée. L'entrée à moto en Chine est impossible, le Pakistan et l'Iran me sont fermés, je ne vois pas par où passer.

Il est hors de question que je renonce. Tant qu'à attendre des pièces, je décide d'aller chercher mon visa là où j'ai une chance de l'obtenir : en France. Je trouve donc le billet d'avion le moins cher possible pour faire un aller-retour à Paris.

Paris

Deux jours plus tard, je pose le pied à Roissy, accueillie par Christian et ma mère, ravis de me revoir plus vite que prévu. Aussitôt, l'épuisement dont je ne m'autorise pas à tenir compte quand je suis en déplacement me tombe sur les épaules. Entre deux passages à l'ambassade du Pakistan – les employés me rendent franchement chèvre à multiplier les exigences et les faux espoirs – et à celle d'Iran qui fait de même au sujet de ma moto, j'entreprends une bonne cure de sommeil. Je vois bien que j'ai trop tiré sur la corde.

Je me promets donc, pour les expéditions qui suivront, de m'accorder davantage de pauses, de week-ends de respiration, de véritables temps de repos. Quand je suis sur la route, j'ai parfois l'impression que je n'ai pas le droit à des « congés » : après tout, je ne fais pas un voyage d'agrément ! Le résultat, c'est que je n'arrête jamais. Et l'épuisement me guette, comme lorsque j'ai craqué au Népal. Pour tenir sur la longueur, il s'avère que j'ai besoin de récupérer à intervalles réguliers. Il faut que je respecte cette alternance, même si je tourne en rond dès que je m'arrête de rouler.

La Société des explorateurs français

Une belle nouvelle m'attend aussi en France, sous la forme d'un courrier que je trouve dans ma boîte aux lettres : je suis officiellement acceptée comme membre de la Société des explorateurs français.

Christian Clot, lui-même explorateur et membre de la société, m'avait encouragée à déposer ma candidature. J'étais soutenue par deux parrains : Jean-Christian Kipp – qui nous avait rejoints en 2009 pour deux semaines lors de nos six mois d'expédition en Patagonie avec Christian –, et Olivier Archambeau, le président de l'association, qui a été mon professeur principal pendant ma licence de géographie. Malgré tout, je n'imaginais pas tout à fait pouvoir être adoubée. Je suis heureuse et fière d'être reconnue officiellement comme exploratrice par mes pairs… mais ne peux m'empêcher également de paniquer presque aussitôt, dévorée par le syndrome de l'imposteur. Et si je n'étais pas à la hauteur ?

Depuis mon premier périple en solitaire quatre ans plus tôt, les expéditions de terrain sont devenues mon activité principale, celle à laquelle je consacre l'essentiel de mon temps et de mon énergie. Je ne pars plus le nez au vent : je construis des parcours, je choisis des pays compliqués, méconnus, souvent mal aimés, où mon travail sur la liberté pourra, je l'espère, continuer de se déployer. Un travail de recherche et de compréhension d'une notion universelle mais si difficile à définir et si fragile que mes interlocuteurs ne savent pas toujours ce qu'elle signifie. J'organise mes étapes, je me documente, je prévois en amont certains rendez-vous tout en continuant de me fier au hasard des rencontres et je réalise des films qui font partie des « rendus » de ces travaux. Si ce n'est pas un métier, cela y ressemble beaucoup : il va bien falloir que je finisse par l'admettre et l'assumer.

Profession étrange, sans doute, qui n'existe pas chez France Travail. Aux gens qui ne me connaissent pas et qui me demandent ce que je fais dans la vie, je dis que je suis costumière pour le théâtre, ce qui est le cas encore quelques mois par an – autant par amour de ce métier que par souci de garder un travail alimentaire. Même si j'y consacre la plupart de mon temps, l'exploration reste un gagne-pain aléatoire. La quasi-totalité du financement des films va au montage et à la postproduction et si j'ai quelques partenaires et soutiens, aucun n'est financier. Sans l'aide de mes proches et cette activité théâtrale, j'aurais du mal à faire ce « métier ».

Parce que je n'en retire pas de salaire véritable et que j'ai le sentiment de répondre à un besoin, une aspiration profonde, je peine à considérer l'exploration comme mon « travail ». Je sais pourtant qu'il est utile et qu'il offre une autre vision du monde que celle, parfois un peu sombre, offerte par les médias et nos regards biaisés sur les endroits que nous ne connaissons pas. Les femmes mais aussi les hommes qui m'écrivent pour me dire combien mes films ou mes récits les ont aidés à oser un instant de liberté ou encore à retourner dans leurs pays d'origine après s'en être enfuis – au Rwanda par exemple – me confortent dans mon envie de poursuivre ces travaux.

Ne pas gagner d'argent me permet aussi de résoudre en partie un problème moral que je me pose inévitablement. Je demande du temps aux gens que je rencontre lors de mes voyages. Je parle longuement avec eux, j'obtiens leur confiance, je recueille leurs confidences. Je ne débarque pas avec une équipe pour une petite demi-heure d'interview ; je suis seule et il m'arrive régulièrement de m'installer dans leur propre maison, une nuit ou plusieurs jours. J'aime ce temps partagé, vivre le quotidien de leur famille, aider à préparer les repas, jouer avec les enfants. Or je ne paie pas mes hôtes pour tout cela. Alors il est plus simple pour moi de n'en retirer aucun bénéfice financier. Peu importe que l'on me croie pleine aux as parce que je suis au guidon d'un bolide qui coûte des milliers d'euros et que je passe à la télévision : je m'évite des cas de conscience trop lourds.

Mais, que je le veuille ou non, je suis devenue une « exploratrice ». Un titre un peu inhibant peut-être. Les membres historiques de la Société des explorateurs français, comme ceux qui la composent aujourd'hui, sont pour moi de véritables icônes. Ella Maillard, Alexandra David-Néel, Paul-Émile Victor, Jacques-Yves Cousteau, Auguste Piccard, le couple Krafft, Claudie Haigneré, etc., tous ont contribué à l'histoire de l'exploration et ont été membre de cette légendaire institution.

Alors voir mon nom à leurs côtés me touche plus que je ne l'aurais cru, à cette époque où l'on a tendance à penser qu'explorer et découvrir n'est plus d'actualité. Il est vrai que nous ne partons plus pour planter un drapeau quelque part, vaincre le sommet d'une montagne ou découvrir une *terra incognita* de la taille d'un continent. Nos explorations aujourd'hui visent moins à dominer et davantage à rencontrer l'autre, à élargir nos savoirs, à permettre une meilleure compréhension de l'ailleurs. Le monde et ses habitants sont finalement très mal connus, et ce qui reste à explorer est infini. Ces expéditions comportent toujours une part de risque, et nécessitent un engagement complet.

Puisqu'une bonne nouvelle ne vient jamais seule, je reçois le lendemain le tampon tant attendu pour mon passeport des mains d'un employé désabusé de l'ambassade du Pakistan. L'Iran me fait savoir peu de temps après que mon visa est prêt et que j'aurai le droit d'entrer avec ma moto sans difficulté. Je dis une nouvelle fois au revoir à Christian et ma famille et je saute dans l'avion, heureuse que cet intermède administratif se termine.

26

Kamalaris

L'obligation de quitter le Népal prématurément ne m'a pas permis de terminer la traversée est-ouest que je désirais faire, alors que le secteur de l'ouest m'intéressait particulièrement : je souhaitais enquêter sur les kamalaris.

Les kamalaris sont des petites filles que les familles pauvres de l'ouest du pays vendent comme domestiques à des foyers plus riches. En un mot, des esclaves, des personnes que l'on achète et qui sont entièrement soumises au bon vouloir de leurs maîtres. À l'époque de mon voyage, la pratique est supposée avoir été abolie dans le pays et la nouvelle Constitution adoptée depuis quelques mois l'interdit formellement. Le système des kamalaris perdure cependant, tant il est ancré dans la culture et répond à une réalité : celle de l'immense et terrible pauvreté de trop de familles népalaises.

Des milliers d'enfants, vendues parfois dès l'âge de 6 ou 7 ans, connaissent ou ont connu la servitude au Népal à une époque où l'on croit l'esclavage disparu. Quelques associations se battent avec acharnement pour libérer ces filles de leurs chaînes, les protéger et leur offrir une nouvelle vie. La plus importante, The

Freed Kamlari Development Forum (FKDF), a été co-créée par Urmila Chaudhary, une jeune femme de 26 ans, ancienne kamalari, devenue l'une des principales cheffes de file de la lutte contre cette pratique. Elle a publié un livre sur sa vie[1] et a mené de nombreuses manifestations jusqu'à Katmandou pour défendre cette cause.

Malheureusement, son association est pratiquement injoignable et lorsque je parviens finalement à la contacter, on me demande de venir avant toute chose me présenter aux administrateurs de la capitale, alors que le bureau qui mène les activités sur le terrain est à Nepalganj, la ville principale de l'ouest du Népal. Les responsables tiennent bien entendu à préserver les jeunes filles, et la demande d'une étrangère qu'ils n'ont pas directement rencontrée ne leur dit rien qui vaille. Je le comprends mais le retard que j'ai pris du fait de mes péripéties techniques rend impossible un nouveau détour par Katmandou pour les rencontrer. Je décide donc de tenter ma chance directement dans les locaux de Nepalganj et, dès que je retrouve ma Mustang que la concession a réparée et bichonnée avec attention, je repars vers l'ouest du Népal.

Nepalganj est une ville frontière avec l'Inde, poussiéreuse et plate, sans véritable intérêt, parcourue en ligne droite par la route qui passe d'un pays à l'autre. Elle a la tristesse de ces zones tampons que l'on traverse pour les oublier aussitôt, et n'a d'autre attrait que d'être la porte d'accès au parc national de Bardiya, à une cinquantaine de kilomètres au nord : l'une des

1. Urmila Chaudhary, *Slavenkind*, Meulenhoff Boekerij B. V., 2011.

plus belles réserves du pays où la faune s'égaille entre savanes et forêts.

Je me rends sans attendre aux locaux de la FKDF, l'association à laquelle appartient Urmila. J'y suis reçue gentiment, mais l'homme qui tient seul le bureau m'annonce immédiatement qu'il est hors de question qu'il m'aide à rencontrer d'anciennes kamalaris. Il m'informe cependant des buts de l'association : délivrer les filles esclaves des familles qui les possèdent et leur proposer une formation qui les aide à devenir autonomes. Douze mille anciennes esclaves sont passées par leurs services mais des centaines sont encore captives et doivent être sauvées.

— Nous leur proposons plusieurs options et ce sont elles qui choisissent, me dit-il. On les forme surtout pour devenir couturières, cuisinières, parfois secrétaires. On a même formé l'une d'entre elles à la mécanique moto, et maintenant elle travaille dans un garage.

Il refuse de me donner le nom de l'atelier où elle a été employée mais une femme mécanicienne moto dans le secteur, cela ne doit pas être si courant. Je me mets à sillonner les rues à la recherche des endroits où l'on répare des motos, demandant à chaque chauffeur de deux-roues que je rencontre s'il connaît une mécanicienne. L'un d'eux m'indique finalement vaguement une direction et je m'arrête devant un atelier où une femme est en train de guider les gestes d'une jeune fille penchée sur un scooter. Lorsqu'elle entend le bruit de mon moteur et lève la tête, son visage s'illumine d'un grand sourire. Une aussi grosse moto est rare dans la région, plus encore quand elle est bardée de bagages et de stickers comme la mienne.

Son sourire se transforme en étonnement joyeux lorsque j'enlève mon casque et qu'elle comprend que je suis une femme. Elle m'accueille alors comme si nous nous connaissions depuis des années et me prend dans ses bras. Elle passe ensuite beaucoup de temps à observer Mustang, en s'exprimant gaiement et en montrant certaines parties de l'engin à sa jeune apprentie. Elle s'appelle Sanu et me confirme d'un hochement de tête qu'elle est une ancienne kamalari lorsque je prononce ce nom.

Malheureusement, Sanu ne parle pas un mot d'anglais et personne ne peut faire l'interprète. Après quelques minutes passées à échanger des sourires et à multiplier les tentatives d'explications par gestes, nous sommes toutes les deux frustrées. Elle me fait finalement signe de la suivre. Nous rangeons la moto, elle donne quelques coups de téléphone et, toujours aussi enthousiaste, me prend par la main pour m'emmener avec elle.

Nous visitons un temple aux statues de démons multicolores avant de gagner les locaux de l'association alors que le soir tombe. Le bureau est vide, à l'exception de quelques femmes qui circulent dans les couloirs ou suivent des cours. Appelée par Sanu, l'une d'elles se tourne vers nous et je me fige : il s'agit d'Urmila elle-même ! Quelle chance incroyable ! Sanu et elle échangent quelques phrases – que Sanu débite à une rapidité incroyable – et Urmila s'adresse ensuite à moi :

— Vous avez l'air d'avoir une vie passionnante ! Sanu a été séduite par votre moto. Elle a plein de questions à vous poser et m'a demandé de servir de traductrice. Vous êtes d'accord ?

Je peine à contenir ma joie. Urmila comme traductrice, comment imaginer mieux ? Nous nous retrouvons avec deux autres jeunes filles dans une petite pièce où nous nous asseyons par terre, sur une moquette plus qu'élimée. Je réponds tant bien que mal aux questions sur mon voyage et ma quête. Puis, toujours avec un visage souriant qui respire l'intelligence et la bienveillance, Urmila me demande :

— J'imagine que vous avez aussi des questions ?

Alors je me lance et interroge mes interlocutrices.

— Merci. Vous êtes toutes, j'imagine, d'anciennes kamalaris ?

— Oui. Ici, toutes les filles le sont. Et nous avons toutes été aidées par l'association. Certaines récemment, d'autres, il y a plus longtemps. Mais toutes restent dans les alentours, soit pour se reconstruire, soit pour aider les autres à le faire. On ne sort pas d'une vie d'esclavage en un instant.

— Comment étaient vos vies avant ?

Les jeunes femmes racontent un travail exténuant, jusqu'à dix-huit heures par jour, les charges d'eau et de bois trop lourdes à porter pour les petites filles qu'elles étaient, les tâches continuelles, de la cuisine au ménage, en passant par le soin aux animaux.

— On dormait souvent à même le sol, dans la cuisine, sans jamais avoir un espace ou un instant à nous. On s'habillait avec ce qu'on voulait bien nous donner, me dit la plus jeune d'entre elles, qui vient à peine d'être libérée.

Une autre reprend :

— Une fois devenue kamalari, on n'est plus rien d'autre. On n'a aucun papier, aucune identité. Moi, on ne m'appelait jamais par mon prénom. Juste « toi », fais ceci, fais cela. On est au service de nos maîtres, on est des objets et on n'existe pas vraiment par nous-mêmes.

— L'interdiction de revoir nos familles était difficile aussi, me dit doucement Sanu.

J'hésite un peu, mais je leur demande :

— Vous ne leur en vouliez pas de vous avoir vendue ?

C'est Urmila qui répond cette fois :

— J'avais 6 ans lorsque je suis devenue kamalari. Ma famille était d'une caste d'intouchables. On n'avait rien. Rien du tout. Mes parents n'avaient même pas vraiment le droit de travailler à cause de notre position sociale. Ils ne mangeaient jamais à leur faim et mon frère, mes sœurs et moi, non plus. Mon père est tombé gravement malade et il a fallu trouver de l'argent pour le soigner et subvenir aux besoins de la famille. Alors, mes parents ont dû prendre cette décision. En me vendant, ils m'offraient un gîte et un couvert, et recevaient de l'argent pour rembourser leurs dettes tout en ayant une bouche de moins à nourrir. Tout le monde y gagnait.

— Sauf toi.

— Sauf moi, oui. J'étais terriblement triste. Fâchée aussi. Contre eux d'abord. Puis, en grandissant, j'ai compris qu'ils n'avaient pas vraiment eu le choix. C'est le système des castes que les gouvernements font perdurer qui réduit les gens à la misère et permet cette pratique. Ceux qui nous achètent participent aussi à la perpétuer. C'est ignoble. Les parents font juste ce qu'ils peuvent. Les miens ont fait avec les moyens qui leur étaient donnés. Mais quel monde sensé peut accepter une telle abomination ?

Je ne peux m'empêcher de penser que, malheureusement, les systèmes qui permettent de telles indignités sont encore nombreux. La cupidité et le profit suscitent aussi ce genre d'asservissement. Écouter ces filles me fend le cœur. Aucune ne s'étend vraiment sur tout le reste, évoqué à demi-mot. Les jeunes kamalaris sont privées de nourriture, de repos, d'instruction. Elles sont aussi souvent battues et agressées sexuellement par leurs maîtres. Comment pourraient-elles espérer se défendre, livrées comme elles le sont à des étrangers dès le plus jeune âge ? L'injustice s'ajoute à l'injustice. Ce sont des filles, que des filles après tout. Pour certains, les exploiter impunément n'est pas un sujet.

Il est infiniment difficile de s'en sortir. C'est pourtant ce qu'a su faire Urmila.

— Lorsque j'ai eu 18 ans, j'ai vu par hasard à la télévision une manifestation à Katmandou contre la pratique de l'esclavage. J'ai cru distinguer mon frère dans la foule, qui hurlait des slogans. Cela m'a donné du courage. J'ai réussi à le rejoindre et il m'a donné son numéro de téléphone. Après avoir beaucoup insisté auprès de mes maîtres, j'ai eu le droit d'aller à une fête dans ma famille. Je ne suis jamais revenue. J'ai ensuite été aidée par Plan International, une ONG. Puis, dès que j'ai pu, j'ai décidé moi aussi d'aider les autres kamalaris à sortir de cet enfer.

— Et comment faites-vous ?

— On a compris qu'il fallait proposer un dédommagement à ces familles qui ont acheté un être humain. On leur montre que ce qu'ils font est horrible, inhumain – et aujourd'hui enfin, hors la loi –, mais on leur « rachète » leur esclave. C'est malheureusement une histoire d'argent. Et si au début on essayait sans, il a fallu accepter d'en venir là, pour qu'ils laissent partir les jeunes filles et ne créent pas de problèmes ensuite.

On donne aussi un dédommagement aux familles qui sont sur le point de vendre leur fille : nous leur apportons du bétail pour qu'elles puissent subsister et nous prenons en charge l'éducation de l'enfant.

— Et l'association ne nous lâche pas, ensuite, poursuit Sanu. On nous apprend à lire, à écrire, on nous forme à un métier. C'est fabuleux.

Elle me raconte ce qu'elle a vécu, la même histoire que les autres : vendue à 6 ans et des années d'humiliations. Urmila traduit toujours ses propos. On m'avait dit, quand je cherchais à joindre Urmila, qu'elle était trop occupée, qu'elle n'aurait jamais de temps à m'accorder. Et pourtant elle est là, à écouter attentivement et à traduire les mots de ses amies, de ses sœurs de peine, avec calme et bienveillance.

Malgré cette description terrible de l'enfer et ces récits d'adolescences perdues, j'ose finalement poser à ces femmes la question de la liberté. Aussitôt, le visage déjà lumineux d'Urmila s'éclaire :

— Tu l'as vu. Regarde autour de toi. Aujourd'hui, nous vivons où nous voulons, nous nous entraidons. Nous travaillons dur, la vie n'est pas toujours facile, mais nous faisons nos choix pour nous-mêmes. C'est déjà une belle base de liberté. Moi, je l'ai trouvée aussi ailleurs. En partie dans le pardon, quand je suis parvenue à comprendre que, bien sûr, ma famille avait fait quelque chose d'horrible, mais qu'elle y avait été poussée par un système terrifiant. J'ai réussi à ne pas rompre le lien, et il s'est restauré après mon évasion. Je crois que savoir pardonner est une étape importante de la liberté. Parce que ça libère à la fois notre esprit de la haine, et l'esprit des autres de leur culpabilité. C'est un sentiment très fort, me dit-elle avec cette douceur qui m'impressionne. On a réussi à dépasser l'impensable : on a rompu les chaînes de l'esclavage, à la fois physiques et morales.

Je me tourne vers Sanu pour lui demander :

— Qu'est-ce que tu as ressenti, toi, lorsque tu as été libérée ?

Je crois n'avoir jamais vu sourire si éblouissant que celui que je vois se dessiner sur le visage de la jeune mécanicienne à mesure qu'Urmila lui traduit ma question. Mais elle ne répond pas tout de suite. Elle regarde autour d'elle, en l'air, puis se met à parler, vite, très vite, comme si elle avait peur de ne pas réussir à tout dire :

— Moi je n'avais jamais connu la liberté. Enfant, tu n'en as pas, et dès l'âge de 6 ans je suis devenue esclave. Même boire un verre d'eau était soumis à l'autorisation de mes maîtres. Alors, lorsque je me suis retrouvée dehors pour la première fois…

Elle fait un geste avec les deux bras autour d'elle, le regard brillant.

— Je n'avais jamais eu la permission de choisir quoi que ce soit, donc j'ignorais comment procéder. Comment simplement décider d'aller à droite ou à gauche ? Je ressentais une joie tellement puissante, j'avais l'impression que la beauté était partout, j'en avais le vertige. C'était trop, cette infinité de choix à faire, du jour au lendemain. J'étais vraiment heureuse pour la première fois de ma vie.

Sareena me l'avait dit : ici, au Népal, la liberté commence en effet par ces petites décisions de tous les jours, parfois minuscules, mais prises par et pour soi-même. Sanu, qui regarde au loin, reprend, plus lentement cette fois :

— J'ai pu choisir un métier. Lorsqu'ils m'ont proposé de devenir mécanicienne moto, j'ai accepté tout de suite. Ils n'étaient pas sûrs qu'une fille voudrait faire ce travail mais j'avais vu des gens réparer une moto et j'avais adoré. Quand on vous dit tout d'un coup que tout, absolument tout, est possible, pourquoi pas la mécanique ? C'est vrai qu'aucune femme ne fait cela. Et maintenant c'est moi qui apprends aux autres et leur offre cette liberté d'avoir une compétence à soi, que l'on maîtrise, dont on est fière, et que l'on pratique nous-même. Et ça, tu vois… il n'y a rien de plus beau. Maintenant, après toutes ces années, je n'ai plus besoin de me poser la question de ce qu'est la liberté. Je suis libre, tout simplement.

CINQUIÈME PARTIE

PAKISTAN

27
Lahore

Je quitte cette fois définitivement le Népal, emportant les mots si forts de Sanu et d'Urmila. Commencer sa vie en étant esclave et devenir comme elles des modèles, des références : quelle formidable leçon… et quel espoir elles font naître, l'une et l'autre, en la capacité de chacun à conquérir sa liberté !

Après deux jours à traverser le nord de l'Inde, j'atteins la frontière pakistanaise. Le Bangladesh n'avait rien d'une destination touristique de rêve, c'est sûr, mais ce nouveau pays est carrément inquiétant, à cause de la menace terroriste qui pèse sur lui. Le gouvernement pakistanais soutient la présence de l'armée américaine sur son territoire, voisin de l'Afghanistan, et cela n'est pas du goût des talibans : depuis la mort d'Oussama ben Laden, ces derniers mènent régulièrement des raids meurtriers.

En 2011, j'avais dû renoncer à entrer au Pakistan depuis l'Iran suite aux tensions liées à la mort récente du chef djihadiste. En 2015, le contexte est moins tendu et il est possible d'envisager cette traversée, même si le risque d'attentats reste fort. Je ne suis pas sûre que la vision d'une femme à moto fera l'unanimité là-bas.

Je n'ai pas beaucoup évoqué cette partie de mon trajet avec ma famille et mes amis. À quoi bon ? Au fil de mes voyages, j'ai appris que les conseils des « personnes qui vous veulent du bien » ne sont pas toujours les meilleurs et peuvent devenir asphyxiants. Les idées bien arrêtées de certains, ajoutées à des informations glanées souvent avec peu de recul dans les médias, nuisent à un regard juste sur les réalités locales. En France, on n'entend parler du Pakistan que lorsqu'un drame s'y produit. Écouter toutes celles et ceux qui me le rappellent ne réussirait qu'à me faire endosser des peurs et des angoisses qui ne sont pas les miennes. À elles seules, d'ailleurs, la difficulté que j'ai eue à obtenir mon visa et les nombreuses recommandations des préposés de l'ambassade m'auraient assez renseignée sur les dangers que j'encours.

Sans naïveté sur les risques possibles, je me suis aussi informée par moi-même, mais en choisissant soigneusement mes sources afin qu'elles m'aident vraiment dans l'organisation de mon voyage. Je ne souhaite pas que mes interlocuteurs se montrent enthousiastes face à toutes les idées que je propose – même si c'est toujours agréable et encourageant –, je veux qu'ils me disent la vérité sur ce qu'ils savent et ce que cela peut signifier pour moi. Qu'ils me conseillent sur les bonnes questions à poser, par exemple.

Je rencontre ainsi Simon Allix, membre de la Société des explorateurs français, qui connaît bien la région pour y avoir vécu de longues années et qui suit de près ce qui s'y passe. Il m'assure que les Pakistanais sont extrêmement accueillants, que ce pays est magnifique… mais me confirme que la situation demeure très tendue. Il faut rester prudente et alerte. Ne jamais séjourner trop longtemps au même endroit, notamment, pour ne laisser à personne le temps de préparer une éventuelle agression. Rouler plutôt vite, et être accompagnée le plus souvent possible. La population cependant peut être un vrai soutien, me dit-il, et la plupart des gens sont heureux de voir des étrangers visiter leur pays.

Je discute avec lui de mon itinéraire et il m'avertit qu'entre Quetta et la frontière iranienne, je n'aurai d'autre choix que d'emprunter une route qui longe l'Afghanistan : sur ce tronçon, je devrai être accompagnée d'une escorte de l'armée. Il me transmet les contacts nécessaires pour organiser cette étape ainsi que les numéros d'amis sur place, que je pourrai joindre en cas de besoin.

Je contacte également Mukaram dont j'ai vu passer des posts sur les réseaux de motards de Facebook. Il est président du Cross Route, un club pakistanais de voyageurs à moto, et il me répond très rapidement. Il se réjouit à l'idée que je vienne visiter son pays et me promet toute l'aide dont j'aurai besoin. Il joint immédiatement l'acte à la parole en m'envoyant par mail une lettre d'invitation, un papier obligatoire pour pouvoir entrer au Pakistan. Je suis touchée par son geste car il l'a fait sans hésiter, et en ne me connaissant que très vaguement. Il lui a suffi de savoir que j'étais une voyageuse à moto, comme lui.

Quand je demande à Mukaram par mail si circuler au Pakistan est dangereux, il me répond : « Ne t'inquiète pas, on verra sur place, je m'occupe de tout. On est des motards, après tout. » Je ne suis pas sûre de bien comprendre mais ce que je sais, c'est qu'avec sa lettre d'invitation il a associé son nom à mon visa et nous savons tous les deux que cela engage sa responsabilité. Il m'indique également qu'il a de bons contacts pour planifier à l'avance mon escorte depuis Quetta, ce qui me facilite la vie.

Christian, quant à lui, est toujours encourageant et me soutient pleinement. Il organise avec quelques connaissances un suivi de l'actualité et des informations locales. Nous nous mettons d'accord pour que je le contacte régulièrement en lui envoyant mes coordonnées GPS. Il ne m'a jamais demandé cela auparavant : un petit marqueur de l'inquiétude que suscite cette étape pour lui. Mes parents de leur côté me font confiance mais sont évidemment soucieux, même si ma mère s'est abstenue de tout commentaire.

Pour ma part, forte de tous ces soutiens et ces informations, je me sens bien préparée. Il n'empêche qu'au moment d'arriver devant le poste-frontière de Jamia Masjid, au nord-est du pays, je ne fais pas la maline. L'Inde et le Pakistan sont toujours en désaccord sur les lignes qui séparent leurs territoires et tiennent à faire sentir aux voyageurs qu'ils arrivent chez l'un depuis chez l'autre : les passages peuvent être tendus, avec une présence militaire musclée. J'ai entendu parler de contrôles poussés à l'excès, où l'intégralité des bagages avait été retournée à la recherche d'alcool ou d'autres produits illégaux. Sur qui vais-je tomber ? Jusqu'à présent, pendant cette expédition, j'ai plutôt eu de la chance avec la douane.

L'agent pakistanais qui me reçoit est un petit monsieur à moustache, très rigolo. Il a une allure de vieux général à la retraite qui porte son uniforme très dignement. Il fait le tour de la moto, vérifie que la plaque d'immatriculation correspond bien aux papiers. Il me demande ce que je transporte, s'il n'y a pas d'alcool dans mes bagages. J'énumère les différents objets que j'emmène avec moi et lui propose d'ouvrir les caisses pour le rassurer. Il se récrie, presque choqué :

— Je suis un gentleman, je ne fouille pas dans les affaires des dames !

Avant d'ajouter avec mépris :

— Je ne suis pas comme mes collègues indiens.

Je ris en pensant à d'autres douaniers moins scrupuleux que j'ai pu croiser au cours de mes voyages et en m'entendant qualifiée de « dame », moi qui me sens si peu « dame » en tenue de motarde. Nous évoquons ensuite en quelques mots la France, la tour Eiffel, et il me laisse passer avec un grand geste presque théâtral, après m'avoir invitée à découvrir son pays.

M'y voilà donc. C'est toujours frappant de passer d'un pays à l'autre alors que seules quelques centaines de mètres les séparent. Les gens, les paysages, les véhicules ne sont plus les mêmes. Je plonge dans un nouveau monde.

Mukaram

Ma première étape est toute proche du poste-frontière : Lahore, la deuxième plus grande ville du pays, est distante d'une vingtaine de kilomètres. Une métropole de quelque 11 millions d'habitants où je dois retrouver Mukaram, le président du Cross Route. Il m'attend sur une place du centre-ville, très enthousiaste, et m'accueille à bras ouverts – littéralement. Je lui donne une cinquantaine d'années. Il a une moustache blanche très fournie, un crâne complètement chauve, une légère bedaine et arbore fièrement un gilet de motard en cuir, couvert d'écussons à la Hells Angels. Son fort accent comme sa manière de parler en riant sans arrêt m'empêchent de bien le comprendre. Que fait-il dans la vie ? Je n'en sais rien : lorsque je lui poserai la question, je n'obtiendrai que des semblants de réponses extrêmement nébuleux. D'ailleurs il ne m'emmène pas chez lui – « trop petit », me dit-il – mais chez un des membres de son club, Azaan, qui a une pièce où accueillir des gens de passage.

La gentillesse de Mukaram et son plaisir évident à recevoir une collègue motarde me font rapidement oublier que je ne sais rien de lui. Nous roulons avec quelques autres membres de son club, et je me sens comme chez moi. Nous dînons ensemble et, en l'écoutant parler, j'ai l'impression que Mukaram consacre sa vie entière à la moto et qu'il a sillonné le Pakistan à de multiples reprises. Il tient à ce que je vienne le lendemain à une soirée franco-pakistanaise, dont je ne comprends pas bien les contours mais à laquelle il est visiblement ravi que je participe. Je suis agréablement surprise d'arriver pile au moment où un tel événement est organisé et je me dis que l'Alliance française doit être plus active que je ne le pensais. Depuis l'affaire des caricatures de Mahomet publiées en France, qui avaient provoqué l'attentat de janvier 2015 contre *Charlie Hebdo*, j'avais plutôt l'impression que les relations entre nos deux pays n'étaient pas au beau fixe, mais il me tend un T-shirt blanc floqué en anglais « Journée de l'amitié franco-pakistanaise » avec les drapeaux des deux pays : il faudra que je le porte pour la soirée.

Après m'avoir raccompagnée chez son ami, Mukaram repart. Ce n'est qu'une fois seule dans ma chambre que je commence à réaliser que je suis à Lahore au Pakistan. Je peine un peu à y croire.

Le lendemain, en fin d'après-midi, Mukaram vient me chercher et nous partons sans nos motos. Cela me surprend mais un bus panoramique nous attend tout près, rempli de convives qui portent tous le même T-shirt que le mien. Je suis accueillie par une petite ovation sous le regard amusé et bienveillant de mon hôte et je comprends soudain que le thème de la soirée n'est pas tant l'amitié franco-pakistanaise que moi, Mélusine Mallender : Mukaram a fait venir soixante-dix motards de tout le pays et affrété ce bus pour l'occasion, afin de me souhaiter la bienvenue, de célébrer le tourisme, la moto, le voyage et l'amitié entre les peuples. Quelle surprise ! Je n'en reviens absolument pas. Je suis émue aux larmes de tant d'attentions.

Nous partons pour une visite nocturne de la ville de Lahore dont je n'aperçois pas grand-chose ce soir-là tant je suis fêtée comme une star avec chants, danses, gâteaux et cotillons. Je ne fais que deviner de vastes avenues et des buildings plutôt modernes, j'aperçois avec surprise un immense McDo très éclairé. Dans le bus, c'est un tourbillon de motards passionnés qui veulent des détails sur mon voyage, ma moto, les routes que j'ai empruntées. Flashs, selfies, vidéos : tout le monde, moi compris, essaie d'immortaliser le moment.

Quelques épouses de membres du club sont présentes mais la bruyante célébration de « l'amitié franco-pakistanaise » n'est pas très propice aux échanges ou aux confidences. Celles avec qui je parle se disent fières, cependant, de voir une femme montrer l'exemple en conduisant une grosse moto et entamer un voyage comme le mien. Je rentre épuisée et heureuse. Le Pakistan me raconte déjà une histoire bien différente de celle à laquelle je m'étais préparée. Je sais toutefois qu'il n'en sera pas toujours ainsi.

Durant les jours qui suivent, je passe beaucoup de temps avec Mukaram. Il est d'une extrême gentillesse, cela se confirme, et il a trois grandes filles qu'il adore et admire. Avec l'une d'elles, il a organisé une grande virée à vélo dans le nord du Pakistan. Une initiative exceptionnelle dans un pays où, je le constate dès mon arrivée, les femmes sont pratiquement absentes de l'espace public. Mais Mukaram aime tellement ses filles qu'il fait fi des remarques. Il veut qu'elles aient une vie bien à elles et il les encourage dans leurs velléités de voyage. J'ai l'impression qu'il me considère parfois comme l'une d'entre elles.

Si je suis soulagée d'avoir Mukaram et ses amis comme guides, je me rends compte très vite qu'être ainsi accueillie m'empêche d'être vraiment maîtresse de mon temps. Cela me gêne un peu, par ailleurs, de monopoliser le leur. Impossible néanmoins de me soustraire au programme extrêmement dense que mes hôtes ont concocté pour me faire plaisir. Je dois à tout prix visiter la propriété d'untel ou prendre une demi-journée pour aller admirer le jardin de tel autre. Tout cela se faisant évidemment depuis des voitures climatisées qu'il n'est absolument pas question de quitter plus de quelques minutes. Se promener à pied ? « Mais enfin, tu n'y penses pas ! » Il est vrai qu'il fait très, très chaud et que les villes ne sont pas conçues pour la flânerie. Dès que je mets le nez dehors, j'ai l'impression d'ouvrir la porte d'un four :

le vent me souffle son haleine brûlante au visage et me pique les yeux.

Les premiers jours se passent ainsi : je me laisse transbahuter de rendez-vous en rendez-vous, en essayant tant bien que mal de mettre de côté ma frustration de ne pas pouvoir visiter Lahore à ma manière, ou de discuter avec qui j'en ai envie. Je me résous, devant la gentillesse de Mukaram, à ne pas prendre les choses en main. Je sais aussi qu'il veut s'assurer de ma sécurité et me garantir une expérience pakistanaise merveilleuse, du moins à Lahore.

Aisha

Dans la maison d'Azaan où je suis logée, je ne suis pas non plus complètement à l'aise et ne me sens pas autorisée à circuler comme je le veux : je passe de ma chambre à la grande cuisine-salle-à-manger familiale en me faisant discrète. Je croise cependant régulièrement la mère de mon hôte, qui m'aborde toujours très gentiment, comme si j'étais l'une de ses nièces. Et je rencontre surtout sa belle-sœur, Aisha.

Cette créature délicate me fait l'effet d'une petite poupée, maquillée et apprêtée avec un soin touchant, presque douloureux. Un jour où nous sommes seules, elle me confie, en essayant de faire bonne figure, que son mari et elle étaient très amoureux lorsqu'ils se sont rencontrés. Elle avait 16 ans, lui 20. Aisha avait beaucoup de prétendants à l'époque, mais le coup de foudre a été réciproque. Pendant trois ans, il l'a courtisée et ils se sont peu à peu rapprochés. Une expérience magique, me fait-elle comprendre : dans un pays de mariages arrangés, elle avait trouvé le véritable amour, accepté par leurs parents. Pour elle, son fiancé avait même abandonné sa grande passion, la chasse. Il y a eu le mariage, puis un premier bébé qui est à présent un petit garçon de 2 ans, qui court partout et dit ses premiers mots, dont elle s'occupe à temps plein.

Son mari n'est presque plus jamais à la maison. Il est reparti à la chasse et passe de plus en plus de temps dehors. Elle me montre son « bureau » : une pièce remplie de trophées d'animaux morts, d'armes à feu et de sabres, où l'on trouve cigares, whisky et fauteuils club – pas très différente de ce que j'aurais pu voir en France ou en Angleterre. Alors sa femme l'attend. Toute la journée, toute la semaine s'il le faut, toujours amoureuse, toujours aussi belle. Seul trophée vivant, peut-être. Aisha a un sourire amer en me disant que son fils sera trop vite assez grand pour chasser, lui aussi : il accompagnera son père, elle le verra moins, elle le perdra peut-être. Elle restera complètement seule. Je ne sais pas bien quoi dire pour la consoler. Pour une fois qu'on me parlait d'un mariage d'amour…

Après quatre jours dans la ville, j'annonce que je vais reprendre ma route. J'ai prévu d'aller à Islamabad, la capitale du pays, au nord-ouest, où je dois rencontrer les créateurs d'une série de dessin animé, *Burka Avenger*, dont l'héroïne est une femme. Mukaram aimerait que je reste encore un peu à Lahore. J'ai une immense reconnaissance pour son accueil, mais un voyage doit rester une trace que l'on crée : il ne peut être question de s'installer quelque part. Mon ami est inquiet mais le comprend parfaitement. Il accepte une interview avant que je ne quitte la ville. J'évite les questions sur ses activités (il n'y répondait déjà pas hors caméra !), mais il n'hésite pas à me parler de son pays :

— Le Pakistan est magnifique mais ici, je me sens emprisonné, dans l'incapacité de voyager : entre l'Inde qui nous dispute nos frontières et l'Afghanistan qui nous impose par la force sa vision obscurantiste, je suis coincé.

— Cela te fait de la peine ?

— Bien sûr, énormément. Je souffre que l'image de mon pays soit ternie par la violence. J'aimerais que chacun puisse se déplacer en paix comme il le veut, s'émerveiller des beautés du monde et aller à la rencontre de son voisin.

Je lui demande s'il pense que la situation va s'améliorer. Il me répond en riant un peu, de ce rire qui semble être un réflexe, chez lui, pour se sentir mieux.

— Je ne sais pas. C'est difficile. On croit que ça s'améliore et boum, il y a un attentat, souvent dans les écoles et les universités. Ces gens ne veulent pas que les filles, ni les garçons d'ailleurs, soient éduqués. Mais on doit continuer d'agir. Je soutiens par exemple une association que j'adore et qui aide les enfants des rues à aller à l'école. C'est la base, l'école, non ?

Nous poursuivons l'entretien pendant une heure avant que je ne lui pose ma question : « Alors c'est quoi la liberté, pour toi ? » Sa gorge se noue, son regard s'embue soudain, son visage se décompose. Pour une fois, il ne rit pas. Il ne dit rien, secoue un peu la tête. Il essaie de parler, mais les mots ne viennent pas. Il finit par bredouiller :

— Cette question… Non, dit-il en secouant encore la tête. Il n'y a pas de liberté.

Et il se tait, en fixant la caméra. Il ne dira plus rien ce soir-là. J'ai la gorge aussi nouée que lui. Je sais que cette question appelle des réponses très variables, parfois très belles et riches d'espoir, parfois terriblement douloureuses. J'y suis préparée mais la détresse de mon ami me bouleverse.

28
Islamabad

Je prends la direction d'Islamabad. Je suis heureuse de rouler seule, d'avancer à mon rythme. Bientôt, la monotonie des terres arides laisse place à une végétation plus dense, et la route monte légèrement. Les collines et les petites montagnes laissent présager les hauts sommets mythiques du Karakoram et son fameux K2, deuxième sommet du monde après l'Everest. Après une journée de route à peine, apparaît au loin *Welcome to Islamabad* écrit en grosses lettres.

La ville est lovée dans une vallée au creux des montagnes. Plus moderne que Lahore, avec des rues larges et rectilignes, elle affiche sa fonction de capitale. Il y fait un peu plus frais, ce qui fait du bien. Je suis contente d'arriver et un peu fatiguée. J'ai très mal au pouce gauche car j'ai eu la bonne idée de tomber au moment de partir, en manœuvrant pour charger mes caisses : j'ai posé le pied sur une tache d'huile, perdu l'équilibre et, en essayant de rattraper la moto, je me suis bêtement retourné le pouce. Rien de bien grave, en réalité, mais je me suis rapidement rendu compte que c'était douloureux et que je ne pouvais plus plier ce doigt-là. Handicapant, surtout pour klaxonner – ce qui est indispensable, dans les villes de ce pays, si on ne veut pas finir plié contre un camion.

Steven

Mukaram m'a donné l'adresse d'un de ses amis auquel il a annoncé mon arrivée, et je me rends directement chez lui. Steven m'attend de pied ferme avec sa mère, ses sœurs et sa nièce – un vrai gynécée – qui s'empressent de me montrer ma chambre, de m'aider à m'installer en parlant de tout et de rien.

Steven se rend compte que j'ai du mal à manipuler mes bagages à cause de mon pouce douloureux et il en parle à sa mère qui fait aussitôt venir la voisine, une guérisseuse locale. Cette dame d'un certain âge, pour ce que j'arrive à en comprendre, est un peu rebouteuse, un peu infirmière et sage-femme à l'occasion. Devant l'assistance fournie des femmes de la maison, elle regarde mon pouce sous tous les angles, le prend en main et soudain, sans prévenir, me le remet en place d'un geste rapide, mais ferme. Sur le coup, la douleur est insupportable. Je laisse échapper un cri et verse une larme, ce qui semble beaucoup amuser l'assistance : quelle chochotte, la petite Française ! J'ai très peur que la rebouteuse n'ait aggravé la situation, car la douleur irradie maintenant dans toute ma main. Mais on m'assure que dès le lendemain, j'irai beaucoup mieux : en serrant les dents, je pourrai reprendre la conduite à condition, tout de même, de modérer mes coups de klaxon. Facile à dire…

Pour me remettre de mes émotions, toute la famille m'entraîne dans un restaurant qui surplombe la capitale. La vue est splendide et nous prenons un repas délicieux composé de biryani et de curry en contemplant la ville qui s'illumine peu à peu. Je me sens très à l'aise. La famille de Steven est décontractée, haute en couleur et les femmes comme les hommes n'ont pas la langue dans leur poche. Le voile n'est qu'un accessoire porté sur les épaules, et je peux être moi-même, en passant un agréable moment avec des amis.

Burka Avenger

À Islamabad, je dois rencontrer les créateurs de *Burka Avenger*, un dessin animé qui cartonne au Pakistan et chez ses voisins musulmans.

Dans le studio d'Aaron Haroon Rashid, le créateur de la série d'animation, je découvre une bande de geeks en tous points semblable à celles que je pourrais trouver dans n'importe quel pays du monde. Des rangées et des rangées de jeunes garçons – quelques filles, aussi –, perdus dans des T-shirts trop grands, pianotent, concentrés, devant leur ordinateur, casque vissé sur les oreilles. De temps à autre, ils prennent une gorgée de café et, à l'heure du déjeuner, s'enfilent de la junk food au kebab du coin.

L'origine du dessin animé, le premier qui ait été créé au Pakistan, n'a pourtant rien de léger. Fin 2012, Malala Yousafzai, une élève de 15 ans, reçoit une balle dans la tête pour avoir défendu son droit d'aller à l'école[1]. Aaron Haroon Rashid, célèbre chanteur anglo-pakistanais qui a vécu en Angleterre, aux États-Unis et au Pakistan, imagine alors ce dessin animé

1. Elle a survécu et a reçu en 2014 le prix Nobel de la paix pour ses actions en faveur de l'école.

humoristique et éducatif pour lutter contre les intégristes religieux qui rejettent l'école et estiment que les filles n'y ont pas leur place. Le personnage principal est une jeune enseignante, Jiya, qui ne porte pas de voile au quotidien mais revêt une tenue mi-ninja mi-burka pour dissimuler son identité à ses ennemis et sauver son école d'un magicien maléfique. Si la super-héroïne maîtrise un art martial qui lui permet de se défendre, ses véritables armes sont les livres et les stylos. Grâce à Burka Avenger, les écoles de la région peuvent rester ouvertes.

J'accompagne une des animatrices qui descend s'acheter une barquette de frites pour discuter un peu. C'est une jeune femme toute simple, peu maquillée, qui porte un foulard discret. Elle a fait des études de graphisme. Elle aime beaucoup le personnage de Burka Avenger : une femme instruite, courageuse, prête à déplacer des montagnes pour défendre le droit des filles à l'éducation.

— J'aimerais être comme elle, me dit-elle d'emblée, capable de dépasser mes peurs et de lutter pour mes convictions.

— C'est un peu ce que tu fais ici en participant à la création du dessin animé, non ?

Elle rigole.

— Oh, je ne suis qu'un petit rouage de l'équipe mais c'est vrai que je me sens chanceuse d'en faire partie. Ce n'est pas facile de trouver un métier qui nous plaît. Il y a très peu d'opportunités dans le dessin animé au Pakistan, *Burka Avenger* est le premier qui ait été créé ici. Pour faire carrière dans ce domaine, il faudrait que je parte à l'étranger mais, honnêtement, je ne me sens pas encore prête à quitter ma famille.

Elle mange ses frites rapidement. Je sens qu'elle a envie de retourner travailler, poursuivre ses créations.

— C'est comme partout, ajoute-t-elle entre deux bouchées. Je dois être excellente, meilleure que tous les garçons si je veux qu'on me remarque et que l'on continue de me donner une chance de bosser ici. Alors je donne tout ce que je peux.

Je lui pose une dernière question : qu'est-ce que la liberté pour elle ? Elle n'a pas besoin de beaucoup réfléchir :

— Pour moi, la liberté, c'est de pouvoir aller à l'école, faire les études qu'on souhaite et choisir son chemin. Tu te rends compte que des filles meurent, ici, pour avoir le droit d'aller à l'école ! Que c'est un sujet qui fait encore débat ! La liberté au Pakistan, ce serait de ne pas avoir besoin de Burka Avenger…

29

Multltan

À Islamabad, je suis proche d'une route mythique : la Karakoram Highway – KKH pour les intimes –, qui me fait rêver depuis que je conduis une moto. Deuxième route la plus haute du monde, elle traverse les montagnes du Karakoram pour relier Islamabad à la Chine. Elle passe par des cols vertigineux qui dépassent les 4 000 mètres – 4 693 au col de Khunjerab, son point culminant. Sa simple évocation suffit à faire vibrer tout *overlander*[1] qui se respecte. Malheureusement, elle part vers le nord et se termine en cul-de-sac pour moi, puisque je ne peux pas entrer en Chine à moto. En outre, mon trajet vers l'Iran et le retour en France me font passer par le sud et cette expédition a déjà largement dépassé le temps prévu. J'ai signé un contrat et dois travailler dans quelques mois en France : je ne peux plus traîner en chemin ni faire de détours trop importants. Je dois me faire une raison : je n'aurai pas le temps de découvrir cette route magique.

1. Voyageur au long cours qui traverse plusieurs pays par la route.

Un peu triste, mais convaincue aussi qu'il faut toujours garder des choses à voir si l'on veut se donner un prétexte pour revenir, je prends la direction du sud-ouest, en direction de Quetta.

Je regrette vite l'altitude de la capitale et sa relative fraîcheur. La chaleur reprend le dessus, accablante, seul point commun avec le Bangladesh. Au contraire de là-bas, ici, les paysages sont extrêmement secs, bruns et plats et les routes pratiquement vides de circulation. Je ne croise que quelques voitures déglinguées et de rares petites motos. Les véhicules sont très chers, ici, et peu de Pakistanais peuvent se permettre d'en posséder un. La route est donc principalement occupée par les camions de marchandises qui m'émerveillent particulièrement : l'expression « beau comme un camion » n'a jamais été aussi appropriée. De couleurs vives – rouge pétard, bleu azur, orange –, ornementés de panneaux de bois sculptés et colorés aux motifs traditionnels, ils sont les rois de la route. Paons multicolores, roses, nénuphars, étoiles sont dessinés à la main sur les côtés ou le dessus de la cabine, formant comme une couronne. Même les enjoliveurs sont assortis. Le conteneur est entièrement peint, lui aussi, et assorti au reste du véhicule. Ce sont de véritables œuvres d'art géantes et roulantes.

Ces camions égaient ma route et j'aime m'approcher d'eux pour les admirer et les prendre en photo – pas trop près tout de même, surtout lorsqu'ils sont démesurément chargés.

Il m'arrive d'être arrêtée sur la route par de parfaits inconnus, qui veulent me souhaiter la bienvenue chez eux ou me proposer de l'eau et des sucreries. Je suis surprise et ravie de cet accueil.

Pendant les heures de grosse chaleur, je fais des pauses dans les maisons de thé lorsque j'en trouve. Dans ces sortes de restauroutes, on peut manger un morceau et boire du thé installé dans un petit espace extérieur sur pilotis ou partager le tapis d'un grand salon à l'intérieur. Ces moments de répit sont très agréables, même s'il est rare que je puisse échanger avec d'autres conducteurs.

Un après-midi, un homme qui parle très bien anglais vient me trouver pour tailler une bavette. Les présentations à peine finies, il me lance, de but en blanc :

— Ce n'est pas facile d'être un homme, ici : la vie est vraiment injuste, dit-il avec un regard dépité avant de poursuivre : Chez vous, on parle sans cesse des femmes pakistanaises obligées de se soumettre à leur mari, on les présente comme des victimes… Elles ont de la chance, au contraire. Elles sont peut-être même les plus chanceuses au monde ! C'est pour les hommes que ce n'est pas facile.

Je retiens un sourire moqueur en lui demandant ce qu'il veut dire. Il me répond avec la même fougue :

— Quand un homme épouse une femme, c'est pour la vie. Il ne peut pas la quitter s'il en a envie. Il doit en permanence veiller à ses besoins, travailler pour rapporter de quoi prendre soin d'elle jusqu'à la fin de ses jours : elle n'a vraiment à se soucier de rien.

Cette « fatalité » semble sincèrement l'accabler, et il secoue la tête. Je hoche la tête, pensive, en essayant de me fabriquer un air compatissant pour ne pas le heurter. Toutes les femmes que j'ai rencontrées témoignent de l'immense différence de liberté qui existe entre les hommes et elles. Mais cela n'ôte rien à la peine que semble ressentir cet homme, lui aussi piégé dans un système de règles sociales et de mariages arrangés qui ne rend personne heureux. Tout le monde semble condamné à respecter des principes rigides et si les uns sont plus libres que les autres, personne ne l'est vraiment.

Une autre fois, épuisée et ne trouvant pas ce genre d'établissement, je me gare pour une pause à l'abri du soleil sous un grand arbre un peu en retrait de la route, dans un endroit désertique. Exténuée et écrasée par la chaleur, ne sachant pas comment surveiller mes affaires, je m'affale sur la moto, la tête sur ma sacoche réservoir. Je me réveille en entendant des chuchotements autour de moi. Un groupe d'une dizaine d'hommes m'entourent, visiblement inquiets, ne sachant si je suis encore en vie mais n'osant pas me toucher. En me redressant, je lis un grand soulagement sur leurs visages et nous éclatons de rire. Ils me proposent de les accompagner dans leur village sur la colline, mais je dois repartir.

Je dois ce jour-là arriver à Multan en fin d'après-midi pour passer la nuit chez Tarik, le frère de Mukaram. Lorsque j'ai eu Tarik au téléphone, j'ai senti qu'il était important que je ne sois pas trop en retard, à cause de l'heure de la prière : je m'empresse de repartir.

Tarik

Tarik m'a donné rendez-vous à l'entrée de Multan avec sa camionnette, devant le panneau indiquant le nom de la ville. Je ne peux pas le louper. C'est un homme aux cheveux noirs, rasé de près, en chemise blanche et pantalon de flanelle. Il a l'air plus jeune que son frère et est journaliste pour une télévision locale.

Je suis sa camionnette dans un dédale de rues poussiéreuses aux bâtiments peu élevés. Nous arrivons dans un quartier résidentiel où toutes les maisons sont entourées de hauts murs surmontés de fils barbelés, et pénétrons dans l'une d'elles. Lorsque Tarik ouvre la porte de son jardin, je suis très surprise : tout est parfaitement propre, blanc et vert, sans aucune trace de la poussière qui semble envahir le reste de la ville. La maison de plain-pied où il vit avec sa femme et leurs deux enfants est entièrement dallée d'un carrelage étincelant, avec un toit plat comme la plupart des maisons du pays. De grandes plantes en pot ornent l'allée. Je me gare contre la maison. Tarik ferme la grande barrière. La rue et la poussière disparaissent.

Le frère de Mukaram et sa femme Fatima déploient de grands efforts pour que je me sente bien chez eux. Mais je sens tout de suite qu'ils ne savent pas vraiment quoi faire de moi. Ils m'installent dans une grande chambre, m'apportent des fruits, des bonbons et de l'eau fraîche, mais me font comprendre que je ne suis pas du tout supposée en sortir.

Je prends timidement possession des lieux, lorsque je vois débarquer les deux enfants du couple, un garçon de 5 ans et une fillette de 8 ans, déjà voilée. La curiosité a sans doute été la plus forte et ils ont apparemment une envie irrésistible d'observer l'étrangère de plus près. Ils sont charmants et leur compagnie me met du baume au cœur. J'adore les enfants. Je me voyais déjà rester seule entre ces murs blancs, sans vie.

Nous ne pouvons guère échanger que des gestes et des sourires et, pour les amuser, je sors mon jeu de

Uno. C'est un vieux paquet de cartes qui me suit depuis mon tout premier départ à l'aventure. Les règles sont assez simples pour être comprises sans parler la même langue. Ce jeu m'a si souvent aidée à briser la glace, et j'ai passé tant d'heures à rire grâce à lui avec des inconnus de tous âges, de tous milieux, de tous pays, qu'il est devenu une sorte de gri-gri. Après plusieurs milliers de kilomètres et des dizaines de rencontres, mes cartes sont un peu pliées, un peu noircies… mais je n'en changerais pour rien au monde.

Je commence à expliquer le principe du jeu aux enfants qui se bidonnent déjà comme des fous. Nous nous installons sur le lit et nous mettons à jouer. Mais, alors que nous commençons la troisième partie, Tarik arrive dans l'embrasure de la porte restée ouverte, et soudain se fige. Je le vois passer par différents états de surprise puis de colère sourde que je ne comprends pas à ce moment-là. Il me regarde durement puis se reprend et repart sans rien dire.

Nous n'aurons pas de discussion à ce sujet mais, alors que la partie continue avec les enfants, je réalise que j'ai sans doute fait une erreur en leur proposant de jouer. L'islam interdit les jeux de hasard et d'argent, considérés comme sources de gains trop faciles et de conflits et, dans l'islam rigoriste, cette règle peut être étendue à toute forme de jeu, notamment aux jeux de cartes. Après tant de bons moments passés avec la bande de Mukaram ou avec Steven, je ne songeais plus à cette restriction. Je supposais naïvement que Tarik partageait les mêmes idées que son frère. Manifestement, il n'en est rien. Je prends rapidement conscience qu'il est rigoriste et applique à la lettre les règles de l'islam, même s'il est habillé à l'occidentale.

Voir sa fille de moins de 10 ans déjà voilée aurait dû m'avertir.

Tarik a probablement compris que ses enfants n'allaient pas devenir addicts aux jeux à cause d'une simple partie de Uno, ou qu'il n'était pas approprié de faire un scandale. Il n'a donc rien dit. Mais j'ai commis un impair. Je ne me sens pas coupable mais je ne souhaite pas froisser mes hôtes.

Je sens Tarik stressé par ma présence et par cette entrée en matière : mon séjour va être compliqué. Mais les enfants ne se sont rendu compte de rien et sont surexcités. La petite, surtout, qui, la partie finie, en réclame une autre. Suite à mon refus, elle change d'idée et m'explique qu'elle tient absolument à me peindre les mains au henné avant de se lancer dans une séance de mise en beauté dont je sors les paumes couvertes de délicats motifs entrelacés. Je suis ravie d'avoir fait office de poupée pour elle.

Plus tard, un couple d'amis arrive et je suis invitée avec insistance à rester dans mes quartiers. Décidément, dans ce voyage, j'aurai souvent été enfermée… L'épouse du couple vient cependant me trouver pour un brin de causette. C'est une petite femme ronde, voilée de noir de la tête aux pieds, et parlant un très bon anglais. Elle m'explique que son époux et elle ont prévu de s'installer sous peu au Canada. Elle m'interroge sur mon voyage, mais elle écoute peu les réponses et passe rapidement à un autre sujet : les bienfaits de l'islam. Elle m'explique à quel point le port du voile est bénéfique aux femmes et que cela les protège, qu'il faudrait absolument que je lise le Coran qui existe dans toutes les langues, même en français, et qu'une conversion à l'islam me ferait le plus grand bien.

Je ne débats que mollement en l'écoutant avec un sourire poli : je sais que mon avis n'aura pas d'importance pour elle. Elle me quitte, visiblement très heureuse d'avoir fait acte de charité en m'expliquant comment sauver mon âme.

Après le départ de leurs amis, Tarik, qui tient beaucoup à m'accueillir dignement – son frère le lui a demandé –, m'emmène dans le centre de Multan pour visiter les deux édifices incontournables de la ville, le mausolée de Shah Rukn-e Alam et le Ghanta Ghar. Puis il m'annonce que nous allons dîner au restaurant, avec sa femme. Je suis ravie que Fatima puisse se joindre à nous, car elle n'avait pas eu le droit de participer à la visite touristique et je l'avais sentie un peu déçue. Elle est enchantée et très excitée. Elle me glisse qu'elle a peu l'occasion de sortir de chez elle et court se préparer.

Dans la maison, je ne l'avais encore vue qu'en cheveux et sans maquillage, mais elle revient couverte d'un niqab qui ne laisse plus apparaître que son regard lourdement ourlé de mascara. Je prends pleinement la mesure de l'effort colossal que font son époux et elle en m'accueillant chez eux, et du grand écart culturel que cela représente.

Lorsque nous arrivons au restaurant, je suis plus surprise encore : ils m'ont emmenée au Pizza Hut ! Visiblement, si j'en crois la fréquentation des lieux, c'est *the place to be* pour les familles de Multan. Je n'imaginais pas me retrouver au Pakistan et manger des pizzas américaines dans ces décors standardisés. Tarik et son épouse semblent ravis et amoureux dans cette ambiance dépaysante. Pour la première fois, je les vois main dans la main.

Le lendemain, nous nous quittons avec un certain soulagement mutuel. Tarik m'escorte à la sortie de la ville et nous nous souhaitons bon vent d'un coup de klaxon.

30

Quetta

Je poursuis ma route vers le sud. Ma priorité est à présent d'atteindre la frontière de Taftan, entre le Pakistan et l'Iran.

Je suis obligée de passer par Quetta, pour remplir des formalités administratives, une ville proche de la frontière afghane où les talibans font régulièrement des rappels à l'ordre punitifs au travers d'attentats. Je suis un peu inquiète, donc je roule autant que possible en évitant de faire trop de haltes. Mais je ne réussis pas à rejoindre Quetta dans la journée et je ne trouve aucun lieu pour passer la nuit. Je m'arrête pour regarder mon GPS. Je cherche un village aux alentours qui pourrait m'accueillir ou un endroit discret où je pourrais planter ma tente, lorsqu'une patrouille de police s'arrête à mon niveau pour un contrôle d'identité :

— Où est votre escorte ?

— Je n'en ai pas.

— Comment ça, vous n'en avez pas ? Circuler sur cette partie du territoire est interdit sans escorte pour les étrangers comme vous.

Je les regarde, surprise. On m'avait dit que l'escorte n'était nécessaire qu'à partir de Quetta, sur la route qui mène en Iran, et pas avant. Ce que j'explique aux policiers. Visiblement, la réponse ne leur convient pas. Après un échange avec leur supérieur, ils m'invitent à les suivre chez le gouverneur du district. Je pourrai y dormir.

J'arrive de nuit dans une sorte de caserne où le gouverneur occupe une énorme maison de maître, son logement de fonction. Il m'accueille avec chaleur et délicatesse, très heureux de partager son dîner avec moi. Je suis un peu gênée mais on m'assure que je ne dérange pas et que ce n'est pas la peine d'aller à l'hôtel. On viendra me chercher le lendemain pour aller au poste de police et rejoindre mon escorte.

Le gouverneur m'explique que les Américains viennent de tuer un chef taliban qui roulait sur une route non loin, attisant ainsi la colère des Afghans. C'est pour cette raison qu'une escorte est actuellement demandée avant Quetta. Il m'affirme cependant que ce n'est pas un problème, que l'essentiel est que je sois ici saine et sauve, et qu'il va régler la question avec la police. Je passe une très bonne soirée, chez un homme cultivé qui regrette les désagréments que la situation impose aux voyageurs et plus encore à sa population. Puis il m'envoie dormir dans une chambre plus grande que mon propre appartement.

Le lendemain, ce n'est pas moins qu'un véhicule militaire blindé qui m'attend pour aller au poste de police. Je m'y enregistre pour pouvoir faire le déplacement jusqu'en Iran, puis nous partons sans attendre. Le blindé ouvre la voie, nous roulons à son rythme. Suivre ce type de véhicule n'est ni confortable ni rassurant. La route longe la frontière afghane très proche, une zone particulièrement sensible. Rien ne sépare vraiment les deux pays et je comprends combien il est facile pour les talibans d'entrer au Pakistan et d'en repartir sans être arrêtés. Rapidement, nous croisons les débris de deux voitures brûlées, celles-là mêmes qui ont été visées par les drones américains quelques jours auparavant.

Le trajet jusqu'en Iran se poursuit ainsi sur une route monotone, sans possibilité de s'arrêter, de visiter, ou même de prendre des photos. Les seules haltes se font au moment du changement d'escorte. L'organisation de ma protection incombe à chaque district et à l'entrée de chacun d'eux un nouveau véhicule m'accompagne. Il y en aura de tous types : voitures de police, fourgons de l'armée, scooters, etc., en plus ou moins bon état, avec des chaperons plus ou moins armés.

Si tout le monde est très attentif à mon bien-être, je finis tout de même par avoir l'impression d'être une matière hautement inflammable, une sorte de patate chaude que l'on se refile le plus vite possible. Je suis vaille que vaille le rythme de cheminement que l'on m'impose. Je deviens experte dans l'art de m'appliquer de la crème solaire ou d'attraper et d'ouvrir une bouteille d'eau en roulant. Évidemment, on me conduit à la fin de chaque étape dans des hôtels que je ne choisis pas, en me donnant rendez-vous pour le lendemain et en réduisant les échanges au strict minimum. Je vis donc cette très curieuse expérience de n'être jamais seule, tout en passant mes journées avec des hommes qui ne me jettent pas un regard et ne m'adressent pas un mot… par respect pour moi.

Muchtiar

Un soir, alors que je suis en train de m'installer à l'hôtel – le seul de la petite ville où nous nous sommes arrêtés –, je décide de laisser la porte de ma chambre ouverte quelques minutes. Manifestement, il n'y a pas foule, et j'espère que le ventilateur chassera l'air étouffant de la pièce. Erreur de débutante. Muchtiar, le patron, entre presque aussitôt et s'installe sans y être invité. Il s'ennuie, et mon arrivée « l'intéresse », comme il dit. Il me propose une visite de l'établissement et surtout de son toit-terrasse qui offre une vue imprenable sur les montagnes. J'hésite un peu, mais je finis par accepter : je ne veux pas être impolie, je me dis que j'ai peut-être là l'occasion de faire de belles images. Et puis, je l'avoue, Muchtiar a un très bon anglais, et je suis contente de pouvoir discuter avec quelqu'un quelques minutes. Cela dit, mon instinct me chuchote d'être très attentive à ne laisser aucune brèche qu'il puisse mal interpréter. Accepter sa proposition n'est pas un très bon signal de départ, je le sais : consentir à un tête-à-tête avec un homme équivaut, pour certains, à consentir au reste.

J'installe ma caméra sur le toit. La vue est magnifique, Muchtiar n'a pas menti : j'ai envie de filmer le coucher de soleil de bout en bout pour en faire un *time-lapse*, afin de l'intégrer au film. Problème : cela m'oblige aussi à faire durer le moment. Bientôt, Muchtiar me conduit vers un parapet qui nous soustrait à la vue des voisins. Ce scénario, je le connais par cœur : je réfléchis au meilleur moyen d'y échapper en nous permettant à tous les deux de rester dignes et courtois. Pas simple. Muchtiar me pose des questions sur mon pays puis me demande si je suis mariée.

— Oui, évidemment ! Et j'ai des enfants.

Ce qui est complètement faux, mais j'espère que ce mensonge me rende plus respectable à ses yeux.

C'est une politesse classique avant d'entrer dans le dur. Est-ce que je suis fidèle ? Est-ce que j'ai des aventures ? Parce que la France, patrie des libertés… Mon « non » clair et ferme le laisse sceptique, et très déçu. Mais il n'abandonne pas.

— Tu dois être vraiment fatiguée avec cette route, tu veux un massage ? Au cou ?

— Non merci !

— Tu es sûre ? Ça te ferait beaucoup de bien, c'est ma spécialité.

Je souris intérieurement, en refusant une nouvelle fois de manière très nette. Mais il est particulièrement têtu.

— Pourquoi non ?

— Parce que je ne veux pas.

Que dire ? Me lancer dans un cours sur le consentement dont il n'a manifestement jamais entendu parler ? Je décide de continuer avec des réponses courtes pour ne pas l'inciter à poursuivre le dialogue. Ce qu'il ne semble pas comprendre.

— C'est pour ton bien, tu sais. Tu es vraiment très belle, tu es mince et musclée, je le vois. Tu fais du sport ? Tu es un peu grasse des jambes, mais le haut est parfait.

Il n'a manifestement pas non plus l'habitude de faire la cour à une femme occidentale.

— Est-ce que tu trouves que les Pakistanais sont beaux ?

J'esquive comme je peux, rappelant que je suis mariée et que j'ai encore beaucoup à faire. Il ignore encore mes tentatives de dérobade, et poursuit :

— Ici c'est possible d'avoir une petite amie, mais ce n'est que de la romance par téléphone : tu ne peux pas toucher. C'est vraiment ennuyeux, ajoute-t-il en effleurant mon genou l'air de rien.

Je me lève vivement et m'éloigne de quelques pas. Le soleil n'a pas complètement disparu. C'est vraiment sublime, tout ce ciel en feu : ce serait dommage de couper la séquence maintenant. Mais est-ce que le jeu en vaut la chandelle ? Est-ce que je suis toujours maîtresse de la situation ? Je me rapproche de la caméra, nous obligeant à nous rendre visibles des passants de la rue.

Muchtiar poursuit son monologue sur sa vie, son enfance, ses rêves, ses tâches quotidiennes, ce coin isolé du pays où il végète un peu. Il parle et parle encore, sans franchement s'intéresser à moi. Il se demande à haute voix pourquoi il y a tant de divorces chez nous, et tant de dépressions. Ce monsieur n'a pas seulement envie de « posséder » une femme de passage telle que moi : il a aussi un besoin de s'épancher qui semble inextinguible. Je pressens qu'il a peu d'occasions de le faire le reste du temps, coincé qu'il est dans une éducation dont les codes excluent de révéler sa mélancolie ou ses faiblesses à d'autres hommes, et où l'amitié entre hommes et femmes est inconcevable.

J'écoute donc patiemment, en faisant peu de commentaires. Si je ne craignais pas que ce soit mal compris, je lui tapoterais le dos de temps à autre. Cela me semble infiniment triste, tout à coup, cette distance absurde que la culture impose entre les gens, entre les genres, cette incapacité à communiquer entre égaux, cette solitude. Nous sommes chacun enfermé dans notre case. Une case où les femmes seraient pipelettes, émotives, sensibles, douces, serviables et les hommes forts, virils, sans peur, maîtrisant leurs émotions.

Muchtiar me ramène les pieds sur terre : il n'a pas perdu espoir de me mettre dans son lit, et revient à la charge :

— Les femmes ici sont magnifiques. Tu ne peux pas t'en rendre compte en les voyant en tchador dans la rue, mais, chez elles, elles sont normales.

J'aimerais beaucoup savoir ce qui est normal à ses yeux, mais je m'abstiens de l'interroger.

— Avant, j'avais deux petites amies, elles sont mariées maintenant. Enfin, c'était au téléphone seulement, impossible de passer un moment ensemble.

Je me demande quel stratagème il a pu déployer pour dénicher leur numéro.

— On ne peut pas s'embrasser, avoir de l'intimité… baiser.

Le mot est enfin lâché. Je déglutis et je m'éloigne de lui autant que je peux sans donner l'impression de fuir.

— Baiser ?

— Oui, tu sais, comme chez vous, en Europe !

— Chez nous ? Ça ne se passe pas ainsi, chez nous. D'abord, il faut que les deux soient d'accord pour avoir un rapport sexuel, on ne peut pas l'imposer. Et une relation n'est pas forcément basée sur les rapports sexuels, bien au contraire. On peut aussi être juste amis, discuter. Tu vois ?

J'essaie de nuancer au mieux, mais il a déjà son avis sur l'amitié.

— Ici, si tu veux baiser, tu dois aller voir une prostituée. Et c'est très cher, 100 dollars ! Bon, tu peux en trouver à 30 ou 40 dollars, mais, à ce moment-là, c'est vraiment sale. Alors qu'avec les touristes… Avant il y avait beaucoup de touristes par ici, on passait de bons moments sur cette terrasse.

Muchtiar saisit ma main, baisse les yeux sur elle. Cette fois, la situation devient franchement critique. J'aurais dû couper court bien plus tôt, il est urgent de mener une opération d'exfiltration. Je me dégage vivement en le remerciant pour la visite. Ça tombe bien, le soleil s'est couché. J'attrape mon trépied en lui lançant « À demain ». Je fais vite pour que nous ne nous retrouvions pas enveloppés dans l'obscurité et, rentrée dans ma chambre, je verrouille soigneusement la porte et empile mes bagages devant. Je pose en équilibre une tasse et une cuillère. Si quelqu'un essaie de venir, je suis sûre de l'entendre. Il n'a pas l'air violent, mais il a les clefs. On ne sait jamais.

Je suis toujours surprise par ces hommes qui, alors que les femmes de leur pays ne sont pas libres de leur vie affective et amoureuse, semblent penser que la liberté sexuelle dont les Françaises disposent signifie *a contrario* l'acceptation de tout, et une entière disponibilité pour eux. Sans avoir l'air de comprendre qu'il s'agirait là, en réalité, d'une complète négation de notre liberté.

Je m'assois sur mon lit, fatiguée. J'espère au moins que mon *time-lapse* sera à la hauteur du risque que j'ai pris.

Taftan

À la fin du mois d'avril 2016, après quatre jours sous escorte, j'atteins la frontière irano-pakistanaise de Taftan. Mes accompagnateurs me déposent devant la barrière de la douane et repartent aussitôt sans demander leur reste. Il est 17 heures, le soleil se couche déjà : le chef douanier pakistanais m'indique qu'il ne servirait à rien de faire les formalités puisque, du côté iranien, les bureaux sont déjà fermés. Je regarde autour de moi et ne vois que des montagnes, le désert et une longue ligne de fils barbelés très hauts : ce poste-frontière est vraiment isolé, perdu au milieu de nulle part. Une énorme bâtisse d'un étage, avec une cour intérieure assez grande pour y parquer une dizaine de véhicules, tient lieu de bâtiment principal pour les services administratifs. Derrière, je devine d'autres logements et des garages. J'imagine que je ne peux pas aller seule au village qui est un peu plus loin.

Je demande au douanier si je peux planter ma tente dans la cour. Il éclate de rire : je crois que je lui ai offert un sujet de rigolade pour toute la soirée. Sa moustache tressaute sans s'arrêter.

— Mais ça ne va pas ? C'est hors de question ! Vous pouvez rester ici pour la nuit mais il est impensable de vous laisser dormir dans une tente. Il y a des chambres avec des lits de camp. Vous pourrez vous enfermer à clef, bien sûr, ne vous inquiétez pas. Ah, ces étrangers, vraiment ! conclut-il en secouant la tête.

Joignant le geste à la parole, il m'indique une sorte de guérite où je peux installer mes affaires, avec des toilettes à côté. Il a indéniablement un grand sens de l'hospitalité mais ses collègues et lui n'ont pas celui du ménage et de l'hygiène. Le chef de la douane m'invite également à partager le dîner qu'il s'apprête à prendre dans son bureau, avec un collègue. Je lui dis que je n'ai besoin de rien en lui montrant mes pâtes chinoises, mais il fait une moue de dégoût.

— C'est quand même votre dernier repas au Pakistan. Vous avez visité mon pays, vous allez avoir droit à un vrai dîner typique de chez nous. Pas question de manger ces horreurs.

Je dois admettre que le biryani est bien meilleur que mes pâtes, et il est délicieusement accompagné de poulet juteux. Les deux douaniers me racontent à quel point les lieux sont devenus déserts depuis que les talibans mènent des attaques régulières, qu'ils sont bien loin de la capitale et se sentent un peu abandonnés. Il est si rare de voir une touriste à moto que ma présence les enchante.

Nous terminons à peine notre repas qu'un jeune soldat en uniforme arrive, la mine sérieuse. Il chuchote quelques mots à l'oreille du chef de douane qui se lève immédiatement et me signifie que la soirée est terminée : je dois rejoindre la guérite qui me sert de chambre et on m'ordonne gentiment de ne pas en sortir jusqu'au lendemain. La patrouille iranienne vient de leur amener, de manière musclée, une vingtaine de Pakistanais sans papiers. De la fenêtre où je me tiens, j'aperçois la cour du poste de douane et les malheureux à genoux, mains sur la tête, qui attendent la suite des événements.

Le lendemain, mon douanier moustachu m'explique, toujours aussi décontracté, que les relations entre les deux pays sont tendues et qu'il ne s'entend pas très bien avec ses homologues iraniens qu'il considère comme « des chiens ». Il estime que je ferais mieux de rester au Pakistan, où les gens sont sains et vertueux, que de me rendre dans cet antre du démon où les femmes sont toutes des prostituées. Il admet cependant que je dois rentrer en France et que c'est le seul passage possible. Mais il me lance, au moment où je démarre :

— Ne restez pas trop longtemps dans ce pays. Ils ne savent pas ce qu'est la liberté là-bas, vous savez !

Le vaste *no man's land* truffé de barbelés qui sépare les deux postes-frontières entre le Pakistan et l'Iran m'avait déjà donné une idée des liens entre ces deux pays !

SIXIÈME PARTIE

L'IRAN

31

Kerman

Au matin, le douanier me conduit à un petit bureau où son collègue tamponne mes papiers. Tout est en ordre, on m'ouvre la barrière bien gardée et une voiture m'accompagne jusqu'à la frontière iranienne où un militaire, à l'abri dans sa guérite, vérifie mon passeport et me laisse passer en faisant signe à ses homologues pakistanais qu'ils prennent les choses en main. Je me présente au bâtiment administratif, qui est d'une autre classe que celui que je viens de quitter : immense, blanc, moderne, il compte plusieurs guichets où des fonctionnaires règlent les formalités. Une dizaine de véhicules aux motifs camouflage, bien entretenus, sont prêts à partir à l'action. Je passe vraiment d'un monde à un autre.

Je reçois mon visa iranien sans difficulté, mais le préposé exige qu'une escorte m'accompagne pendant une dizaine de kilomètres jusqu'à Mirjaveh, la première ville côté iranien. Je suis encadrée par une poignée de jeunes gens armés et en treillis, en voiture devant moi et à moto derrière. Je ne comprends pas trop ce principe de précaution, d'autant qu'ils m'abandonnent tous dès le premier panneau indiquant l'entrée dans Mirjaveh, sans même me saluer. Les deux motards repartent en roue arrière – en faisant un peu les malins –, dans l'espoir peut-être d'une nouvelle chasse à l'homme plus amusante à la frontière. En un instant, je me retrouve seule. Sensation étrange après ces derniers jours sous escorte, mais je suis soulagée. Je décide de rouler jusqu'à la ville suivante, Zahedan, où je trouve plus facilement un hôtel pour la nuit et, dès le lendemain, j'entame les quelque 500 kilomètres qui me séparent de Kerman dont j'ai fait ma première véritable étape.

Pénétrer à nouveau dans ce pays et y rouler seule me met en joie. Je ne suis pas revenue ici depuis mon premier voyage en Iran, trois ans plus tôt, et, à l'époque, l'ambassade iranienne en France m'avait formellement interdit d'arriver à moto non accompagnée. Christian m'avait alors rejointe mais, sur place, nous nous étions rendu compte qu'entre les lois, les coutumes, les règles mouvantes édictées par les imams et le besoin inextinguible de liberté de la population, les pratiques quotidiennes n'avaient pas toujours des contours très définis et qu'il n'était notamment pas interdit aux femmes de conduire une moto… mais seulement de passer le permis. J'en profite donc désormais pleinement et ni les douaniers ni les policiers qui me contrôlent plus tard sur la route ne me font de remarque. Cela fait du bien.

En deux jours, j'arrive à Kerman, capitale régionale et porte d'entrée du désert le plus chaud du monde, le Dasht-e Lut, que j'ai déjà traversé à moto en 2011.

Désert du Lut

Je suis heureuse de retrouver cette ville, d'autant que Christian m'y attend : il est venu faire des repérages pour une expédition qu'il organise à pied dans le Lut, dans quelques mois. Nous passons un peu de temps ensemble à Kerman : je l'aide dans les préparatifs de son expédition, et il me filme en train de rouler, une entraide qui fonctionne très bien. Ces quelques jours en ville me permettent de me replonger dans ce monde iranien si particulier, où le grand écart est permanent entre le rigorisme et la poésie, les règles strictes et leur contournement, la religion d'État musulmane et l'affirmation individuelle : « Nous ne sommes pas arabes, vous savez, nous sommes perses. »

Au marché couvert de la ville, je retrouve le mélange de parfums épicé que j'avais tant aimé – safran, citron, fleurs séchées –, et ces vendeurs et badauds qui nous interpellent sans arrêt, nous saluent, nous prennent en photo ou nous offrent un thé. Nous goûtons à toutes les dattes que les marchands nous tendent et nous profitons de l'ombre des arcades anciennes aux heures chaudes de la journée. Nous nous retrouvons à partager un délicieux repas avec un couple et leur enfant sur une terrasse ombragée de majestueux cyprès. Je savoure mon *dizi*, une sorte de ragoût iranien qui se mange avec du pain selon un rituel très précis, et je profite de ces instants paisibles dans un pays où la colère gronde trop souvent.

Nous descendons également dans le Lut afin de faire des repérages pour Christian et, malgré la chaleur déjà intense en cette fin de printemps, je suis très heureuse de retrouver ces immensités sableuses dont les formations creusées par les vents sont tellement particulières. Nous passons une nuit dans le désert sous un ciel au millier d'étoiles parfaitement visibles. Rouler un peu est agréable et nous en profitons pour faire des images avant de remonter à Kerman d'où nous reprenons ensemble la route vers Yazd, ville du désert à 400 kilomètres au nord, que je me réjouis tout particulièrement de revoir.

32

Yazd

Yazd est l'une de mes deux cités préférées dans ce pays, avec Ispahan. Je n'imaginais pas traverser de nouveau l'Iran sans y revenir. Elle a la couleur ocre des deux immenses déserts qui la cernent : le Dacht-e Kavir au nord, le Dacht-e Lut au sud. Elle est surtout un joyau d'architecture où les hommes ont montré combien ils pouvaient être ingénieux pour contrer la rudesse d'un climat aride. Il règne un calme apaisant sous les arches de la vieille ville, presque entièrement couverte pour préserver un peu de fraîcheur. Les ancêtres des populations actuelles ont développé des trésors techniques pour survivre alors que le thermomètre dépasse très souvent ici les 40 °C à l'ombre. Ils ont bâti les *badguirs*, des « tours du vent » capables de capter les courants aériens pour rafraîchir les maisons[1], ou encore les fameux *qanats*, tunnels souterrains à la pente extrêmement faible, souvent moins de 1 %, qui puisent l'eau des sources éloignées et la font circuler par gravité, sur des dizaines de kilomètres

1. Mélusine Mallender, *Les Voies de la liberté*, Paris, Robert Laffont, 2020.

parfois. L'Iran compte un peu plus d'une dizaine de ces vastes réseaux de canaux, dont l'un des plus importants est à Yazd.

J'aime déambuler dans le dédale des rues étroites. Impossible, de l'extérieur, de deviner ce qui se cache derrière les portes et les hauts murs épais de briques de terre crue. Les quelques auberges de jeunesse dans lesquelles il est possible de boire un thé ou de passer une nuit en donnent cependant un aperçu, avec souvent d'incroyables jardins verdoyants aux arbres fruitiers parfumés. Fontaines, murs de mosaïques blanches et bleues, oiseaux chantants et alcôves ombragées offrent un cadre où profiter de la fraîcheur et célébrer la vie. Dans ces cours protégées, on oublie la couleur jaune-ocre omniprésente des alentours, le souffle du désert chargé de sable et la soif sous le soleil cuisant.

Atefeh

Je ne suis pas la seule à apprécier ce lieu magique et hors du temps : la vieille ville est inscrite au patrimoine mondial de l'Unesco et, avec l'essor du tourisme international, elle est depuis quelque temps réhabilitée. Cette remise en beauté ne va pas sans figer un peu son aspect, certaines rues se transformant en musée émaillé de boutiques de souvenirs. Mais Yazd est vaste et son éclat reste bien réel.

Alors que nous déambulons sur la place de la mosquée Jameh, une des splendeurs architecturales au cœur de la cité, nous sommes abordés par une jeune femme au large sourire et aux lunettes noires à la mode qui se présente dans un parfait anglais comme une guide touristique. Nous acceptons avec plaisir sa proposition de nous faire faire un tour de la ville. Ce sera surtout l'occasion de discuter un peu avec elle de l'évolution de l'Iran ces dernières années. Hassan Rohani, un politicien relativement modéré, est devenu président en 2013 à la place du très conservateur Mahmoud Ahmadinejad, qui était resté huit ans au pouvoir. Bien sûr, un changement de président en Iran ne change pas la quintessence du régime, le pouvoir réel étant détenu par le Guide de la révolution, l'ayatollah Ali Khamenei [1], et ses moudjahidines armés.

Avec Atefeh, nous nous baladons dans les rues sans que ce soit une vraie visite guidée : nous discutons de tout et de rien, et surtout de sa vie de jeune femme iranienne. Elle est étudiante en informatique et arrondit ses fins de mois grâce aux touristes. Dans une rue couverte aux maisons mitoyennes, elle nous explique :

— Vous avez ici un aperçu de la culture des gens du désert et plus généralement de celle des Iraniens. Une culture plutôt conservatrice, où l'on ne dévoile pas ce qui relève de l'intime : ni son foyer ni sa femme. Les hauts murs protègent les maisons et le tchador couvre la femme d'un voile pudique. Chez nous, il y a une vraie distinction entre l'intérieur et l'extérieur, le privé et le public. Pas comme chez vous, où vous montrez tout. J'étais choquée de voir autant de statues de femmes et d'hommes nus dans vos parcs !

Elle porte un jean, une tunique longue marron clair par-dessus, et un grand foulard qu'elle attache gracieusement de manière un peu lâche sur ses épaules. Elle me dit qu'elle a voyagé hors d'Iran et connaît un

1. Successeur en 1989 de Rouhollah Khomeini, guide spirituel de la révolution islamique qui avait renversé le shah en 1979.

peu la France pour y être allée voir une amie. Une destination qui ne l'a pas laissée indifférente.

— J'ai réalisé un grand rêve quand je suis allée à Paris et que j'ai vu la tour Eiffel. Mais j'avoue que j'ai aussi été déçue, je n'ai pas été aussi émue que je l'espérais. La France m'a semblé très froide, la météo comme les gens. Votre pays est vraiment magnifique, mais j'ai été surprise par la manière dont vous vous comportiez les uns avec les autres. J'ai trouvé qu'il n'y avait aucune solidarité entre vous. En Iran, lorsque j'ai un problème, j'appelle un ami qui appelle un ami qui appelle un ami… jusqu'à ce qu'une solution soit trouvée. Rien n'est insurmontable, parce que les gens s'entraident toujours.

Pour la différence de température Paris-Yazd, c'est sûr qu'elle a raison : entre ici où il fait en moyenne 39 °C l'été avec plus de 50 °C dans le désert proche, et Paris avec son climat tempéré, le climat n'est pas le même. En revanche, en ce qui concerne les gens, je nuance :

— La solidarité en France prend une autre forme. Les structures mises en place comme la Sécurité sociale, les pompiers, les assurances, le chômage, la retraite, les associations… jouent un rôle assez formidable. Je concède que ces systèmes sont toujours remis en question et insuffisants et que, paradoxalement, parce que ces structures existent, l'entraide directe entre personnes est moins développée qu'en Iran. Ici, c'est plutôt le contraire, j'ai l'impression. Vous avez peu d'aide de l'État et vous devez donc être très solidaires entre vous.

— Pas qu'entre nous ! On accueille facilement les voyageurs chez nous.

— Oui, j'en ai fait l'expérience. Et c'est assez incroyable. En France, les gens sont plus méfiants, je pense qu'ils ont plus peur, ils offrent moins spontanément l'hospitalité à des gens inconnus comme vous le faites. En revanche, ils utilisent assez facilement des applications comme *Couchsurfing* ou *Warmshowers*, qui mettent les gens en relation dans un cadre rassurant.

— Oui, on n'a pas trop ce genre d'applications chez nous, le gouvernement ne voudrait pas. C'est vrai qu'en Iran, avec nos politiques, si on ne s'entraide pas, plus rien ne va. À Paris, j'ai pu m'habiller comme je voulais, sortir à l'heure qui me plaisait… quelle liberté énorme ! J'ai adoré ça ! Même chanter seule en public dans un karaoké, je ne l'avais jamais fait.

— Vous ne chantez pas, en Iran ?

— Non. Une femme n'a pas le droit de chanter parce que sa voix enjôleuse pourrait faire perdre la tête aux hommes[1].

Devant ma moue, elle poursuit :

— Je sais, c'est un peu exagéré. Mais c'est ce que je vous disais : chez nous, le pudique prime toujours sur le démonstratif. Une fois qu'on a compris ça, on vit très bien dans mon pays, parce que l'âme perse y demeure très forte.

— L'âme perse ?

— La poésie, l'accueil du *taroof*, la délicatesse et le principe d'égalité.

Après un silence, elle ajoute :

1. Une femme n'a pas le droit de chanter seule en public, mais elle peut le faire en groupe. Ce qui se fait tout de même rarement.

— Le premier à avoir écrit une déclaration des droits de l'homme[1] est un Perse : Cyrus le Grand. Vous le saviez ?

— Non.

— Il a libéré les Juifs, aboli l'esclavage, il a déclaré que toutes les personnes avaient le droit de choisir leur propre religion et établi l'égalité raciale. En 539 avant Jésus-Christ, vous vous rendez compte ?

— Mais ces règles ne sont plus vraiment en vigueur aujourd'hui, si ?

— C'est vrai. Nous avons aujourd'hui des règles islamiques. Mais ce sont des règles qui ont été importées lors des conquêtes arabo-islamiques : elles ne reflètent pas l'âme perse. Cependant, elles dictent aujourd'hui notre conduite. Et tout n'est pas à jeter. Chez vous, on ne parle que de notre gouvernement, de ses interdits. Mais notre peuple, ce n'est pas la même chose. Et les interdits ne sont pas seulement le fait de l'Iran, en plus. Certains pays nous interdisent des choses en nous imposant des embargos. Je trouve que personne ne devrait avoir le droit de pouvoir user d'une arme nucléaire, mais pourquoi certains ont le droit de le faire et pas notre pays, alors qu'ils sont au moins aussi dangereux que notre gouvernement ? On est sanctionnés sur tout et à un très haut niveau, et tout le monde trouve ça normal. Pourtant, ce sont les gens qui souffrent de ces interdits, c'est moi, c'est nous, toute la population qui est punie. Le gouvernement nous impose des règles très dures, mais nous sommes aussi punis par les règles internationales.

1. La déclaration écrite, identifiée comme la première Déclaration des droits de l'homme dans le monde, est connue aujourd'hui sous le nom de « cylindre de Cyrus ».

Ses lèvres tremblent un peu, elle a légèrement haussé le ton aussi : même si elle sait que nous n'y sommes pour rien, cette injustice la fâche. Nous continuons à parler des beautés de l'Iran et de ses contradictions puis elle me propose – Christian nous laisse entre femmes – de rencontrer quatre de ses amies de la fac qu'elle doit retrouver.

Atefeh m'emmène dans un salon de thé à la cour intérieure rafraîchie par une haute muraille et un bassin orné de mosaïques entouré de citronniers. Ses amies, Mozhgan, Mhadie, Saman et Nahid, sont des filles sympathiques et bavardes, capables de se chambrer comme font toutes les copines du monde. Elles ont manifestement adopté la mode en cours chez les jeunes Iraniennes : voiles très colorés portés en arrière, cheveux teints et maquillage appuyé. Elles sont éduquées, travaillent, mais je n'ai clairement pas affaire ici à des révolutionnaires qui désirent se balader cheveux au vent.

— Tu sais, la situation des femmes a bien évolué, me dit Mozhgan pour mettre les choses au point. Nous sommes toutes allées à l'université et nous avons toutes choisi nos conjoints.

— À l'époque de nos mères, c'était bien différent, ajoute Saman.

— Oui, mais les femmes sont sous tutelle, d'après ce que j'ai compris…

— En effet, elles ne peuvent voyager comme elles le désirent une fois mariées : elles sont obligées d'avoir l'accord de l'époux, me répond Nahid avec une petite moue. Il faut donc bien choisir son mari, poursuit-elle en rigolant.

— Mais il existe des contrats, réplique Mozhgan sans laisser les autres parler. Et l'on peut vraiment tout inscrire dans le contrat : le droit de se déplacer sans avoir la permission de l'époux, le nombre d'enfants, le droit de divorcer, tout. Donc tout va bien.

L'idée d'un contrat qui précise tout ce que l'on a le droit de faire sans demander la permission me fait un peu tiquer. Sans doute est-ce une grande avancée par rapport à quelques années auparavant, mais je trouve ces négociations bien alambiquées, et je les comprends mal.

— On parle toujours de nous comme de faibles femmes incapables de rien, juste parce que notre religion nous impose le voile, poursuit Mozhgan, mais c'est loin d'être le cas. Ma mère travaillait, je travaille. Saman par exemple, c'est elle qui travaille et c'est son mari qui s'occupe des enfants.

— Bon, c'est vrai, c'est pas courant, explique Saman, et l'état de la maison n'est pas génial. Nos amis se moquent de lui, mais moi, je trouve cela très bien.

— Tu savais, toi, que les deux tiers des universitaires en Iran sont des femmes ? me demande Mhadie.

— Oui, je l'ai appris lors de mon voyage précédent. Pourtant, très peu de femmes travaillent, non ?

— On est de plus en plus nombreuses, c'est ça l'essentiel, souligne Mozhgan.

— Oui, enfin… On est moins de 20 %[1] à travailler, précise Nahid, aussitôt fusillée du regard par Mozhgan.

Je décide de changer de sujet de conversation et leur demande ce qu'est pour elles la liberté.

1. Seul 16 % de la main-d'œuvre sont des femmes en Iran en 2024 selon le site d'État ecoiran.com.

— La liberté c'est de pouvoir choisir, qu'on soit un homme ou une femme, me répond Atefeh.

— C'est pouvoir être qui on veut, et pouvoir pratiquer sa religion en paix, déclare Mozhgan.

— C'est avoir le droit de voyager, comme toi. Mais pas forcément avec une moto, s'esclaffe Saman.

Après un temps de réflexion, Atefeh reprend :

— En fait, pour moi, la liberté c'est de vivre en Iran avec ma famille. Parce que la liberté, c'est se sentir soutenue et aidée par les siens. Être seule loin des miens, ça n'en vaudrait pas la peine.

Mozhgan et Mhadie quittent le salon de thé et nous montons sur le toit avec Saman, Nahid et Atefeh pour prendre l'air. L'ambiance y est plus détendue. Les voiles, déjà en arrière, couvrent maintenant à peine le chignon, voire tombent sur les épaules, les conversations roulent sur différents sujets, plus légers ; nous plaisantons. À un moment, Nahid me prend par le bras et doucement me dit :

— On parle, on parle, mais on sait ce que ça veut dire, être une femme en Iran aujourd'hui. Nos droits sont toujours une lutte. Seulement, c'est comme partout : on a conscience de notre situation, mais on n'aime pas que des étrangers nous critiquent ou nous jugent. C'est à nous de faire évoluer les choses et de revendiquer ce que nous sommes. On a le droit d'être musulmanes autant que de vouloir la liberté. On cherche des voies d'émancipation, même si on sait que tout ne peut pas changer en un jour. Et le moment que nous vivons n'est pas celui de la révolution : on arrive à cohabiter avec le pouvoir en place. On change à notre rythme, tu comprends ?

J'ai constaté en effet que plusieurs règles ont été quelque peu assouplies depuis mon passage en 2011.

Le nouveau président Rohani a compris le besoin d'aménager des soupapes pour relâcher une pression qui devenait démesurée. Ce qui n'exclut pas de nombreux rappels à l'ordre musclés. Lors de ma première visite, j'entendais çà et là parler de révolution, en catimini. Un mot que je n'ai pas encore entendu une seule fois cette fois-ci. À l'époque, l'espoir que les choses s'améliorent vraiment en Iran existait. Et il habite malgré tout les yeux de Nahid et de ses amies.

33

Ispahan

Je quitte Yazd, laissant derrière moi Christian qui poursuit ses repérages. Nous nous retrouverons dans quelques semaines à Paris. Je couvre en une seule étape les 300 kilomètres qui me séparent de la belle Ispahan, la ville des roses et du safran, un des joyaux de l'Iran.

La route est bonne et je ne suis ralentie que par les traditionnels arrêts que me demandent toujours aussi régulièrement les Iraniens. Ils me font de grands gestes amicaux en me dépassant et, souvent, s'arrêtent un peu plus loin, parfois directement sur la route, pour me saluer et m'offrir des fruits ou d'autres mets en geste de bienvenue. J'apprécie beaucoup ce nouveau voyage en Iran. Je sais comment me comporter avec les gens, je connais déjà un peu les lieux, j'ai quelques adresses où me rendre : je me sens plus légère, et cela me permet de me concentrer pleinement sur les rencontres fortuites et la contemplation des paysages.

Je suis très heureuse de retrouver Ispahan et je vais m'installer sans attendre dans le même hôtel que celui où j'avais résidé lors de mon précédent voyage. M'y attend une immense surprise : par un de ces hasards magiques de la route, j'y retrouve un couple d'amis hollandais que j'avais rencontrés deux ans auparavant en Ouganda : Peter et Leonnie.

L'un et l'autre avaient abandonné de gros postes dans la finance pour entamer deux années autour du monde avec deux motos CRF 250 R. Pour leur porter chance, j'avais accroché à leur guidon une petite croix éthiopienne ramenée d'une cathédrale à Lalibela. Elle est toujours là, mais accompagnée de mille autres souvenirs et gris-gris glanés aux quatre coins de la planète.

Nous sommes ravis de nous revoir ainsi. Peter et Leonnie sont à la fin de leur voyage après des dizaines de pays visités. Je les sens un peu fatigués, presque usés, un sentiment suscité parfois par les trop longs périples dans trop de pays successifs. Ils n'ont désormais plus qu'une envie : celle de rentrer chez eux et d'y savourer rétrospectivement le voyage qu'ils viennent de vivre. Ils n'ont pas beaucoup visité la ville, mais ont décidé de repartir le lendemain à l'aube. D'autant qu'ils se sont déjà fixé un nouvel objectif : conseiller et vendre du matériel et des pièces détachées à d'autres motards qui souhaiteraient vivre l'expérience de la route. Nous nous disons au revoir comme s'il était évident que nous allions nous recroiser.

Pour ma part, je profite de la journée du lendemain pour goûter une nouvelle fois la douceur d'Ispahan où flotte un air de liberté et de plaisir décontracté. Je flâne dans les jardins de la place Naghsh-e Jahan près du palais d'Ali Qapu et de la mosquée du Shah. Dès la tombée du jour, les familles se réunissent sur la pelouse entourée d'une galerie marchande couverte. Dans la fraîcheur de la soirée, certains pique-niquent ou se retrouvent pour papoter. Je vois des groupes mixtes jouer au volley, des enfants faire du roller ou du vélo. On me fait des signes, on me dit bonsoir, on me demande une photo, toujours aussi gentiment. Il règne un petit air de vacances.

Lorsque je rentre à l'hôtel dans la soirée pour me reposer avant de ressortir dîner, le réceptionniste me demande, le plus naturellement du monde, si je veux bien participer à sa noce de mariage le lendemain. Je devrais être surprise de cette invitation émanant d'une personne que je ne connaissais pas la veille, mais j'ai été si souvent conviée à des mariages durant ce voyage que je ne suis même plus étonnée : j'accepte avec plaisir. Le lendemain, avec deux autres Françaises de passage qui ont également été sollicitées – Nolwen et Héloïse –, nous voilà en route, pomponnées et maquillées, pour la noce de notre réceptionniste.

Nous ne sommes pas invitées à la cérémonie d'échange de vœux qui se fait avec la famille proche, mais aux réjouissances qui suivent, dans un espace dédié à ce genre d'événement en retrait de la ville, en pleine campagne : une grande cour abritée par un toit en treillis recouvert de glycine et de vigne. Les convives arrivent peu à peu et se massent devant le portail en riant. Nul ne paraît surpris par notre présence. Une voiture noire aux vitres teintées arrive, musique à fond, et le couple des mariés en sort en dansant sous les hourras. La fête peut commencer.

Le marié est vêtu d'un costume tiré à quatre épingles, la mariée, en blanc, est splendide dans sa longue robe pailletée couverte de dentelle et qui finit en traîne. Elle est coiffée d'un chignon haut cerclé de fleurs en strass. Elle n'a pas de voile. Le ton est donné. Certaines femmes ne le porteront pas de la soirée, d'autres très légèrement. Une centaine de convives dansent, genres et générations confondus, autour des mariés rayonnants d'allégresse et d'amour. On crie, on tape des mains, les tubes s'enchaînent, peu importe le style, et tout le monde s'en donne à cœur joie. Discrètement, dans les bouteilles de soda, circulent quelques litres de ce vin de fabrication artisanale que l'on trouve dans beaucoup de foyers, et quelques personnes fument dans un coin.

Des groupes de femmes échangent les derniers ragots de la famille et une petite mémé se démène sur la piste, se contorsionnant dans tous les sens en sifflant comme à un match de foot. Elle semble nous avoir adoptées. Elle m'invite à danser et ne cesse de me faire des clins d'œil entendus en me montrant des hommes pas vilains à regarder. Ce qui la fait énormément rire.

Moi qui suis d'habitude plutôt sceptique sur l'idée du mariage, j'apprécie cette célébration d'un couple qui a l'air heureux et amoureux. Je m'assois un moment pour contempler la fête qui bat son plein, et je lis le bonheur dans les regards des convives. Dans un pays où la danse et la musique restent officiellement interdites, où hommes et femmes ne sont pas supposés faire la fête ensemble, ce moment paraît hors du temps. Comme je souhaiterais qu'il soit vécu au grand jour ! Le bonheur ne devrait jamais être caché.

34

Elbrouz

Après Ispahan, je décide de remonter vers le nord et la mer Caspienne, une région que je n'avais pas pu parcourir lors de mon premier passage dans ce pays. Je roule dans les chaleurs du grand désert salé du Kevir qui me mène jusqu'au pied du plus haut sommet de l'Iran, le Damavan avec ses 5 610 mètres. Puis je contourne par l'est la fameuse chaîne de l'Elbrouz qui court de l'Arménie à l'ouest jusqu'aux abords du Turkménistan à l'est. Je suis tiraillée par une furieuse envie de me lancer dans des randonnées que ces paysages promettent splendides, voire de faire du ski, sport dont les Iraniens semblent très friands dans les quelques stations de la région. Mais je n'ai ni l'équipement ni ne suis vraiment à la bonne période pour la montagne, donc je dois me contenter de contempler les neiges éternelles vues d'en bas, quand je m'arrête pour camper, abritée dans de petites vallées. J'ai l'impression de revenir plusieurs années en arrière, au temps où seul le plaisir de me balader conduisait ma moto. Cela me fait du bien.

Je continue jusqu'à la mer Caspienne et ses stations balnéaires. Ce n'est pas vraiment le week-end ou la saison des vacances, et les lieux sont très peu fréquentés. Flotte dans l'air un parfum de désolation qui ne m'attire pas vraiment. Me baigner est totalement exclu, même si l'eau est plutôt bonne. Je n'ai pas du tout envie de nager entièrement vêtue puis de traîner des vêtements salés-mouillés dans le fond d'un sac. Mais en longeant un peu la côte, je trouve un bel endroit assez discret pour établir un campement. Les nuages ont envahi l'espace et les gris du ciel et de la mer se confondent. La mer n'est pas vraiment belle et mon petit côté un peu chauvin me fait préférer à toutes les plages du monde celles de mon enfance : les vastes étendues sableuses des Landes, avec leurs dunes sauvages et leur océan vivant et iodé. J'ai néanmoins beaucoup de plaisir à passer une nuit tranquille, bercée par le bruit du vent et du clapotis de l'eau que j'ai toujours adoré.

Massouleh

Je poursuis ma route vers l'ouest et m'éloigne un peu de la mer pour me rendre à Massouleh, dont les maisons, toutes construites les unes adossées aux autres, s'agglutinent contre le flanc d'une montagne. Ce village du Xe siècle est encore habité par 900 âmes. Les murs sont enduits d'argile ocre et marron et les toits, faits d'immenses dalles de pierre, servent de terrasse, mais sont aussi un lieu de passage : on se déplace en marchant de toit en toit et en empruntant de multiples escaliers étroits. Les motos et les voitures sont naturellement exclues et tout se fait à pied. Le village est très beau et sa réputation l'a rendu assez touristique, mais il demeure calme et propice à la flânerie du fait de son caractère piétonnier.

J'admire la vue sur la vallée à côté de deux marchandes qui ont étalé leurs biens à même un toit, lorsque deux femmes viennent négocier un achat de petits pains auprès d'elles. Il s'agit d'une mère et de sa fille qui, en me remarquant, m'interpellent pour engager la conversation en anglais. Omol, la mère, est professeure d'université et sa fille, Golestan, fait des études de commerce. Elles sont venues toutes les deux faire une balade pour la journée dans ce lieu qu'elles affectionnent.

Comme le ramadan a commencé, elles s'interrogent sur le fait de manger ou non et de boire un thé, puisqu'elles sont en « voyage ». Omol avance cet argument pour acheter un petit pain et se tourne vers moi pour obtenir mon approbation. Un peu embêtée avec le mien dans la main, j'essaie de le cacher comme je peux en souriant et j'évite de répondre à sa question en faisant de la main un geste d'ignorance. Mais il est vrai que j'ai toujours entendu en Iran des gens invoquer quelques exceptions au strict ramadan : peuvent ne pas respecter le jeûne les femmes qui ont leurs règles, les enfants, les malades et les voyageurs. Golestan s'adresse à sa mère comme à une enfant qui aurait essayé d'obtenir une faveur :

— Quand même, maman, on vit à peine à 30 kilomètres d'ici, ce n'est pas vraiment un voyage. Je pense qu'on peut tenir jusqu'à ce soir.

Sa mère fait la moue mais acquiesce, pendant que Golestan ajoute, un peu ironique :

— Ici en Iran, il y a soudain beaucoup de personnes qui trouvent une impérieuse raison de devoir voyager durant la période du ramadan.

Sa mère rit de bon cœur avant de me demander :

— Mais dis donc, où dors-tu ce soir ?

— Je ne sais pas, il faut que je trouve un endroit où camper.

— Camper ? Camper seule ? s'étrangle Omol en me regardant, horrifiée.

— Oui, oui, je campe souvent.

Elles discutent vivement entre elles en farsi, puis Golestan se tourne vers moi.

— Si tu veux, tu peux venir dormir chez mes parents, on en serait très heureuses. J'y dors aussi avec mon mari pour quelques nuits, mais il y a de la place. On se sent gênées de savoir que tu dors seule et sans amis dans la région. Suis-nous.

Elles habitent à Rasht, à bien plus de 30 kilomètres de Massouleh en réalité. Je les suis tant bien que mal, comme chaque fois que je dois suivre des voitures ici car elles roulent toujours très vite. Nous nous arrêtons finalement devant un immeuble moderne et bien entretenu. L'appartement est spacieux et chaleureux, confortable et bien agencé. Nous y retrouvons Somajeh, la petite sœur de Golestan, et Fasseh, le mari d'Omol qui me met tout de suite à l'aise. « Pas besoin de porter le voile pour l'instant », m'indique-t-il. Les deux sœurs commencent à préparer le repas du soir. Je les aide comme je peux et elles me montrent comment on cuisine le safran, en le faisant infuser dans un peu d'eau. Chaque pistil est ramassé à la main pendant le temps de floraison qui est très court, ce qui en fait une des épices les plus chères du monde. Son usage est très apprécié et rend le riz d'un beau jaune vif, précieux. Le repas de ce soir va être délicieux.

Nous rions beaucoup avec Somajeh qui semble aussi enjouée que sa maman. J'apprends que les deux sœurs, qui ont 22 et 19 ans, ont toutes les deux été championnes de taekwondo. Elles suivent des études supérieures à l'université, comme leurs parents l'ont fait avant elles. Ils sont maintenant tous les deux professeurs.

Peu avant le dîner, arrive le mari de Golestan. Quand il sonne à la porte du bas de l'immeuble, Somajeh, Golestan et Omol se précipitent pour se voiler et me demandent de faire de même. Je me plie au protocole poliment. Lorsque le mari rentre dans la pièce, il va embrasser Golestan et jette des regards un peu inquisiteurs sur sa belle-mère et sa belle-sœur. Il ne dit rien en me voyant, mais semble trouver que mon simple voile est un peu insuffisant.

Le dîner est bel et bien délicieux mais il a pour moi un goût quelque peu amer quand je vois cette famille manger presque en silence, n'échangeant que de rares propos banals, quand quelques instants auparavant régnait une joie simple. Au moment de se coucher, chacun se retire dans sa chambre, les deux mariés chacun dans la leur puisqu'il serait indécent qu'ils dorment ensemble sous le toit des parents.

Je suis toujours surprise par ce que je vis chaque fois que j'entre dans une maison en Iran. Il n'est pas évident de toujours bien évaluer la situation, d'avoir les bons codes. Tantôt c'est un homme très avenant qui m'invite à partager un repas dans sa famille, me raconte tout sourire qu'il aime bien les étrangers, mais que s'il voit un Américain alors « tac tac tac » – il mime une mitrailleuse –, m'encourage à prendre un gâteau tandis que sa fille voilée de 8 ans assise avec nous doit respecter un strict ramadan. Tantôt c'est une ambiance qui se transforme totalement : soit les interdits surgissent à l'arrivée d'un convive comme ici, soit ils disparaissent sitôt le pied dans une maison, ses habitants changeant au plus vite de tenue une fois à l'intérieur, buvant du vin et dansant sur de la musique rock. J'apprends à réagir vite, à m'adapter aux moindres revirements et à être très attentive aux consignes, pour ne heurter personne.

Sara

Je continue ma boucle dans le nord de l'Iran et reviens tranquillement vers Téhéran où j'ai enfin réussi à avoir un rendez-vous avec une personne que j'avais très envie de rencontrer : Behnaz Shafiei, une des très rares femmes en Iran qui conduit une moto.

Je suis heureuse de rouler dans ces montagnes de l'Elbrouz, où je suis parfois rafraîchie par la pluie. J'avais oublié cette sensation. La route sinueuse me mène de col en col, au milieu des forêts. L'odeur de l'herbe humide et des grands chênes du Caucase qui foisonnent ici est enivrante. Au détour d'un virage, je croise un cycliste très équipé, manifestement pour un assez long périple. Il n'est pas vraiment fréquent de rencontrer des voyageurs solitaires au long cours à vélo. Je ralentis et, quand je le salue de la main, je m'aperçois que le cycliste est en réalité une cycliste. Une femme qui voyage seule dans ce pays en deux-roues ? Un engin qui reste totalement interdit aux femmes ? Je suis sidérée !

Elle a accroché à l'arrière de son vélo un petit drapeau iranien qui claque joyeusement au vent et elle semble pédaler sans effort malgré la côte. Évidemment, cela pique ma curiosité : je fais demi-tour dès que possible et je la retrouve quelques minutes plus tard qui fait une pause au bord de la route. Quelle chance, j'aurais eu des scrupules à l'interrompre dans sa montée. La jeune femme est en train de boire. Je m'arrête à son niveau et elle semble aussi surprise de voir une femme conduire cette grosse moto que je l'ai été en la voyant. Décidément, même entre nous, nous avons du mal à nous croire capables de faire les choses. Nous descendons chacune de nos deux-roues et rions de notre étonnement à nous rencontrer ainsi. Elle porte le voile sous son casque, mais, à ce détail près, elle est vêtue comme le serait n'importe quel cycliste au long cours : veste technique, legging, baskets et lunettes jaunes, bandeau. Elle a un long visage fin et sourit de toutes ses dents.

Je ne suis pas au bout de mes surprises. Elle me dit s'appeler Sara, avoir la trentaine et venir d'Ispahan. Son anglais approximatif au fort accent ne laisse pas de doute : elle est iranienne. Comment parvient-elle à rouler sans se faire arrêter par la police ? J'ai déjà vu quelques femmes faire des sorties à vélo en groupe sur des chemins en dehors de la ville mais c'était toujours sur de petits trajets à l'abri des regards. Là, elle roule sur la route, plusieurs jours d'affilée si j'en crois son équipement. Quel courage ! J'aimerais lui poser tant de questions mais elle ne parle pas beaucoup anglais et mon farsi ne s'est pas beaucoup amélioré durant ce voyage. Je lui demande si elle a un peu de temps pour discuter, sachant qu'elle a davantage de contraintes horaires que moi pour mener à bien son périple. Elle me répond avec un grand sourire :

— Bien sûr, le voyage est fait pour cela, pour se rencontrer et discuter. Cela va me permettre de faire une pause. De toute façon j'ai ma tente, je peux camper où je veux. Et puis je suis impressionnée par ta moto.

Elle campe aussi seule. Je suis vraiment bluffée.

— Où est-ce que tu vas ?

— Je termine mon tour d'Iran. Maintenant, je rentre chez moi à Ispahan. Ça fait un peu plus de deux mois que je suis sur la route.

— Et qu'est-ce qui t'a poussée à choisir de le faire à vélo ?

— Oh, j'adore le vélo, je ne suis bien que sur un deux-roues et j'ai toujours rêvé de voyager. Mais ce n'est pas évident de quitter le pays, on ne peut pas aller loin. Alors je fais déjà le tour d'Iran. Mais un jour je ferai comme les frères Issa et Abdullah Omidvar. Ils ont fait le tour du monde à moto et en deux-chevaux. J'ai vu le musée sur leur histoire à Téhéran et je me suis dit : c'est pour moi !

— Mais je croyais que le vélo était interdit aux femmes en Iran ?

— Oui, c'est le cas. Enfin, en réalité, ce n'est pas vraiment interdit, c'est juste que ce n'est traditionnellement pas autorisé. Ce n'est pas pareil. Il n'y a pas une loi claire qui l'interdit et chaque imam local décrète ce qui est possible ou non. Alors moi, j'ai décidé de rouler. Et d'essayer d'éviter les imams et les agents de police qui l'interdisent.

— Il existe un flou juridique, donc ?

— Oui. Chaque année a lieu un débat pour autoriser définitivement ou interdire totalement le vélo aux femmes. Un débat sur notre entrejambe et notre moralité. Mais avec notre président actuel, je crois que ça va être autorisé. J'ai l'espoir.

— Et comment les gens réagissent quand ils s'aperçoivent que tu es une femme ?

Elle rigole franchement.

— Oh, c'est sûr, ils ne s'y attendent pas. Mais finalement ils sont plutôt enthousiastes. Puis ils me disent : « Mais tu n'as pas peur ? Il y a des personnes dangereuses, tu dois faire attention. » Alors je leur demande : « Et toi, tu es dangereux ? » Ils rigolent, en disant non, évidemment. Donc je conclus : « Tu vois, finalement, tout le monde est comme toi, accueillant et bienveillant. »

— Et sur le fait que tu sois iranienne, cela ne pose pas de problème ?

— Je crois au contraire qu'ils sont fiers. Ça montre qu'il n'y a pas que les Occidentaux qui peuvent voyager seuls. Nous aussi, on peut le faire. J'avais aussi envie de le prouver. C'est important de se dire que tout est possible. Mais tu sais, la plupart des gens en général ont envie d'un pays libre, sans distinction entre les femmes et les hommes. Et ceux que ça dérange ne m'adressent pas la parole.

— Mais ce n'est pas compliqué avec les mollahs de conduire un vélo pour une femme ?

— Oh, ça dépend des districts, c'est assez aléatoire. Ça s'est plutôt bien passé durant ce voyage. À Ispahan, je me suis déjà fait arrêter par la police près de chez moi, et ils m'ont relâchée.

— Et après tu comptes aller en Europe ?

— Oh, j'adorerais. Mais je tiens un café à Ispahan. Sa thématique est justement le voyage. Regarde.

Elle me montre sur son téléphone des images de son petit café où de grandes cartes du monde et des photos de paysages lointains sont collées au mur. Des amis à elle posent en souriant, des mugs à la main. Des jeunes hommes en chemises moulantes et jeans slim, des jeunes femmes aux cheveux décolorés et au brushing parfait sous des voiles qui tiennent on ne sait par quel enchantement tellement ils sont en arrière sur la tête. Une photo du guide suprême Ali Khamenei est présente comme il se doit sur le mur central, ainsi que des caméras de surveillance : c'est obligatoire et cela permet de fournir à tout moment du matériel vidéo à la police religieuse si elle le demande. Elle ajoute en riant :

— J'adore mon café, mais finalement, ce n'était pas une si bonne idée. J'ai créé un refuge pour inciter les personnes à voyager, mais moi je suis beaucoup moins mobile depuis. Je ne peux plus envisager de longs périples, dit-elle en soupirant. Enfin, ça ne m'empêche pas totalement de voyager, tu vois !

— Tu te sens libre ?

— Oui, conduire, c'est ma vie, je ne fais de mal à personne en le faisant. Je conduirai toujours. J'essaie juste d'être plus discrète quand je vois les forces de l'ordre. On doit toutes avoir nos combats. Tant qu'on me laissera faire du vélo, je serai heureuse.

Elle m'explique tout cela avec des mots simples et une douceur joyeuse, une forme de résistance pacifique. Elle fait ce qui lui semble juste, en se pliant aux règles jusqu'à une certaine limite.

Nous nous quittons en nous promettant de nous revoir un jour, à Ispahan ou à Paris lorsqu'elle fera son tour d'Europe à vélo. Elle me fait un dernier geste de victoire comme pour me dire : « Tout est possible. »

Un an après mon voyage, en septembre 2016, une fatwa sera finalement édictée par l'ayatollah Ali Khamenei à propos de la pratique féminine du vélo : « Faire du vélo attire l'attention des hommes et expose la société à la corruption, mettant en péril la chasteté des femmes. Il faut donc abandonner cette pratique. » Cette règle a mis un terme au flou qui régnait à ce sujet, interdisant définitivement le cyclisme aux femmes en Iran.

Ce durcissement des contraintes n'a cessé d'augmenter dans les années suivantes, sur tous les sujets, complexifiant chaque fois un peu plus la vie des Iraniens et réduisant les droits des femmes. Avec l'assassinat par la terrible *Gasht-e Ershad*, la police des mœurs, de Mahsa Amini, le 16 septembre 2022, la colère du peuple a explosé. Mahsa avait 21 ans et son seul tort était d'avoir porté son foulard un peu trop en arrière. Depuis 2014, des femmes iraniennes avaient commencé à partager des photos et des vidéos d'elles sans voile, bafouant publiquement les lois sur le hijab, dans le cadre d'une protestation en ligne intitulée « My Stealth Freedom » (Ma liberté furtive). D'autres mouvements ont vu le jour depuis, comme les « mercredis blancs » et les « filles de la rue de la révolution ». Mais la répression n'a cessé d'augmenter. La mort de Mahsa Amini a provoqué depuis de nombreuses manifestations, réprimées dans le sang. La situation est électrique et il est difficile de savoir ce qui va advenir. Selon plusieurs sources, des femmes sortent « en cheveux » librement dans quelques quartiers, alors qu'elles seraient lynchées dans d'autres pour le même comportement.

La liberté est devenue une denrée plus que rare dans ce pays, étouffant un peuple qui crie pourtant sa volonté d'être libre et de pouvoir faire ses propres choix. Le choix pour les femmes de porter ou pas le voile est un symbole et la répression à ce sujet n'est que la face visible d'un immense iceberg d'oppression d'un peuple qui crie son besoin de liberté.

J'imagine la tristesse qu'a dû ressentir Sara en apprenant cette fatwa. Son combat à elle, lorsque je l'ai rencontrée, n'était pas de ne pas porter le voile, mais de pouvoir circuler librement avec son vélo. Elle m'avait dit : « Si porter le voile est le prix à payer pour circuler librement, je suis prête à l'accepter. » Aujourd'hui que le vélo est devenu interdit, je ne sais pas quel est son combat. Je ne sais pas ce qu'elle est devenue depuis, dans ce contexte difficile. Je n'ai pas réussi à la joindre mais j'espère qu'elle roule avec son vélo sur les routes du monde. Comme elle en rêvait.

35

Behnaz Shafiei

Le lendemain, j'ai rendez-vous avec Behnaz Shafiei à environ une soixantaine de kilomètres de Téhéran, aux abords d'un vaste terrain de cross. Elle est l'une des premières motocyclistes professionnelles du pays, championne de moto-cross. Son royaume se limite cependant aux pistes de terre car elle n'a pas le droit de conduire sur la route, comme toutes les femmes en Iran. Moi je peux seulement parce que j'ai un permis étranger. Toujours ce jeu entre des règles strictes et parfois absurdes et un espace de liberté que les Iraniennes parviennent à se construire.

À mon arrivée, il m'est facile de la reconnaître à sa tenue de moto. Elle n'a pas de difficulté non plus à comprendre que je suis la personne qui l'a appelée : mon arrivée sur une grosse Tiger ne passe pas inaperçue. Elle me propose tout de suite avec simplicité de venir m'installer dans la maison proche du circuit qu'elle occupe et où je pourrai passer la nuit. Plusieurs autres motards y sont aussi installés, dans ce qui ressemble plus à une auberge commune qu'à une maison privée.

Nous prenons le temps de faire connaissance. Âgée de tout juste 27 ans, elle est petite mais robuste, très maquillée avec des ongles vernis assortis à sa tenue de sportive fluo. Ses tresses dépassent d'une casquette portant le numéro 46, comme son idole, le coureur de grands prix Valentino Rossi, m'explique-t-elle. Elle paraît forte et battante sous couvert de coquetterie un peu girly.

Elle m'invite ensuite à la suivre sur le terrain où s'entraînent d'autres amateurs de cross, dont un couple qu'elle coache. Lorsque tout le monde a fini, Behnaz ajuste sa tenue, monte sur sa moto et, très concentrée, fait plusieurs tours pour que je puisse la filmer, sautant allègrement de plusieurs mètres de haut à pleine vitesse. Après une demi-heure à tourner, soucieuse de montrer le meilleur d'elle-même autant que de m'offrir de belles images pour illustrer son portrait et parfaire son image médiatique, elle s'arrête, transpirante.

Elle me tend sa bécane et m'invite à faire un tour. Je suis touchée de la confiance qu'elle m'accorde et grimpe dessus. J'apprécie la légèreté de l'engin comparée au poids de ma grosse compagne de route et trouve tout de suite la conduite amusante. Mais m'élancer à toute bringue et envisager un saut me semble tout de même une mauvaise idée. Je suis presque rentrée à la maison, l'Iran est ma dernière étape, j'ai réussi à ne pas avoir d'accident : mon instinct de conservation me souffle qu'il vaut mieux en rester là. Je me contente de rouler sur les bosses, ce qui est déjà très plaisant avec ce type de moto.

Je passe deux jours à la regarder s'entraîner ou coacher ses deux poulains. Malgré la générosité dont elle fait preuve dans son accueil et dont je suis très touchée, elle semble toujours un peu hors d'atteinte, sur la réserve ou en représentation. Nous discutons cependant beaucoup et le second soir, elle m'explique :

— Il y a ce que l'on pense et ce que l'on peut dire, il y a ce que l'on montre et ce que l'on fait. Et moi, avec mon statut, je dois faire en sorte que chaque chose que je dis ou que je montre défende mes idées, la volonté que j'ai de montrer un exemple, de donner envie à d'autres femmes de faire aussi de la moto, de faire évoluer nos conditions, sans jamais aller trop loin, sans jamais dire ce qu'il ne faut pas, pour éviter que tout ne s'écroule.

Ce moment où elle baisse un peu la garde me permet de lui poser plus de questions sur elle, sur son parcours :

— Comment as-tu commencé à faire de la moto ?

— Quand j'avais 15 ans, j'ai vu dans un petit village de campagne une femme sur une moto. J'ai trouvé ça fou. C'est totalement interdit en Iran et jamais je n'aurais pensé avant pouvoir conduire une moto. Elle m'a donné ma première leçon de deux-roues. C'était juste merveilleux.

— Mais avant, tu en avais déjà envie ?

— Je me souviens très bien, à 5 ans, un ami de mon père m'avait posé sur sa moto. J'avais pris le guidon. Et je ne voulais plus le lâcher. Je ne sais pas pourquoi, mais j'avais adoré cette sensation. Ils ont dû me décrocher du guidon, dit-elle en riant. Mais ensuite… Ce qu'on laisse faire à une petite fille de 5 ans n'est plus possible après. Jamais on n'aurait accepté que je remonte sur une moto. Alors je regardais les garçons en conduire – il y en a quand même très peu en Iran – en sachant que ce n'était pas pour moi. Pourtant, j'y suis remontée à 15 ans et j'ai su que cette fois je voulais continuer. Donc j'ai cherché comment arriver à mes fins.

— Comment as-tu fait ?

— Je suis allée traîner autour d'un terrain de cross. Je me suis fait des amis. Et, petit à petit, ils ont accepté de me prêter une moto du club. Je venais le soir, un peu tard, je m'habillais en garçon, et comme ça, on me laissait conduire. Chaque tour de circuit que je pouvais faire, je le faisais. Je savais que je ne pourrais m'améliorer que comme ça. Si je devais avoir une chance qu'on m'autorise à piloter un jour officiellement en tant que femme, il fallait que je montre que j'en valais la peine.

— Mais ça coûte cher, ce sport, non ?

— Oh là là, tu t'imagines pas. Au début, je prenais n'importe quelle moto, même à peine en état. Déjà que ces engins sont chers en général, tu imagines en Iran, avec les embargos, c'est encore pire. On n'a pas de grandes écuries de moto ici, alors il faut se débrouiller. Et sans sponsor, c'est presque mission impossible.

— Et tu en as trouvé ?

— Cela a mis du temps. Prouver que je pouvais conduire une moto dans un pays qui n'autorise pas les femmes à le faire, c'est compliqué. Les partenaires iraniens sont frileux. Mais un premier s'est présenté, puis un second. J'ai aussi appris à me vendre. À savoir quoi dire et faire. Maintenant, c'est un peu plus facile, mais ça reste un combat quotidien. Tu sais, c'est simple : moi, contrairement aux autres pilotes, je ne peux pas me permettre le moindre faux pas. Rien ne me sera pardonné. Mais j'ai de la chance, je fais ce que j'aime. Je pilote. J'adore ça. Néanmoins, si je veux vraiment réussir dans ma discipline, il faut que je puisse aller à l'étranger. Donc je dois être performante et prendre de plus en plus de risques. Cependant je dois faire tout le temps attention.

Je comprends qu'elle ne parle pas que des risques d'accident. Elle a un côté très *showbiz*, beaucoup d'emphase et elle est très ambitieuse. C'est un vrai personnage public et célèbre en Iran. Elle m'a montré tous les magazines qui parlent d'elle et je sens qu'elle est souvent préoccupée par son image. Mais je réalise combien son rôle est compliqué. Elle est toujours sur un fil. Elle a trouvé une faille dans ce que les mollahs interdisent, ce qui fonctionne en Iran. Mais personne ne lui fera de cadeau et le moindre mot maladroit pourrait provoquer la fin de cette tolérance ténue. Par ailleurs, si ce n'est pas elle qui fait sa promotion, ce n'est en aucun cas le régime qui la fera pour elle. Elle doit donc tout être : très performante sur le terrain afin de représenter un exemple pour les femmes sans en faire trop, assez féminine pour les partenaires mais pas impudique pour le régime, assez féministe pour aider les femmes à s'émanciper mais respectueuse des moindres règles du pays. Elle doit toujours rester dans le politiquement correct pour ne pas finir en prison ou en exil sans possibilité de retour au pays. En tant que personnalité publique, elle est davantage exposée que les autres et son challenge est quasi impossible.

Je lui demande quels sont ses rêves. Elle en a. Beaucoup :

— J'aimerais aller piloter à l'étranger bien sûr, et peut-être même sur circuit. Et passer mon permis. Enfin. Mais j'aimerais aussi aider les femmes de mon pays. Former plein de filles à faire de la moto, et monter une compétition féminine. Être un exemple à suivre pour toutes. Je ne veux pas de limites à mes envies de conduire une moto.

— Ce serait ça, ta liberté ? Ne pas avoir de limites ?

— Oui. Pouvoir conduire partout chez moi et le faire sans me poser la question de savoir si cela peut soudain s'arrêter un jour, parce qu'une personne l'a décidé ainsi. Tant que je peux conduire ma moto, je me sens libre. Et j'aimerais que d'autres femmes puissent partager cette sensation. En fait, je me sens libre, ici en Iran.

Elle se livre beaucoup ce jour-là. À la mesure de ce qui est possible pour elle. Cette conversation qui peut sembler anodine illustre bien ce pays et la difficulté pour bien des Iraniennes d'y trouver leur place. Car comme bien des femmes que j'ai rencontrées, comme Atefeh ou Sara, Behnaz aime profondément son pays, sa culture, mais elle est contrainte par les limites d'un régime qu'elle connaît par cœur. Toutefois, elle ne peut pas vraiment en parler. Alors pour la pilote, la lutte se fait en donnant l'exemple, en étant elle-même, sur sa moto. Et c'est déjà extrêmement courageux.

Je continuerai à mon retour de suivre le parcours de Behnaz Shafiei. Elle reste un modèle dans son combat pour créer son espace de liberté : elle a pu partir aux États-Unis pour courir des grands prix sur circuit et elle y a passé son permis, ce qui lui a permis de voyager à moto. Y compris en France. Mais elle a aussi réussi à former des centaines de femmes en Iran, en imposant petit à petit l'idée que des femmes sur une moto ne constituaient pas un danger pour le régime. Sa stature désormais plus internationale la protège, en un certain sens, tout en l'exposant davantage.

Quand elle a été sélectionnée avec dix athlètes iraniens pour porter la flamme des Jeux asiatiques, elle a écrit sur son compte Instagram : *No difference between men and women. I love all people in the world ; Iranian women can do everything*[1]. Un post encore présent quatre ans après sa rédaction, ce qui constitue en soi une certaine avancée.

Le permis moto n'est toujours pas autorisé pour les femmes cependant, mais Behnaz n'abandonne pas. Sur une courte vidéo qu'elle a publiée, on la voit se faire arrêter par un policier à qui elle tient tête, défendant son droit à rouler ainsi. Elle garde son calme et ne cède rien.

Ne rien céder. C'est ainsi qu'elle construit au quotidien sa liberté. Et petit à petit, au côté des autres femmes qui vivent leur passion, elle construit celle de toutes les femmes iraniennes.

1. « Pas de différence entre les femmes et les hommes. J'aime tous les peuples du monde. Les femmes iraniennes peuvent tout faire. »

36

Téhéran

Avant de prendre la direction de la frontière turque et la route vers la France, je passe encore quelques jours dans la région de Téhéran. J'ai envie d'y revoir certaines personnes rencontrées lors de mon premier périple en 2011, comme Ehsan, un réalisateur qui m'avait fait figurer dans un de ses films avec ma moto. Je constate un changement chez tous ceux que je revois : ils font beaucoup plus attention à leurs tenues et leurs propos, même en privé, et je sens une forme d'inquiétude qui n'était pas présente lors de mon premier voyage. Une des amies comédiennes d'Ehsan m'explique, par exemple, comment elle gère sa vie publique et sa vie privée en ligne en doublant ses comptes Facebook et WhatsApp : elle utilise les comptes « officiels » à l'intérieur du pays et n'y tient que des propos acceptables pour la police politique et, lorsqu'elle voyage à l'étranger, elle utilise les autres où elle peut être elle-même. Une journaliste qui avait enlevé son voile chez elle la première fois que je l'avais rencontrée le conserve cette fois, lorsqu'elle voit mes caméras.

Ehsan analyse avec justesse ce changement :

— Rohani a lâché un tout petit peu la bride pour éviter l'explosion mais, en face, la police des mœurs est beaucoup plus stricte sur ce qui est interdit. Au moindre faux pas, la punition tombe. Alors nous faisons comme nous avons toujours fait : pile, nous montrons un parfait respect des règles en vigueur, face, nous jouons sur la moindre ambiguïté de ces règles et nous gagnons chaque jour un peu de terrain pour créer nos propres espaces de bien-être. Prends les femmes, elles font de plus en plus d'études en informatique. Elles ont monté plein de réseaux parallèles pour se parler, pour s'entraider, organiser des fêtes, tout cela du côté face. Pile, elles portent leur voile et semblent parfaitement policées… Notre liberté en Iran, c'est nous qui la forgeons en portant de petits coups de plume dans les portes cadenassées du pouvoir. Aussi minimes soient-ils, ils finiront par détruire ces portes, j'en suis certain.

Au moment de quitter l'Iran, je ressens un immense pincement au cœur. Je m'attache souvent aux pays que je traverse et aux personnes qui m'y accueillent, mais ce lien-là est particulier. C'est ici, il y a quatre ans, que j'ai l'impression d'avoir « appris » la liberté, d'avoir appréhendé la multiplicité de sens que ce mot peut recouvrir. J'y ai véritablement débuté ma quête des « voies de la liberté » qui m'a menée depuis dans de si nombreux lieux. En revenant à Téhéran, j'ai retrouvé tout ce qui me faisait peur et tout ce qui m'avait séduit chez ces gens. Ils m'ont montré, une fois encore, que la liberté est vitale, essentielle.

Tandis que j'avale en une vingtaine de jours les kilomètres qui me séparent de Paris en passant par la Turquie, la Grèce et l'Italie, je déroule dans ma tête ces dix derniers mois de voyage, ces témoignages, ces voix. Toutes ces personnes que j'ai rencontrées et qui cherchent un chemin vers une forme de bonheur et de liberté.

Cette formidable quête me pèse parfois, tant les réponses que l'on me fait peuvent être violentes. Il arrive aussi qu'elles soient magnifiques, mais il me faut accepter de les entendre toutes, sans pouvoir jouer d'autre rôle que celui de porte-parole. Faire exister ces voix, notamment celles de ces femmes, que l'on fait trop souvent taire.

Cette question que je pose aux autres les interroge et m'interroge aussi sur ce que nous sommes au plus profond de notre être, sur nos facultés et nos empêchements, sur le principe de notre liberté dans son rapport avec celle des autres. Créer son espace de liberté est une épreuve : nous ne naissons pas libres, nous le devenons, au prix parfois de beaucoup de combats. Nous devons pour cela être en mesure de comprendre ce qui nous freine et nous battre contre, que la contrainte soit réelle ou psychologique, qu'elle nous soit extérieure ou que nous la créions nous-mêmes.

Nous sommes pétris par notre éducation genré par les exemples qui nous entourent, placés dans des cases dans lesquelles nous nous laissons parfois sombrer sans les remettre en cause, sans plus nous rendre compte qu'on nous les impose et qu'on les impose aux autres. Combien de fois j'ai vu des personnes interdire à d'autres une liberté parce qu'elles projetaient sur elles leurs propres limites ! Même lorsque l'on parvient à s'en extraire, un moment de faiblesse peut nous faire replonger : c'est ce qui m'est arrivé en montant dans le Mustang, au Népal.

Notre liberté s'apprend. L'acquérir demande d'abord de se connaître, d'accepter de se tromper parfois et d'avancer en aveugle. On se sent souvent seuls, parfois effrayés, mais cela nous fait aussi grandir. Tout le monde ne part pas cependant avec les mêmes chances : si l'on est comme moi française née dans une famille aimante ou une petite fille mariée contre son gré au Bangladesh, la lutte est différente. Les armes aussi.

Ce qui me redonne espoir face à toutes les privations de liberté que j'ai pu observer, ce qui continue de guider mes pas, mes roues, sur la trace de cette liberté, ce sont toutes celles et ceux qui ont réussi à casser des coutumes, des lois, des codes, pour créer leur propre espace, leur liberté et, quelquefois, ont réussi à la partager avec les autres et faire ainsi évoluer tout un monde.

Je pense déjà aux cinq films que nous allons réaliser pour raconter ces dix mois de rencontres, je prends conscience de l'ampleur de ma responsabilité devant le travail qu'il me reste à effectuer pour ne jamais trahir les mots de celles et ceux qui me les ont confiés.

Après dix mois et deux semaines, j'arrive à Paris, accueillie par plusieurs amis et membres de ma famille que Christian a conviés. Je suis extraordinairement heureuse de les revoir, de partager un moment avec eux, de leur parler, mais soudain, je ressens une immense fatigue qui trouble ma joie, la fatigue accumulée pendant tous ces derniers mois qui me tombe sur les épaules au moment où elle sait pouvoir le faire. Les paroles d'Atefeh me reviennent alors : être avec ceux qu'on aime, qui vous aiment pour ce que vous êtes et pas pour l'image qu'ils veulent se faire de vous, c'est en soi une immense liberté. On a le droit d'être fatigué, de désirer parler ou non, de rire ou de pleurer, en sachant que l'on sera toujours accueilli et aidé si nécessaire. Elle avait raison, et cela n'a sans doute pas de prix…

Conclusion

À l'heure d'écrire ce livre, en 2024, après un nouveau voyage au long cours en Amérique du Sud, une quinzaine de films réalisés et une pandémie qui a plus que jamais questionné notre rapport aux libertés individuelles et collectives, je vois combien j'ai évolué au cours de mon cheminement. Pour casser mes propres barrières, pour lever mes doutes. Et je me rends compte que le plus difficile est peut-être encore ailleurs : dans le fait d'apprendre à donner cette liberté ! C'est ce que j'essaie de faire depuis trois ans en élevant mon fils, Corto, avec mon nouveau compagnon Louis. Après avoir cherché la voie de ma liberté à moi, je me heurte à cette nouvelle aventure à laquelle personne n'est vraiment préparé : accompagner l'autre vers sa propre liberté et lui donner le plus d'outils possible pour qu'il puisse être lui-même tout en vivant en société.

L'existence de cet enfant signifie aussi pour moi une modification de la façon dont j'appréhende mes voyages en solitaire. Je m'en réjouis, car cela m'oblige à imaginer d'autres dynamiques, à voir les choses d'une manière différente, à mener aussi des expéditions plus courtes. Cela a déjà été le cas quand j'ai accompagné les projets Deep Time[1] – quarante jours sous terre sans notion temporelle – et Deep Climate – une expédition de vingt personnes en milieu extrême pour étudier les mécanismes de l'adaptation humaine[2]. Une nouvelle manière de mener des projets de recherche et d'expédition qui, pour autant, ne m'éloignera pas de cette quête que je vais poursuivre autour de la liberté. Je vais continuer d'être une motarde avec mon propre style de voyage, une exploratrice, une documentariste, une femme libre, désormais une mère et sans doute bien d'autres choses. Une case qui n'existe pas encore, et que j'ai donc la ferme intention de créer.

Comme chacune et chacun doit pouvoir créer la sienne.

---

1. Christian Clot, *Deep Time, 40 jours sous terre*, Paris, Robert Laffont, 2021 ; Mélusine Mallender et Christian Clot, *40 jours en dehors du temps*, Darwin Production, 2023, YouTube.

2. Voir www.adaptation-institute.com.

Remerciements

Merci aux personnes qui ont permis l'existence de ce livre, Marion Cocquet, Claire Le Ho-Devianne et Christian Clot. Rien n'aurait été possible sans eux. Merci pour leur patience, leurs encouragements et leur immense respect pour mon histoire : je n'aurais pas pu être mieux entourée.

Merci à Arthaud et à ses équipes qui prendront soin de l'ouvrage et à Valérie Dumeige pour sa persévérance enthousiaste et sa foi en ce projet.

Comme ce récit, l'expédition dont il est question est une aventure collective. Je suis partie et j'ai roulé seule, mais c'est grâce à toutes les rencontres que j'ai faites, avant, pendant et après que tout a pris son sens. Elles m'ont procuré une immense joie, inspirée et questionnée sur les notions de liberté.

Merci à ma famille et à Christian pour leur soutien au cours de ce périple.

Merci à Mustang, ma moto, avec laquelle je continue de rouler, à Triumph France et à l'agence Zeppelin pour leur soutien.

Et enfin, merci à Loulou et à Corto pour leur amour inconditionnel et leur joie contagieuse.

Table

PREMIÈRE PARTIE

INDONÉSIE

1. Nabilla 13
2. Firli 21
3. Putu 29
4. Yogyakarta 37
5. Sumatra 49
6. Transit 61

DEUXIÈME PARTIE

MYANMAR

7. M. Sweet 69
8. Échappée 77
9. Thanda 81
10. Bagan 91
11. Mandalay 97
12. Escorte 109

TROISIÈME PARTIE
BANGLADESH

13. La frontière bangladaise 119
14. Émeute 123
15. Israt 127
16. Mariages 135
17. Cox's Bazar 143
18. Chittagong 155
19. Kho-kho 167
20. Les Sundarbans 175
21. Dacca 181

QUATRIÈME PARTIE
NÉPAL

22. Apaisement 195
23. Festival rock 205
24. Mustang 221
25. Dehli 235
26. Kamalaris 245

CINQUIÈME PARTIE
PAKISTAN

27. Lahore 257
28. Islamabad 269
29. Multan 275
30. Quetta 285

SIXIÈME PARTIE
L'IRAN

31. Kerman 299
32. Yazd 303
33. Ispahan 313
34. Elbrouz 317
35. Behnaz Shafiei 329
36. Téhéran 337

Conclusion 343
Remerciements 345

Cet ouvrage a été mis en page par IGS-CP
à L'Isle-d'Espagnac (16)

CET OUVRAGE
A ÉTÉ ACHEVÉ D'IMPRIMER
SUR ROTO-PAGE
PAR L'IMPRIMERIE FLOCH
À MAYENNE EN FÉVRIER 2025

N° d'édition : 621919-0. N° d'impression : 106505
Dépôt légal : mars 2025
Imprimé en France